侵华日军南京大屠杀遇难同胞纪念馆
南京侵华日军南京大屠杀史研究会 资助课题

Battle of Nanjing 1937

南京城防保卫战

罗 娟 马振犊 ◎ 著

金城出版社
GOLD WALL PRESS
北京·2021

图书在版编目（CIP）数据

南京城防保卫战/罗娟，马振犊著.—北京：金城出版社有限公司，2021.4

ISBN 978-7-5155-2050-6

Ⅰ.①南… Ⅱ.①罗… ②马… Ⅲ.①南京保卫战（1937）—史料 Ⅳ.① K265.210.6

中国版本图书馆 CIP 数据核字（2020）第 169973 号

南京城防保卫战

作　　者	罗　娟　马振犊
责任编辑	李　涛
责任校对	李凯丽
责任印制	李仕杰
开　　本	710 毫米 × 1000 毫米　1/16
印　　张	17.25
字　　数	360 千字
版　　次	2021 年 4 月第 1 版
印　　次	2021 年 4 月第 1 次印刷
印　　刷	天津旭丰源印刷有限公司
书　　号	ISBN 978-7-5155-2050-6
定　　价	58.00 元

出版发行	金城出版社有限公司　北京市朝阳区利泽东二路 3 号（100102）
发 行 部	（010）84254364
编 辑 部	（010）84250838
投稿邮箱	balimist0213@163.com
总 编 室	（010）64228516
网　　址	http://www.jccb.com.cn
电子邮箱	jinchengchuban@163.com
法律顾问	北京市安理律师事务所　18911105819

前　言

马振犊

　　1937年七七事变后，中日战争全面爆发。11月底，"八一三"淞沪会战结束。上海失守以后，日本华中方面军决定"利用目前形势攻占南京，当在华中方面结束作战"。12月1日，日军大本营下达"大陆命"第8号，命令华中方面军与海军协同"攻占敌国首都南京"。

　　蒋介石最终确定的防守南京的方针是"短期固守"，他主持召开军事会议，研究南京保卫战和指挥官人选问题。在无人响应的情况下，已经多年不带兵的训练总监部总监唐生智挺身而出，主动表示愿意承担守城责任。蒋介石立即委任其为南京卫戍司令，负责组建卫戍司令部，并指挥南京保卫战。

　　唐生智随即召开新闻发布会，慨然宣称："本人奉命保卫南京，至少有两件事最有把握：第一，本人及所属部队，势当寸土必争，不惜牺牲于南京保卫战中；第二，此种牺牲定将使敌人付出莫大之代价。"为此，唐生智迅速制订《首都保卫军作战计划》，命令各部赶筑工事。

　　就当时南京守军的部署情况分析，这份计划相对来说是比较完备的。然而，它缺乏一项极其重要的内容，那就是一旦城破大部队如何安全撤退的设计。对此，唐生智仅以"置于死地而后生"的简单思维，下令将南京江岸边的船只撤向江北，将渡江北撤之路断绝，同时命令扼守江边的部队，不许守城部队擅自通过，造成了后来守城部队无法撤出而被日军大规模屠杀的惨剧。这种简单的处置简直可称为幼稚。然而，唐生智还是秘密地给自己和指挥部留下了一艘小火轮用以过江。

　　12月初，日军兵分多路，依次攻击到句容、淳化、秣陵关等南京城外围地区。负责防守句容、汤山一线的广东部队第六十六军叶肇部于12月5日拂晓与日军交火至晚7时，最后被迫突围，句容失守。随后，日军迅速

南京城防保卫战

推进至汤山镇。12月8日,日军对汤山第二道防线发起猛攻。守军拼死守住汤山及两侧高地。当日下午4时,司令长官部为收缩战线,下达转移阵地命令,于是,汤山被日军占领。当时,唐生智的想法是将日军引到南京城复廓阵地来决战,这未免高估了守军的力量。

日军第九师团第十八旅团从句容方向突破索墅镇,渐次推进至淳化镇。日军由湖熟调来援军2000多人,在飞机、大炮和坦克的掩护下,再向淳化发起猛攻。守军奋勇抗战,伤亡过半。12月8日下午,淳化失守。

此时,在南京城南外围阵地负责守备牛首山制高点阵地的是第七十四军第五十八师冯圣法部。12月7日,日军向牛首山发起猛攻。第五十八师借助居高临下的地理优势,以手榴弹和火炮阻截日军的机械化部队。12月8日,日军向将军山发起猛攻,守军奋力防御,击毁日军战车6辆;下午,守军因伤亡惨重,被迫由江宁镇向板桥镇方向后撤。12月9日,日军一部进占大胜关,继续沿江北犯。第五十八师成为孤军,为避免被围歼,于当晚撤退。

至此,位于南京东、南两面的外廓弧形阵地,已有多处被日军突破。为"集中兵力,固守南京",唐生智决定收缩阵地,令部队退向复廓一线阵地和南京城内。南京保卫战自此进入核心阶段。

日军为不战而胜对守军实施了诱降。12月9日,日军飞机向南京投撒《劝降书》,遭到守军断然拒绝。唐生智命令全军与阵地共存亡,下令将各部队所有船只收缴,断绝渡江退路。第七十八军即遵照命令,下令由下关守备部队同宪、警负责遵办,并出示布告给守城各部队。

负责守卫南京东郊制高点紫金山的是有着"铁卫队"之称、由桂永清指挥的教导总队,这支部队装备训练极佳,是南京卫戍部队序列中最具战斗力的。

12月8日拂晓,日军升起侦查气球,大批飞机向紫金山主阵地轰炸,日军炮兵、步兵集中火力向中国守军阵地攻击,其先遣装甲部队在红毛山附近发起猛烈进攻。教导总队奋勇还击,并组织狙击手炸毁日军装甲车,阵地稳固。而日军两个旅团在麒麟门一带,经过一天激战,占领了阵地,并继续向前推进,对中山陵的中国守军发起进攻。中国守军英勇抵抗,伤亡惨重。至12月9日下午,教导总队不得已退守紫金山第二峰阵地,老虎洞一线遂告失守。

12月10日拂晓，日军继续向位于紫金山南麓的第二峰、孝陵卫的西山阵地发起攻击。教导总队与日军展开了激烈的争夺战，第一团战车防御炮连官兵全部壮烈牺牲。第二天，日军从镇江抽调援兵加入战斗。双方激战惨烈，守军将士浴血奋战。经过12月9日、10日两天激战，日军伤亡惨重，12月11日将主力攻击目标转向雨花台、中华门一带。

雨花台是南京南线正面的重要防御阵地，负责坚守雨花台阵地的是第七十二军孙元良部和第七十四军第五十一师王耀武部下辖的三〇六团。南京卫戍司令部副司令长官罗卓英亲临中华门前线指挥。

12月9日上午，日军以一个联队发起攻击，被守军击退。下午，日军增加一个联队再次发起进攻，守军第二六四旅旅长高致嵩亲率第五二八团两个营增援，"敌人横尸六七百具，被打退"。翌日，日军向雨花台、通济门、光华门、紫金山第三峰同时发起攻击，双方死伤惨重，雨花台阵地右翼"稍形动摇，失去阵地前要点三数处"。守军与日军反复冲杀，坚持到12月11日下午，守军右翼阵地被日军突破，中华门城门也被日军大炮击毁，有少数日军冲进了城门。

12月12日，日军向雨花台、中华门发起总攻。守军各部与日军"反复肉搏，奋勇冲杀，屡进屡退，血肉横飞"。中午，雨花台主阵地被日军占领。第八十八师官兵大部分壮烈殉国。当晚，日军占领了中华门。

从复廓阵地战斗开始，南京保卫战只进行了4天，战斗态势便急速恶化。12月11日中午，唐生智接到了第三战区司令长官顾祝同的电话，转达蒋介石准予南京守军撤退的命令，要他渡江向津浦路撤退。当晚，蒋介石又发来电报，表示南京保卫战已经发挥了牵制日军的作用，"如情势不能久持时可相机撤退"，同时命令守城部队主力从正面突围，向宣城、浙西方向集结，无法突围的部队依次渡江至徐州。

南京卫戍司令长官部随即下令撤退。命令下达后，唐生智不知出于何种目的，又追加了一道电话命令：各部队如不能全部突围，有轮渡时可过江向滁州集结。因各部队一时并未全部收到撤退令，只收到电话令，于是选择最近的撤退路线，穿城拥向下关找船过江，近10万人的部队涌向挹江门，与守城门部队发生冲突，局面混乱。而作为司令官的唐生智，则自己先乘预留好的小火轮退往江北，脱离了战场。

此时，大量难民也涌向江边，寻船渡江，原拟定的撤退计划和路线根

南京城防保卫战

本无法执行。而江面上竟无一只船。士兵与难民寻找各种各样的漂浮工具冒险渡江，随即遭到日军汽艇的疯狂扫射屠杀；部分士兵抛弃武器，进入城内难民营躲藏起来。只有第六十六军少数部队在敌军结合部地带突围成功，渡江撤向苏北。据统计，未能撤退和滞留城中被日军屠杀的中国官兵数约9万人，占整个战役伤亡数的85%。由此可见，撤兵无方是南京保卫战惨败的重要原因。

12月13日，日军侵占南京后，开始了惨绝人寰、震惊中外的南京大屠杀。他们手段的残暴狠毒是人类历史上罕见的，给中国人留下了无法磨灭的痛苦回忆。

二战后，远东国际军事法庭在对日本甲级战犯的判决书中写道："中国军队在南京陷落前就撤退了，因此所占领的是无抵抗的都市。接着发生的是日本陆军对无力的市民，长期间继续着最恐怖的暴行。日本军人进行了大批屠杀、杀害个人、强奸、劫掠及放火。尽管日本籍的证人否认曾大规模进行残虐行为，但是各种国籍的、无可置疑的、可以凭信的中立证人的相反的证言是压倒有力的。这种暗无天日的犯罪是从一九三七年十二月十三日占领南京市开始的，迄至一九三八年二月初还没有停止。"而中国南京审判战犯军事法庭也在南京大屠杀主犯之一、日军第六师团师团长谷寿夫的死刑判决书中确认：在他的部队进驻南京的10天内，中国人"被害者总数达三十万人以上"。其中近三分之一为放下武器的中国守军官兵，日军残杀战俘，违反国际公法，犯下了不可饶恕的战争罪行。

南京保卫战是全面抗战开始后战略防御阶段的一次重要战役，关乎当时中国首都南京的地位与安全，其政治意义和战略作用显著。

有关南京保卫战的研究工作，学界已经开展多年。随着相关史料的发掘公布与研究工作的不断深入，诸多待探讨的问题有了基本的结论。其中重要的一点就是关于这场战役的战略定位及其意义问题。从已有的研究成果来看，南京保卫战作为抗战正面战场上的一场重要战役，其地位已经基本得到认可。无论是从该战役发生的时空条件、前因后果，还是作战双方的作战兵力、战略意图等多方面研究，客观上说，南京保卫战被视为是"八一三"淞沪会战的延续战，也是不无道理的。但就这场战役本身而言，具备了成为一场独立战役的所有主客观条件，因而对南京保卫战进行单独的、具体的细化研究工作，也具有非常重要的价值和意义。

前 言

　　本书的写作是在以往有关南京保卫战研究成果的基础上,更多地使用了中国第二历史档案馆馆藏有关南京保卫战的档案资料,意图达到更贴切如实地反映这场战役历史原貌的目的。在叙述还原和研究南京保卫战历史的同时,我们也根据所掌握的资料和自己的分析理解,对发生在南京保卫战中的有待继续研究的课题进行了分别探讨,主要包括:南京保卫战的性质、地位及战略意义;中方最高军事决策者对于部署进行南京保卫战的历史抉择过程;南京保卫战的中方指挥官唐生智在战役指挥中的功过是非;南京保卫战最后撤退令下达造成撤退混乱的情况;城破之后中国守军与日军进行城内战斗的情况;南京保卫战与城陷后日本侵略者制造的惨绝人寰的南京大屠杀的关系;南京保卫战的中方高级将领及基层官兵的战斗牺牲经过;南京人民奋起抵抗日本侵略者的事迹;等等。

　　通过这本书稿,我们另外想表达的一层意思,就是对所有参加南京保卫战、为保卫国家的独立与自由而流血牺牲、慷慨赴死的中方将士的敬意。他们不仅在南京城生死存亡的危急时刻奔赴前线,以血肉之躯英勇抵抗日军的疯狂进攻,给日本侵略者以重大杀伤,上万将士为保卫南京献出了宝贵的生命,而且在城破之后,滞留在城中放下武器的官兵,又遭到日军的疯狂屠杀。历史应该记住他们——南京保卫战中的守城官兵,因为他们不仅是抗战将士、为国捐躯的英雄,也是日军制造的南京大屠杀中遇难同胞的重要一部分。

2020 年 9 月 3 日

目 录

序　章　南京的战前防备 / 1

 第一节　中国的古都名城 / 2
  一、南京的悠久历史 / 2
  二、国民政府定都南京 / 4

 第二节　南京的城市建设 / 6
  一、中美专家规划"首都建设" / 6
  二、南京的城市布局 / 9

 第三节　南京的抗战准备 / 14
  一、成立专门机构，准备对日作战 / 14
  二、聘请德国顾问，重整军事力量 / 16
  三、详拟作战计划，加强国防建设 / 18
  四、布防宁沪杭，构筑防御线 / 25
  五、组织演习演练，聚力备战打仗 / 28
  六、抗战爆发前战备工作的细化 / 30

第一章　首都南京告急 / 37

 第一节　日本侵华野心：从蚕食到鲸吞 / 38
  一、九一八事变：武力侵华之开始 / 38

　　　　二、"一·二八"淞沪抗战："围魏救赵"之阴谋 / 42
　　　　三、七七事变：发动全面侵华战争 / 47

　第二节　南京：守乎？弃乎？ / 53
　　　　一、"八一三"淞沪会战："赶敌下海"之失败 / 53
　　　　二、迁都：争议后的西迁 / 62
　　　　三、南京城"弃""守"之争 / 67

　第三节　临阵遣将布防 / 72
　　　　一、唐生智"请缨"守南京 / 72
　　　　二、拼凑守城部队 / 75
　　　　三、城防计划的布置与实施 / 81

第二章　外围战：疲弱之师，奋勇应战 / 87

　第一节　日军下达攻城令 / 88
　　　　一、日本华中方面军合围南京 / 88
　　　　二、裕仁天皇下达进攻"敕令" / 92

　第二节　疲惫的守卫部队 / 99

　第三节　龙潭、孟塘的较量 / 105
　　　　一、孟塘、大胡山遭遇战 / 105
　　　　二、龙潭、杨坊山恶战 / 107

　第四节　句容、汤山的激战 / 110
　　　　一、丹阳、句容保卫战 / 110
　　　　二、汤山血战 / 115

目 录

第五节　湖熟、淳化的拼搏 / 120
　　一、湖熟、淳化的守备 / 120
　　二、湖熟、淳化阻击战 / 122

第六节　秣陵关、牛首山的鏖战 / 125

第七节　外围阵地的收缩 / 128
　　一、蒋介石撤离南京 / 128
　　二、唐生智重新布阵 / 131

第三章　城垣战：无路可退，背水一战 / 135

第一节　日军炮轰危城 / 136

第二节　教导总队死守紫金山 / 140
　　一、"铁卫队"驻防紫金山 / 140
　　二、弃守老虎洞 / 143
　　三、西山争夺战 / 144

第三节　光华门前寸土必争 / 147
　　一、工兵学校失守 / 147
　　二、教导总队的据守 / 149
　　三、一五六师的反攻得手 / 153

第四节　数千壮士血染雨花台 / 157
　　一、扼守南京"南大门" / 157
　　二、八十八师誓与阵地共存亡 / 160

南京城防保卫战

第五节　中华门内外的拼杀　/ 163
一、凶残的谷寿夫　/ 163
二、敢死队城内歼敌　/ 164

第六节　战火、血雨中的古城　/ 168
一、水西门外的抵抗　/ 168
二、赛公桥上的肉搏战　/ 170
三、乌龙山血战　/ 172

第四章　血淹危城，人间地狱　/ 175

第一节　战场之外的较量　/ 176
一、德国调停未果　/ 176
二、日本诱降被拒　/ 182
三、"国际安全区"的设立　/ 186

第二节　突围与抵抗　/ 191
一、蒋介石发出撤退令　/ 191
二、撤退部署埋下隐患　/ 193
三、最后的拼死抵抗　/ 197
四、广东部队不做"衰仔"　/ 201
五、撤向"地狱之门"　/ 206

第三节　日军暴行震惊中外　/ 213
一、日军下令不留俘虏　/ 213
二、以"膺惩"为名进行的大屠杀　/ 216
三、永远不能忘记　/ 221
四、侵华日军老兵的忏悔　/ 227

第五章　南京保卫战在抗战中的地位 / 231

第一节　特殊的地位与作用　/ 232

一、南京保卫战的战略地位 / 233

二、战绩战果可圈可点 / 234

三、守城将士事迹值得铭记 / 236

第二节　南京保卫战为何失利？ / 238

一、敌强我弱 / 239

二、战略失策 / 242

三、指挥失当 / 244

参考文献 / 249

后　　记 / 257

序　章　南京的战前防备

　　作为虎踞龙盘之地，南京历经"六朝古都""十朝都会"。1927年，蒋介石在南京另立中央政府。自此，南京作为国民政府首都，再次成为全国的"政治中心"。

第一节　中国的古都名城

南京，简称宁，是中国东南重镇、历史名城，兼具华东地区政治文化中心、商业经济重镇、交通运输枢纽之地位与功能。这座山水环抱、钟灵毓秀的城市集"山、水、城、林"于一体，有着丰富的自然景观和历史遗存。

一、南京的悠久历史

南京具有显赫的历史地位，是中国著名的"四大古都"之一，以"六朝古都""十朝都会"而闻名于世。

几千年来，南京先后作为东吴、东晋、宋、齐、梁、陈、南唐、明朝前期、太平天国的国都和中华民国时期的中国首都，包括"吴建都四世，凡五十年（公元229—280年）、东晋建都十一世，凡一百三年（公元317—419年）、宋建都八世，凡五十九年（公元420—478年）、齐建都七世，凡二十三年（公元479—501年）、梁建都四世，凡五十五年（公元502—556年）、陈建都五世，凡三十三年（公元557—589年）、十国吴建都一世，凡四年（公元933—937年）、南唐建都三世，凡三十九年（938—976年）、南宋为行都七世，凡一百三十九年（公元137—275年［1137—1275年］）、明建都三世，凡五十五年（1368—1421年）又（1644—1645年）、太平天国建都二世，凡十二年（1853—1864年）"，算下来共有"十一代，五十五世，五百七十二年"❶，因此，南京自古就有"江南佳丽地，金陵帝王州"的称誉。在其漫长的历史上，曾先后被称为石城、石头城、秣陵、金陵、建业（邺）、建康、白下、集庆、应天、江宁、天京等名称。

公元211年，东吴孙权在石头山金陵邑筑石头城。公元229年，在此建

---

❶ 南京市政府：《首都市政》，南京市政府1948年编印，第3页。

都，名"建业"。公元282年，改名"建邺"。公元313年，为避权贵司马邺之讳，改名"建康"。公元589年，隋灭南陈，毁平城邑"平荡耕垦"❶，南京地区只余江宁一县。

唐朝初年，在此设江宁郡，后置升州，再后改为金陵府。南唐时在金陵建都，称江宁府。

1356年，明王朝在此建都，设为京师应天府。1421年，明成祖迁都北京，将应天府改名南京，作为"留都"。1645年，降格为江宁。清初时设为江南省省府，至清末一直是两江总督（统辖江苏、安徽、江西三省）驻地。1853至1864年，太平天国军攻占南京，定都于此，改号"天京"，后被清军收复。1842年，第一次中英鸦片战争结束，以在南京签订的中国近代史上第一个不平等条约《南京条约》为标志，中国自此进入了半封建半殖民地时代。

1911年，辛亥革命爆发，革命军占领南京，成立了亚洲第一个共和制政权——中华民国临时政府，并最终推翻了清王朝的封建腐朽统治，开创了中国乃至亚洲的共和体制新纪元。1912年元旦，孙中山在南京宣誓就任中华民国临时政府临时大总统，定南京为国都。1927年，蒋介石率国民革命军攻占南京，成立南京国民政府并奠都于此，同年置南京特别市。1929年6月1日置首都特别市。1930年更改为院辖市（直辖市）。自1927至1937年的十年间，作为中华民国的首都，南京的城市建设进入了一个显著的发展时期。

1937年7月，全面抗战爆发。11月20日，国民政府西迁陪都重庆。12月13日，南京保卫战失败，南京沦陷。日本战败投降后，1946年5月，国民政府还都南京。1949年4月，中国人民解放军攻占南京，南京解放。南京城的历史从此翻开了崭新的一页。

南京在历史上虽曾贵为"六朝古都""十朝都会"，但因地理偏于东南一隅，不居中原之要，以作为全国首都的标准来考量，亦存在其弱点。譬如在军事上，南京近于海岸，地理上无险可守，易被攻取，处于战略劣势；而更重要的是，从政治地理区位上观察，偏于东南的南京对中原地区的控制力较弱，对北方更是鞭长莫及。

---

❶〔唐〕魏徵等：《隋书》，中华书局1973年版，第876页。

二、国民政府定都南京

1927年3月，蒋介石率领国民革命军攻占南京，随后公开与武汉国民政府决裂，建都南京。4月17日，国民党中央政治会议第73、74次会议通过定都南京的决议。❶次日，发布《定都南京宣言》。随即，在国民政府颁行的全国暂行行政区规划中，将原本北洋政府所设的省级城市金陵道更名为南京市，由刘纪文任南京市长，负责筹备建立市政府。4月24日，刘纪文通电宣布就职，举行了市政厅成立及市长就职典礼。❷这是南京历史上成立市级行政建制的肇始，也是中国最先成立的市级行政区，❸在中国现代城市发展史上具有标志性意义。

南京是国民党领袖孙中山所选定的民国首都，在此建都可以充分显示对孙中山政治衣钵的继承，求得"正统"之名。其理由有二：一是南京曾经为中华民国临时政府所在地，孙中山在此就任民国第一任临时大总统；二是孙中山在其所著建设民国的纲领性文献《建国方略》中，对南京做出过高度的评价："南京为中国古都，在北平之前，而其位置乃在一美善之地区。其地有高山，有深水，有平原，此三种天工，钟毓一处，在世界中之大都市，诚难觅如此佳境也。而又恰居长江下游两岸最丰富区域之中心，虽现在已残破荒凉，人口仍有一百万之四分之一以上。且曾为多种工业之原产地，其中丝绸特著，即在今日，最上等之绫及天鹅绒尚在此制出。当夫长江流域东区富源地有正当开发之时，南京将来之发达，未可限量也。"❹这充分表明了孙中山对南京的重视与喜爱。蒋介石视自己为"总理遗志"的当然继承者、正统的"接班人"，定都南京便是其唯一的选择，可以为他在政治上加分。

当然，蒋介石在南京"另立政府"，也是冒着巨大的政治风险的。当

---

❶ 废金陵道，改江宁县为南京。

❷ 《市政厅成立及刘市长就职纪》，《南京特别市市政公报补编》，南京特别市市政府秘书处1928年编印，第1页。

❸ 杨颖琦等编：《南京通史·民国卷》，南京出版社2011年版，第166页。

❹ 孙中山：《建国方略之二——实业计划（物质建设）》，中国第二历史档案馆馆藏档案；孙文：《建国方略：近代化中国大策划》，刘明、沈潜评注，中州古籍出版社1998年版，第204页。

时的武汉国民政府是从广州迁来的，政治与行政地位不易动摇。但此时蒋介石已与武汉国民政府不和，他自恃军权在握，自信能够甩开国共合作的武汉政府，另立以他为首的国民党新政权。有了这一想法，他在寻找立足之地时，便把眼光投向了南京。其直接的考虑因素，就是南京与孙中山、国民党的历史渊源关系，建都南京有承继和延续孙中山事业的最大的政治与宣传功效，并尽可能争取到多数"党国元老"们支持。后来，实际上也证明了这一点。

如前所述，实际上来看，号称"钟山虎踞""金陵龙盘"、有"帝王之气"的南京，在地理、气候、军事等诸方面，的确不是建都的首选之地。它偏处中国东南一隅，冬寒夏暑，军事上无险可守，又不是经济中心，对于统治全国的中央政府而言，这些都是较为不利的因素。但蒋介石的国民政府，仍然要建都南京，并且不论如何，苦心经营坚持下来。其中的缘由，其最高统治者的"历史心结"与政治需要因素发挥了决定性的作用。这也是后来发生南京保卫战主张短期固守南京的最"冠冕堂皇"的理由。

1928年6月1日，国民政府在市政府礼堂举行了南京市政府及所属各局成立典礼，中央及各机关团体代表等300余人出席，宣告南京城市进入新的历史阶段。❶6月6日，公布《南京特别市暂行条例》，正式定名南京为"南京特别市"，隶属于国民政府直辖。国民党中央政治会议第97次会议通过了南京改为"行政特别市"的决议。根据《特别市组织法》《普通市组织法》，南京成为全国8个特别市之一。1930年，国民政府另颁布了《中华民国市组织法》，不再分特别市、普通市，改分为院辖市、省辖市，南京更名为"南京市"，改为行政院院辖市。1931年，根据《中华民国训政时期约法》第五条"中华民国国都定于南京"，正式宣布中华民国首都由北京迁到南京。南京从此再次成为全国的首都和政治中心。自此直至1937年11月20日，国民政府因侵华日军逼近南京，宣布迁都重庆，设其为陪都。

从1927年建都到1937年全面抗战爆发前夕的这段时期，成为国民党政府统治下的"南京十年"。

---

❶《市政府及各局成立纪》，《南京特别市市政公报补编》，南京特别市市政府秘书处1928年编印，第2页。

第二节　南京的城市建设

1927 至 1937 年，南京作为中央政府所在地和一国之都，因其市政建设事关当局的脸面，国民政府给予了足够的重视，花了不少人力和钱财，取得了明显的效果，南京旧城的面貌为之一新。

一、中美专家规划"首都建设"

要建设，首先就要有规划。

南京城在历史上有过两次较完整的城市规划设计：第一次是明王朝朱元璋建都时的城市设计；第二次便是 1927 年国民政府建都南京后，邀请中美专家共同合作完成的"首都规划"。

明朝开国后，朱元璋进城初期，住在南京的王府巷。在筹建皇宫的过程中，这位平民出身的皇帝，体恤百姓饱经战乱之苦，决定避开当时繁华的城南区域，在城东荒地规划建宫，并借此为南京做了一次全新的规划，将南京城的东郊和北郊都纳入了设计区域。这一规划不但适应了当时城市建设的需要，还为南京城留下了持续发展的空间，其城市的范围由此扩大了数倍。这次规划设计奠定了南京近代城市规模的雏形，具有十分重要的历史意义。

进入民国以后，国民政府对于首都的建设给予了高度的重视。在当局主导之下，开始了贯彻建设政治首都理念的有计划的城市设计。在具体的建筑形式和内容设计上，以"中式为体、西式为用"为原则，创造性地兴建了一批保持民族主体风格兼具西式现代设施的建筑，作为政府各部门的办公机构，从而创造了一种具有民国特色的建筑，推进了中国建筑近代化的进程。南京民国建筑由此在中国建筑史上也翻开了新的一页。

1929 年 6 月 1 日，为加快首都建设，国民政府专门设立"首都建设委员会",由蒋介石担任委员会主席,负责主体城建指导工作,胡汉民等数十名政要担任委员。在常务委员孙科的主持下,委员会聘请了美国著名建筑师亨利·墨菲(Henry Killam Murphy,1877—1954)为建筑顾问,派清华大学留美学生吕彦直为其助手,具体负责南京的都市设计工作。

亨利·墨菲,耶鲁大学建筑系高才生,1899年毕业后即开始从事建筑设计工作。1908年,他在纽约开办了自己的建筑设计所。数年后,在纽约州和家乡康涅狄格州的行业圈内已小有声名。1914年,他来到中国后,从事在华外国教会创办的大学学院建筑设计工作。在华期间多年的设计生涯中,他将东西方建筑特色有机融合,探索并创立了一种独特的中国建筑新风格模式。1918年,亨利·墨菲在上海开办了个人设计事务所。1928年,他正式受聘担任南京国民政府建筑顾问,负责主持制定首都建设规划。

吕彦直,1913年于清华学堂(今清华大学前身)毕业后,以庚子赔款公费赴美国康奈尔大学留学,先攻读电气专业,后改学建筑。1918年毕业前后,曾作为亨利·墨菲的助手,参与金陵女子大学(今南京师范大学)和燕京大学(今北京大学主校区)校舍的规划与设计工作。1921年回国后寓居上海,设计内容以花园洋房为主。曾开设彦记建筑事务所,是国内早期由中国建筑师开办的事务所之一。1924至1927年筹备成立中国建筑师工会(后改名中国建筑师学会)。1925至1927年,承担了中山陵、广州中山纪念堂与纪念碑的设计,主持孙中山陵墓工程施工工作。

经过艰苦努力,1929年底,首都建设委员会发布了《首都规划》,得到了社会各界的普遍认可和广泛好评。该规划共编制了南京史地概略、人口预测、都市界线、中央政治区、市行政区、建筑形式的选择、道路系统规划、公园与林荫道、交通的管理、铁路与车站、港口计划、电力厂的地址、市内交通的设备、电线及路灯规划、学校规划等共计28项规划内容,十分完整和全面。

规划中的南京国都界线,南起牛首山,北至常家营,西至和尚路,东至青龙山,界线全长117.2公里,面积855平方公里。

在交通规划上,市内道路系统拟采用路网密度高、交通组织灵活的方格网式,城内道路拟分干道、次干道、环城大道、林荫大道4种类型。环城大道拟利用明代城垣改筑为能行驶小汽车的高架道路,城垣内侧拟筑林荫大道相辅,供游人通行。规划中的干道有:中山路(今中山北路、中山

南京城防保卫战

路、中山东路）、陵园路、子午路（今中央路）、热河路、太平路、朱雀路、白下路、玄武路和中华路等。此外，还有专为党政军机关规划的国府路（今长江路）、黄埔路和中央党部路（今湖南路）等。计划还拟将旧城墙辟为环城大道，成为市容风景区。市内则保留了从下关至建康路的"宁省铁路"（小火车）。市郊公路共设有9条，以城市为中心向外放射并以横路联络。铁路规划考虑了新线铺设的走向、总客站位置以及火车渡船、过江隧道的设计。南京总客站设于市中心明故宫—富贵山之间。港口规划将以美国各大内河港为样板，试将南京建为国际贸易港口，南京港分为下关、浦口两部分。飞机场规划设有红花圩、皇木场、沙洲圩和小营4处。航空港设计以紧接中央政治区南的明故宫机场为主，平时作为民用，战时可作军用。

工业区规划是根据孙中山《南京新建设计划》设想，布局于沿江两岸，江南部分为第一工业区，以发展无污染轻工业为主；江北部分为第二工业区，计划为化工金属等有污染的工业基地。商业中心拟在明故宫旧址周围建设，在市中心新街口建立环形广场，以此为原点建设全市商业、金融、交通中心。文教区规划以鼓楼、鸡鸣寺一带为基础。公园区除在市中心设新街口公园之外，还拟改造后湖，并计划以林荫大道联系全城公园，使之浑然一体。

城市规划功能分区为：中央政治区在中山门外紫金山麓；市行政区在鼓楼以北的傅厚岗；两个工业区在长江两岸；住宅区分3个等级，除旧城区外，在城北另设高级别墅区；商业区在明故宫；文化区在鼓楼、五台山一带。这一规划经初步实施已现雏形，至今仍为南京城市建筑布局的一个特色。其中，吕彦直主笔绘制了"规划首都都市两区（中央政府区、京市区）图案"和"国民政府（包括五院）建筑设计鸟瞰图"，留下了其短暂一生中的最后遗作。

《首都规划》是民国时期编制的最完整的一部南京城市规划，也是南京城市历史上第一份以近现代理念和基数标准来制定的城建规划方案，它的问世在南京历史上具有重要而深远的意义。该规划以"本诸欧美科学之原则"和"吾国美术之优点"为指导思想和方针，以"同心圆式四面平均开展，渐成圆形之势"为城市空间总体布局。在规划方法、设计方案和规划管理等方面，采用欧美宏观规划模式；在规划理论和方法、具体设计上，则采用中国传统形式。这些思想和观念在其最重要的中央政治区、市行政区及新街口、秦淮河等重点地区设计中都得到了充分体现。

二、南京的城市布局

1930年初，国民政府依照《首都规划》，启动了新的市政建设工程。至1937年全面抗战爆发前夕，许多重点建筑和建设项目都已经陆续完成，南京城已经开始展露出一个名副其实的首都的容貌。南京在此10年间，陆续建成的成规模民国新建筑及其群落总计在200处以上，平均每年就有20处以上竣工。

以紧邻中山门而建的国民政府监察院（东宫）和明故宫西侧国民党中央党史史料陈列馆（西宫，今中国第二历史档案馆所在地）两座形式完全相仿的建筑为东西界限，为规划中的未来各大建筑划定了建设区域。从中山码头沿中山路到新街口一线，已修建了国民政府铁道部、交通部、外交部和国际俱乐部等建筑。

曾代表美国《国家地理》杂志访问南京的美国记者朱利叶斯·艾格纳，对这些地标性建筑赞不绝口。他认为，1934年在纽约建筑师亨利·墨菲帮助下完工的外交部大楼，"比华盛顿的美国国务院还更现代化"。再比如，按照一个苏联建筑师的设计图纸建造的交通部大楼，是"南京给人印象最深刻的建筑，暗示着这是皇宫般的屋顶与明白无误的西方设计相结合的产物"。铁道部大楼"也许是至今所有政府部门办公楼中布局最好和最具有吸引力的大楼"，经常用于举行高级别的政府会议。

商业机构和医疗卫生机构也紧跟着政府机构建设的步伐。沿中山东路铺展开来，陆续修建了一批著名的民国建筑，如中央银行大厦、中央饭店、陆军总医院、励志社总部等。到1937年，大多数中国的银行都在南京建立了总部或分支机构。在南京城快速建设的这10年中，商业区的房地产价格以700%的速度在猛升。

在城市建设过程中，整个城市的功能分区，如城南商业区、鼓楼市级行政区等，基本都是依照《首都规划》内容而兴建的，但因对日战争形势的日趋严峻，《首都规划》被迫中止。而因国内外情势及国民政府财力、精力的影响所限，南京市的建设也没能全部按照《首都规划》中所列28

南京城防保卫战

项内容执行，如规划中的城北高级别墅区便就近建在了城西北片区（今江苏路花园别墅区）等。

这些大型现代化重点建筑和建设项目的如期完成，为南京的城市化建设格局定了框架、打下基础，加上前期城市交通建设日渐发达，有力推动了南京的地方经济和社会发展。

与此同时，由于政府的高度重视和大力倡导，南京的近代工业与一些传统手工业都得到了快速发展，教育和文化事业取得了长足进步。

1930年7月，国民政府实业部在南京成立了中央工业试验所，坐落南京的工商企业也因身处近水楼台而得到"地利"与"人和"之便，发展速度明显加快了。据1934年国民政府经济部资料显示：自1927年至1934年，这7年中，南京全市新建各类工厂567家，平均每年新建81家。1933年全市工业营业额为1483万元，1934年全市工厂数为847家，分布在21个行业，资本总额达1084.7万元。另外，据1937年国民政府资源委员会在《中国工业调查报告》中对南京地方工业概况的统计，在南京全市16个行业中，拥有工厂678家，工人9853人，各种机械设备1890台，产品总值达2344万元。上述行业不仅包括机械工业、电子工业、化学工业、水泥制造、电力、采矿与炼铁等重工业企业，还包括砖瓦制造、粮食与食品加工、营匠、印刷等轻工业企业，以及传统手工业，比如云锦业，在抗战前夕都得到了明显快速发展。

以机械制造企业为例，军政部兵工署管辖的金陵兵工厂（即晚清的金陵制造局），是中国历史上最悠久的兵工军械企业。该厂于1933年经过整顿后，工厂面貌大为改观，生产成本降低，生产效率与产量有了很大的提高。到1937年，该厂年产马克沁重机枪626挺、八二迫击炮440门、机枪与步枪弹2802万粒、手枪信号弹154280粒、迫击炮弹299840发、防毒面具28980具等。所产马克沁重机枪质量上乘，产品精良，定名为"宁造24式"。直属铁道部管辖的浦镇机厂，以修理铁路机车、客车和货车为主，在1933年工厂资金为171万元，有机床37台、化铁炉2座、工人913人，年修机车及车辆826辆，总产值125万元。到了1937年，该机厂工人已有1500多人，成为南京地区一家影响较大的工厂，也是当时中国同行业中规模最大的工厂之一。

在推动教育事业发展方面，1927年前后南京共有市立小学48所、中学 15 所、私立学校 10 多所；还有高等学堂和大学，其中新建的高等院校就有金陵大学、东南大学、河海工程学校和金陵女子大学等。10 年间，由于内外条件的成熟与社会发展的需要，南京地区的高等院校、职业学校和中小学数量都有了迅速增加。1937 年前夕，全市共有包括中央大学、私立金陵大学和私立金陵女子文理学院在内的共 8 所高等院校，是江苏乃至全国高等学校数量最多的城市之一，在办学历史、办学规模、设备条件、师生人数和教学质量等各方面都名列全国前茅。在普及中等与初等教育方面，1936 年全市共设小学 231 所，学生 79372 人；中等学校 32 所，学生 13000 余人。此外，还有师范学校和初级职业学校。大家比较熟知的有，晓庄师范学校、国民革命军遗族学校，更有著名的专门培养军政官员的中央军校和中央政校。

　　南京的文化事业在中国近代历史上一直处于领先地位。南京城作为东南名城，具有深厚的文化传统和思想流派传承，以藏书名家与书香门第多而闻名。明清时期更是涌现了一大批文化名人，如钱谦益、顾梦游、龚贤、方苞、姚鼐、魏源、汪士铎、陈作霖等等，他们分别在国学、文学、诗词、藏书及版本学、考据、书画等领域，取得了突出的成绩，使南京有了"文物之邦""图书之府"的美誉。南京建都后，一批代表性文化机构相继建成，如国学图书馆、中央图书馆、首都图书馆和各高校图书馆，藏书之多、藏书之精均为全国之最。其中，建于清朝道光年间历史悠久的国学图书馆，经 1927 年扩建馆舍、增添设备和丰富馆藏后，至 1937 年，馆内已有经史子集与普通书籍 3000 余种，500 至 600 橱，40 多万册，其中有大量明代精印的抄本、历代名臣大儒所校勘的古籍和珍贵字画，以及晚清编译的各类教科书，重点收藏了清代江南各公署的档案、清末至民国年间的各种报刊及丛书、地方志等。国学图书馆是当时全国历史最为悠久的公共图书馆，兼具历史档案馆的功能，曾经吸引和培养了海内外许多研究国学的人才。此外，南京还新建了中央研究院、中央博物院、地质矿产陈列馆、中央党史陈列馆等多家科研与文化机构，均收藏了大量的珍贵文物典籍。

　　南京成为中华民国首都后，在政治、经济、军事、文化等方面的地位日显重要。各种社会团体和教育机构迅速增加，各国驻华使领馆与其他外事机构纷纷来到南京选址开馆，全国各级各类会议选择在南京召开，外国贵宾和友人前来南京参观、访问的数量也在不断增加。各方人士大量涌入，

南京城防保卫战

随之而来的是南京人口的迅速增加。

国民政府定都南京后，人口出现了稳步快速增长，到了全面抗战爆发前一年的 1936 年，全市人口已经激增至 100 万以上。具体数据如下：1927 年国民政府建都之前南京人口不足 27 万人，1927 年建市后人口增为 36 万人，1929 年人口为 52 万人，1932 年人口为 65 万人，1934 年人口为 74.12 万人。据时任南京市长马超俊 1936 年 5 月 20 日的报告中称，南京市城乡各区户总数为"197937 户，1019148 口"。到了 1937 年 5 月南京人口略有减少，为 1016814 人；1937 年 6 月为 1015450 人[1]。

人口的持续增加，是加快城市规模扩张的有效支撑，也是推进城市现代化建设的坚实基础。随着城市人口的不断增加，国民政府持续加大了对首都南京的城市规划、基础设施建设等硬资源的投资力度，而美化城市、改善人们的居住环境，提升医疗卫生、文化教育等软资源水平也已经成为首都发展建设的一项重要内容。

与突出的文化地位相适应，南京显现出其具有文化型消费城市的特征。由于政府机关、学校增多，经济和人口的发展，南京的文化、医疗等事业，以及交通、邮政、商业、旅游、娱乐等行业均得到了长足发展，医院、影院、戏院林立，拥有了一批包括明孝陵、夫子庙、玄武湖、明城墙、莫愁湖、鸡鸣寺、朝天宫、中华门、燕子矶、紫金山、秦淮河等在内的具有雄厚历史底蕴的著名建筑、文化古迹和风景名胜，使首都南京逐渐成为一座山川秀美、绿树成荫、历史文化古迹与现代化建筑兼备的城市。

南京城在 1927 年 4 月至 1937 年 12 月沦陷前的 10 年里，从一个"没有值得一提的照明系统，没有自来水厂，没有下水道"的城市，发展成为一个"在通常情况下，宽阔的大街上霓虹灯闪闪发光，人们安装了现代卫生设施，一拧水龙头就能流出的自来水取代了街头售卖的桶装水"[2]的城市。南京的市政建设已初具规模，一批中西合璧的特色建筑在古城出现，构成了南京的民国建筑群。在很多人看来，"拥有古老城墙和百万居民的南京，

---

[1] 中央档案馆、中国第二历史档案馆、吉林省社会科学院编：《日本帝国主义侵华档案资料选编：南京大屠杀》，中华书局 1995 年版，第 1081—1083 页。

[2] ［丹］何铭生：《南京 1937：血战危城》，季大方等译，社会科学文献出版社 2017 年版，第 26 页。

整齐、干净，有许多现代化的建筑，居民举止文明，勤劳努力"❶。

除了开展市政建设外，南京的城防建设也随之有了进展。

---

❶ 陆束屏汇辑、编译：《南京大屠杀：英美人士的目击报道》，红旗出版社1999年版，第424页。

第三节　南京的抗战准备

自1931年九一八事变后，面对日军的不断进攻，南京国民政府被迫采取多种方式，在加强国防建设、整编军事力量、组织演习演练等方面进行备战工作，以应对日本的侵略。

一、成立专门机构，准备对日作战

南京国民政府成立后，随即开始了国民党内蒋介石集团与反蒋派系的大规模内战，且伴随着大旱、暴雨、虫害、疫病、严重水灾和地震等天灾，国民政府一面忙着与冯玉祥、阎锡山进行中原大战，和桂系李宗仁、白崇禧展开蒋桂战争，另一方面又疲于应付民众的救灾抚恤工作，忙得焦头烂额。内忧刚刚缓解，外患又紧跟而至。

九一八事变后，日本侵略者占领了中国东北地区，并紧接着在1932年初对上海发动了进攻，日本蚕食进而侵吞全中国的野心暴露无遗。作为一个独立主权国家，国土在被侵略者占领之后而不予抵抗必定是不得人心的，"任何政府的示弱之态只会自毁名声，拒绝挺身面对侵略者很容易为政府危机开方便之门"。❶

鉴于各种考虑，从1932年起，国民政府开始准备与日本作战。然而，由于国民党内的"宁粤对立"，以及南北各方面的利益与矛盾，一直无法达成坚决的抗战意志。蒋介石在1932年1月曾说过，中国没有"国防实力"，一旦宣战，"必至沿海各地区及长江流域在三日内悉为敌人所蹂躏"❷。

---

❶ Coble. *Facing Japan*. van de Ven. "Diplomacy of Chinese Nationalism". 转引自[英]方德万：《中国的民族主义和战争（1925—1945）》，胡允桓译，生活·读书·新知三联书店2007年版，第215页。

❷ 上海《民国日报》，1932年1月1日。

这种客观的担忧在次年便得到了印证。1933年3月6日至21日，中日两国在长城地区展开了为期3周的战斗，史称"长城抗战"，国民党军队伤亡惨重。蒋介石深知自身军事实力不足，唯有在日记中感叹一番："对倭宜卧薪尝胆，朝夕于斯，亦非可矫强"，"此时以稳定抗日战线加强北方防御为目前之急务"❶。

形势的发展使蒋介石逐渐意识到，中日之间必将有全面的一战。为此，于1932年11月29日正式成立了国防设计委员会。这个新成立的机构的主要任务包括：一、在政府可能面临的外国侵略的一切重大问题上提出切实而及时的处理建议；二、重组国军并提高中国的生产能力；三、提出短期内加强国防的建议。❷ 国防设计委员会随即展开了数据收集、调查研究等一系列内容广泛的工作，为拟定各项计划提供参考。

根据国防设计委员会的设计，参谋本部拟订了一项1933年国防防卫计划，计划实施对日"应急之处置"，主要内容包括：在战争情况下，军队应在长江中清除敌人舰只并在各通商口岸消灭敌军；在江阴到南京之间及徐州到海岸之间的地区建筑工事；在天津—北平—张家口一带修建防线；准备保卫山东的潍河；加强冀北的军力并训练当地的民团；在重要城市修筑防空设施。❸ 1932年4月3日，蒋介石批准了一笔6年总计8000万元的资金用于上述项目。❹ 同时，还宣布采取措施将原有的兵工厂国有化，并建立新厂，生产空战武器。❺ 1933年，参谋本部起草了上海及其周围地区

---

❶ 《蒋"总统"秘录》，第九册，"中央"日报社1978年版，第90页。

❷ 《国防设计委员会工作概况》（1934年），中国第二历史档案馆馆藏档案；《民国档案》1990年第2期，第8页。

❸ 《1933年度国防作战计划》，中国第二历史档案馆馆藏档案。

❹ 《蒋委员长致顾祝同主席、鲁涤平主席令洽商筹措江浙两省江防与海防、空防经费电》（1932年4月3日），秦孝仪主编：《中华民国重要史料初编·对日抗战时期》，绪编第三册《中国政府之决策与抗日准备》，中国国民党中央委员会党史委员会1981年编印，第290页。

❺ 《蒋委员长致贺耀组次长查询整理及扩充各兵工厂经费及飞机制造厂经费电》（1932年8月2日），秦孝仪主编：《中华民国重要史料初编·对日抗战时期》，绪编第三册《中国政府之决策与抗日准备》，第291—292页。

南京城防保卫战

构筑防御工事的计划。❶

在德国军事顾问团的帮助下,国防设计委员会着手于军事上对日作战的准备工作。当时的目标是创建一支能够进行机械化战争的精兵,建立国内的军火工业和重工业基地,以便自力更生生产军备,并准备全国总动员。到了1935年,该组织(已更名为资源委员会)一直把注意力集中在"收集必要的情报来拟定一个切实可行的计划上"。

二、聘请德国顾问,重整军事力量

在重整军事力量建立国防军和对日作战准备方面,蒋介石聘用的德国军事顾问团发挥了重要作用。一方面,他们在军事战略、组织和战术方面提出相应建议,这对重整军队是至关重要的;另一方面,他们为促使这些建议落地生根,不仅提供知识指导,还通过推进中德两国之间的易货贸易,给中国供应了上述战略赖以可行的武器装备;再一方面,他们声望卓著,为上述战略提供了有价值的象征性保证,从而巩固了蒋介石在政军两界的地位和威望。

自1927年底第一位德国军事顾问马克斯·鲍尔(Max Bauer,任期为1927年12月至1929年3月)来到中国后,陆续有乔治·佛采尔(George Wetzell,任期为1930年4月至1934年4月)、汉斯·冯·塞克特(Hans von Seeckt,任期为1933年5月22日至6月、1934年3月至1935年5月)和亚历山大·冯·法肯豪森(Alexander von Falkenhausen,任期为1935年5月至1938年7月)等高级顾问来华,作为总顾问为蒋介石出谋划策。

马克斯·鲍尔在其任期内,与蒋介石就大型企业国有化、兴建重工业基地,发展空中运输和借助媒体促进民族主义意识进行了探讨。❷他在被任命为经济顾问后,成立了一个外国顾问团,包括10名军事教官、6名装

---

❶ 《蒋委员长致贺耀组次长指示江海各要塞应拟定整个方案与修筑步骤之计划逐步施行电》(1933年10月31日),秦孝仪主编:《中华民国重要史料初编·对日抗战时期》,绪编第三册《中国政府之决策与抗日准备》,第298页。

❷ 马振犊、戚如高:《友乎?敌乎?德国与中国抗战》,广西师范大学出版社1997年版,第100—104页。

备与后勤专家、4名政治事务顾问、若干名行政和财务专家。

继任者乔治·佛采尔除了提出如何进行国内战争的建议外，还着手训练了数个精锐师。他在1933年2月给蒋介石的一份备忘录中，回顾了1930年他如何建议蒋介石要先训练两三个教导师，然后逐渐增加到五六个师的事，而到了1933年国民政府已经改组整训了第八十七师、第八十八师和第三十六师3支新式国防劲旅。他还提出，根据现代战争需要，首先要发展一支空军队伍。与此同时，佛采尔也看到了国民党军队建设中存在的弊端，认为军队中具有留学背景的"高级军官仍墨守20世纪初日本模式的窠臼"而拒绝他的改革，批评国民党落后的参谋体制难成"全军之主脑"，军事学校素质低劣，以及军政部军官们时常都是松松垮垮的样子。❶

素有德国"国防军之父"之称的汉斯·冯·塞克特将军应蒋介石之邀来到中国后，提出了"中国应该建成一支60个师的军队"❷的设想。他在1933年6月给蒋介石准备的一份备忘录中强调，国民党应该从小规模入手，逐渐用最现代的军事技术训练一队军官团；这支军队应该素质出众，由技术娴熟的军官率领，能够执行综合武器的战斗；军官应该绝对忠于身为总司令的蒋介石。塞克特将军进一步建议，中国应该发展通讯基础设施，长江下游应该立即设防。❸在备忘录中，塞克特将军再一次强调了中国要发展自己的军火工业的重要性。

1935年5月，亚历山大·冯·法肯豪森继任德国军事顾问团总顾问，积极参与了中国的最高机密筹划与各项备战工作，长达4年之久。1935年夏，日本侵略者悍然发动华北事变，接着又策动了一场使华北脱离中央的所谓"华北自治运动"，南京中央军和东北军都从河北省撤出，国民党在该省的组织被取缔，省政府从天津迁至保定。按照他的判断，这些变化已使日本的全面侵华意图暴露无遗，中日之间的战争不久即将爆发。

法肯豪森自感使命重大，上任后所做的工作主要有：一、迅速组织可以作战的机动部队。二、尽可能保全长江以南地区（江防和东南沿海的海

---

❶ 《德国总顾问佛采尔建议书》（1933年2月），中国第二历史档案馆编：《中德外交密档》，广西师范大学出版社1994年版，第136—145页；马振犊、戚如高：《友乎？敌乎？德国与中国抗战》，第120—139页。

❷ 马振犊、戚如高：《友乎？敌乎？德国与中国抗战》，第144页。

❸ 马振犊、戚如高：《友乎？敌乎？德国与中国抗战》，第146—149页。

防列为主要任务）。三、发展自给自足的军火工业。他精心拟写了《关于应付时局对策之建议书》上报国民政府，对当前形势进行了详尽的分析，提出了很多有价值的看法。法肯豪森在任期间，中德经济军事合作也达到了最高潮。1936年4月，中德两国达成了一项以1亿马克为基础的《物物交换协定》，协议期限为5年，中国每年可用2000万马克在德国购买军火，但每年需以1000万马克价值的矿砂和其他原料偿还，偿还期限为10年。这份协定实际上就等于德国每年给中国提供了1000万马克的信用贷款。抗战前两年，中德进入合作高潮期，中央军逐步德式装备化，德式武器装备源源而来。鉴于中德之间的密切合作，日本人深知中国军队的战斗力已日渐增强，日本政府遂屡次劝说德国当局解散驻华顾问团，终止对华武器贸易，但由于希特勒政府对中国钨砂原料的"实用性"需求，均未成功。

自1935年开始，根据德国军事顾问们的建议，国民政府开始认真考虑国防问题，从制订作战计划、构筑国防工事、补充装备力量和加强训练演习等方面进行积极备战。其中，1936至1937年的国防计划不仅可以为我们提供研究国民党政权确立抗战方针的具体时间，而且还可以清楚地反映抗战前夕，国民党上层集团对于敌情、国力以及未来抗战战略、战术设计的具体构想，以及基于这一构想之上所做的备战努力和实施成果。

三、详拟作战计划，加强国防建设

1935年8月，法肯豪森在他的《关于应付时局对策之建议书》中，根据其以往多年驻日使馆工作经验，以及对日本陆军的深入研究，对未来的中日战争走向进行了较为准确的分析预测，为国民政府随后的国防计划制订工作提供了一定的参考和依据。其中，他提出了"抗战初期利用黄河、长江两道屏障，阻击日本人"，"在长江入口处的江阴沉船，堵塞航道，不让日本军舰进入长江"[1]等一系列具体设想。1935年秋，国民政府最高军事当局组织力量，按照法肯豪森的建议，着手开展对日国防作战计划拟

---

[1] 《总顾问法肯豪森关于应付时局对策之建议》（1935年8月20日），中国第二历史档案馆馆藏档案；《总顾问法肯豪森关于应付时局对策之建议》，《民国档案》1991年第2期，第18页。

序　章　南京的战前防备

制工作。

不过，此时南京国民政府依旧坚持"攘外必先安内"的战略指导思想，在制订国防计划时依旧盲目坚持其所谓"剿共"与"抗日准备"的"两条腿走路"的原则。这从其随后在国防计划中明确规定在全国范围内划分"抗战区""警备区""绥靖区""预备区"4种区域可以得到佐证。

1936年初，南京国民政府拟订了《民国二十五年度国防计划大纲草案》《国防设施纲要草案》《一九三六年度作战计划》等数份文件，具体规划了1936年国防军事主要任务。当时，国民政府一方面在国际上受到日本帝国主义的严重威胁，自身预感到"现时整个的国家均陷于非常的状态，环境险恶危急"[1]。另一方面，在国内坚持反共内战，拒绝中国共产党团结抗日的倡议，其基本的政治方针仍为"安内攘外为现时我国之国是"[2]。由于这一错误决策，国民政府将自己置于对内对外两面为敌的尴尬境地。对1936年度作战计划中有关抗战的内容进行简要分析，可发现如下特点：

其一，国民政府对日本侵略严重性的认识和日本侵略者军力分布的估计。1936年度作战计划阐述道："暴日现正急进，实现其传统的大陆政策。既横占我东北四省以为根据地，更进而蹂躏冀东、察东，控制平津，支配冀察两省军政，近拊齐鲁，远窥绥远。……故其陆军主力便于由东向北西南进展，更仗其海军空军之优势，随时可能于青岛、连云港、长江、杭州湾、福州、厦门等处掩护其陆军之一部任意登陆。"[3]因此，可以认定"今日我国之预想敌国应以侵略我国最急，加我危害最甚之日本为预想敌国，故凡国防军事一切建设准备，当以日军为对象而筹划之"[4]。对于日军可能动用的侵华力量的预测，《作战计划》认为：一旦战事发生，日本陆军

---

[1] 《国民政府军事委员会民国廿五年度国防计划大纲草案》，中国第二历史档案馆馆藏档案。

[2] 《国民政府军事委员会民国廿五年度国防计划大纲草案》，中国第二历史档案馆馆藏档案。

[3] 《国民政府军事委员会一九三六年度作战计划》，中国第二历史档案馆馆藏档案。

[4] 《国民政府军事委员会民国廿五年度国防计划大纲草案》，中国第二历史档案馆馆藏档案。

南京城防保卫战

可调动 120 万兵力，海军驻华舰队、空军常备飞机 3000 架即可全部出动。❶ 计划同时还认为：由于苏联、美国、英国等国家在远东军力的威胁，"日军所得用于对我侵略者，亦不过其一部而已"，"控置对苏联之兵力必且较侵我者为多"，"日军的入侵将使我防不胜防，而彼乃尚有余力以应付欧美各国"。❷ 通过 1936 年度作战计划的分析，可以看出：南京国民政府对日本的亡华野心和手段已经有了相当明确的认识与充分的估计，但仍较为乐观地认为，日本不会全力侵华，其陆军兵力大部分仍会用于对抗苏联、美国等国家。

其二，关于对日抗战总方针的确定与战略计划的设计。国民政府基于对日本侵略严重性的认识和对日本侵略者军力分布的估计两方面的分析，确定了对日作战的总方针是："为保全国土的完整，维护民族生存起见，应拒止敌人于沿海岸及平津张以北之地区，作韧强之抗战。随战争之推移相机转移攻势，将敌人歼灭之。"❸ 这一方针的宗旨是要拒敌于内陆之外，依靠阵地阻击战制止日军入侵。国民政府为此又进一步划出五道自北向南的"抵抗线"，将察哈尔、河北、绥远、山西、山东、江苏、浙江、福建和广东 9 个省划为"抗战区"。为便于指挥，在"抗战区"内又划分出冀察、晋绥、山东、浙江、福建、粤桂共 5 个"防卫区"，并详细确定了各区驻军部属与防卫线。

与 1936 年度的作战计划相比，1937 年度的作战计划表面上在准备抗日上又有进展。由于西安事变的促动与影响，南京国民政府被迫放弃了"安内攘外"政策，开始趋于团结抗日。国共第二次合作建立后，南京国民政府开始集中精力考虑怎样抵抗日本侵略的问题。

1936 年底，参谋本部起草了两套更为详尽的对日作战方案——《民国二十六年度国防作战计划》（甲、乙两案），这是一份专门准备对付日本帝国主义侵略的计划。其中甲案以长期抗战为准备，比单纯拒敌入侵的乙

---

❶ 《国民政府军事委员会一九三六年度作战计划》，中国第二历史档案馆馆藏档案。

❷ 《国民政府军事委员会一九三六年度作战计划》，中国第二历史档案馆馆藏档案。

❸ 《国民政府军事委员会一九三六年度作战计划》，中国第二历史档案馆馆藏档案。

案更切实可行。对甲、乙两案中关于抗战设计的几个要点稍加分析，我们可以对南京国民政府在抗战爆发前夕关于抗日作战的战略战术思想有一个基本的了解。

第一，对日军军备实力的估计及其侵略中国的时机、地域之判断。《民国二十六年度作战计划（甲案）》中预测，由于苏联、美国等国在远东军事力量的牵制，倘若中日两国单独开战，日军除留大部以防苏、留守本土等之外，可以动用侵华的兵力"以十二至十四个师团为最高额"，若日本对苏、美、中三国同时开战，则在中国战场取攻势时可使用35至40个师团，守势时或在20个师团以下，但日本海军及航空兵力量则"足以扰乱我海疆而有余"[1]。至于日军的侵略路线，《民国二十六年度作战计划（乙案）》认为，"其主战场以华北为中心，并以有力之一部沿平绥路西进及由山东半岛、海州等处登陆，截断我南北联络线，策应其主力军之作战，以囊括我华北全部，同时以一部由扬子江口及杭州湾上陆……威胁我首都，并以台湾部队向闽粤沿海岸登陆，期助援其主力军作战进展容易"[2]。关于开战时间的预测，《民国二十六年度作战计划（甲案）》认定，日军如扩大侵略步伐，而对华北、绥远、山东、福建、淞沪等要地再犯一步时，便可能以局部军事行动而揭开战争之序幕。[3] 以上这些估计基本上是切合实际的。其中，对于开战时机的认定，充分说明了国民政府不再让步，决心抵抗日本侵略者的态度。而对于日军侵华兵力的预测，由于受到最高当局错误观念的左右，对日军仍然估计不足。事实上，日军在1937年7月开始发动全面侵华战争时，便以"十月底前结束战事"为目标，陆续在中国战场投入了16个师团的兵力，其兵力总数是日本部署在东北的关东军数量的2

---

[1] 《国民政府军事委员会民国二十六年度国防作战计划（甲案）》，中国第二历史档案馆馆藏档案；《国民党政府1937年度国防作战计划（甲案）》，《民国档案》1987年第4期，第40—52页。

[2] 《国民政府军事委员会民国二十六年度国防作战计划（乙案）》，中国第二历史档案馆馆藏档案；《国民党政府1937年度国防作战计划（乙案）》，《民国档案》1988年第1期，第34—41页。

[3] 《国民政府军事委员会民国二十六年度国防作战计划（甲案）》，中国第二历史档案馆馆藏档案；《国民党政府1937年度国防作战计划（甲案）》，《民国档案》1987年第4期，第40—52页。

南京城防保卫战

倍多，是部署在本土与朝鲜军队数量的4倍。❶而到了1941年太平洋战争爆发后，日军在中国战场处于守势时驻兵仍达到了35个师团，到1945年8月结束战争时已达到了51个师团，占日军外侵总兵力的一半以上。❷这极大地超过了《民国二十六年度作战计划（甲案）》的预计。

第二，国民政府对日抗战总方针及作战指导、战略部署概要。关于对日抗战方针，《民国二十六年度作战计划（乙案）》规定："国军以复兴民族收复失地之目的，于开战之初，以迅雷不及掩耳之手段，于规定同一时间内，将敌在我国以非法所强占领各根据地之实力扑灭之。并在山东半岛经海州及长江下游亘杭州湾迤南沿海岸，应根本扑灭敌军登陆之企图。在华北一带地区应击攘敌人于长城迤北之线，并乘好机，以主力侵入黑山白水之间，采积极之行动而将敌陆军主力歼灭之。"而《民国二十六年度作战计划（甲案）》则以较为保守的观点，以拒止日军在中国沿海登陆，阻止敌人越过天津—北平—张家口一线为主要任务，同时明示："不得已时应逐次占领预定阵地，作韧强之抗战，随时转移攻势，以求最后之胜利。"关于作战指导，《民国二十六年度作战计划（甲案）》以"守势作战"为原则，制定了"于不得已时实行持久战，逐次消耗敌军战斗力、乘机转移攻势"的方针。根据作战需要，《民国二十六年度作战计划》规定划定全国为山东、冀察、河南、晋绥、徐海、江浙、闽粤7个作战区，以及陕甘宁青、湘鄂赣皖、川康、滇黔、广西5个警备区，并规定了第一方面军至第五方面军分别部署在山东、冀察、晋绥、江浙、闽粤各地的具体地点和战斗任务。

相比而言，《民国二十六年度作战计划（甲案）》中有关作战指导方针与战略部署的设想更切合战时实际。第一，这一时期中国军队陆军总数共有步兵182个师、独立步兵46个旅、骑兵9个师并6个独立旅、炮兵4个旅又20个独立团。除去由于治安、训练和装备等原因外的兵力，只有2个师的步兵并9个独立旅、9个骑兵师、2个炮兵旅、16个独立团可以开

---

❶ 耿成宽、韦显文编：《抗日战争时期的侵华日军》，春秋出版社1987年版，第4页。

❷ 徐德源：《太平洋战争期间日本法西斯陆军兵力编成与部署变更述略》，《辽宁大学学报（哲学社会科学版）》1986年第2期，第48页。

序　章　南京的战前防备

赴第一线作战。❶第二，关于各大战区国防工事修建情形，依照"以首都为中心逐次向国境线推进"和"先完成各阵地之骨干，……以后逐渐加强"的原则，国民政府积极进行建设，至1937年全面抗战爆发前，除冀察、晋绥两区分别由宋哲元、阎锡山负责外，河南区国防工事已近全部完工，而国防腹地江浙区国防线的修建也在加快速度进行，完成了基础工程。长江、沿海各要塞炮台也进行了改造或增建。如此，总体国防工事建设总支出已达717万余元。就抵抗侵略的防御战而言，以上这些国防设施将发挥至为重要的作用。然而，空军和海军方面的建设因投资大、周期长，效果稍逊。据1937年10月的统计，空军方面共有9个飞行大队、26个中队，包括3个轰炸大队、3个驱逐大队、2个侦查大队、1个攻击大队，另外还有5个直属中队、4个运输队的兵力，飞机总数600余架，但因全系外购，受配件供应和飞行员不足等主客观条件影响，只有三分之一的飞机可用于第一线作战。海军方面的投入更差一些，"未能作大量之建设"。❷根据以上这些情况分析，中国的抗战只能选择以"守势防御"为方针，庆幸的是，南京国民政府在实践中逐步认清了这一点，并逐步明确了"以空间换时间"和"积小胜为大胜"的持久抗战思想。

第三，关于抗战时期各方面总动员备战应战部署的设计。除军事方面内容外，《民国二十六年度作战计划》还对包括战时交通、通信、卫生、物资、治安等多方面内容进行了设计和分析。在交通方面，拟将全国铁路、水运统归"最高统帅"直辖或授权使用，公路分属各集团军兵站使用；建立战时通讯系统；在汉口、南昌、南京、徐州、太原、郑州、西安等城市设立主要兵站，在1937年底前储存满足野战军50个师3个月的军粮、一个半月的弹药、6个月的燃料；在战时医疗救护方面，"作战初期须准备兵站医院20个"，在武昌、汉口、南昌、西安、南京设立重伤病院；组

---

❶　《卢沟桥事变前之中国军备情况》（何应钦对国民党五届三中全会军事报告，1937年2月），秦孝仪主编：《中华民国重要史料初编·对日抗战时期》，绪编第三册《中国政府之决策与抗日准备》，第351页。

❷　《卢沟桥事变前之中国军备情况》（何应钦对国民党五届三中全会军事报告，1937年2月），秦孝仪主编：《中华民国重要史料初编·对日抗战时期》，绪编第三册《中国政府之决策与抗日准备》，第351页。

南京城防保卫战

织 4 支守备军分别担任津浦至平汉南段、陇海及湘赣等铁路的警备工作。❶ 除了上述内容之外，《民国二十六年度作战计划》还对有关战时防空、民众动员、江海岸要塞之备战、组建化学兵团等内容都做了相应的安排。

至七七事变发生之前，国民政府当局实际上已经完成了《民国二十六年度作战计划》中所拟的各项主要任务。总计在全国设立军需总库 6 所，分别为金陵、蚌埠、信阳、华阴、南昌、武昌总库，负责京浦、京沪、津浦、平汉、陇海、福建、浙江的补给任务。下辖分库、独立库 29 个，成立野战仓库 15 所，以南昌、武昌为全国核心库。❷ 其中，军用品的储备量为：（一）弹药：长江北岸各地共存储约 6000 万发，武昌存 4000 万发，南京存 1 亿发。总计可供 20 个师 3 个月之用。（二）军用粮秣：存储量为 50 万人、10 万匹马。一个月之用数。（三）燃料：汽油储备 300 万加仑、航空用油 250 万加仑。❸ 关于战时医疗救护方面，已成立后方医院 10 所，可收容 1 万病员；临时医院 20 所，可容纳 1 万病员；加旧有医疗机构，总计可收容 8 万伤病员。储备了 100 个师 6 个月所需卫生材料。❹ 其余如南京、武汉等重要城市防空设施也都着手进行了布置，但也有部分计划中所列内容还没有及时完成。

从以上内容可以看出，南京国民政府在抗战的准备阶段做了一些实际的工作。在走上抗日道路以后，南京国民政府为实施抗日计划也付出了积极的努力，比如分区域制订防御计划、分地块建设国防工事线、开展整军及战略物资储备等，在战略上确立"持久战"的思想，这对于争取抗战最后胜利都有极大的意义。

---

❶ 《国民政府军事委员会民国二十六年度国防作战计划（甲案）》，中国第二历史档案馆馆藏档案；《国民党政府 1937 年度国防作战计划（甲案）》，《民国档案》1987 年第 4 期，第 40—52 页。

❷ 《卢沟桥事变后国民党政府军事机关长官会报第十六至卅二次会议记录》，《民国档案》1987 年第 3 期，第 17 页。

❸ 《卢沟桥事变后国民党政府军事机关长官会报第一至十五次会议记录》，《民国档案》1987 年第 2 期，第 4 页。

❹ 《卢沟桥事变后国民党政府军事机关长官会报第十六至卅二次会议记录》，《民国档案》1987 年第 3 期，第 17 页。

四、布防宁沪杭，构筑防御线

在1936年度的《国防计划大纲草案》有关"作战指导要领"中，南京国民政府确定了"以四川为作战总根据地，大江以南以南京、南昌、武昌为作战根据地，大江以北以太原、郑州、洛阳、西安、汉口为作战根据地"。基于这一决策，国民政府制定了抗战战略主体路线，尤其对国民党的统治中心宁沪地区的国防设备建设，给予了相当重视。在《民国二十六年度作战计划》中，国民政府计划在郑州、开封、徐州、海州和宁沪杭一带设置防御，指定由唐生智负责宁沪杭地区的布置工作，并以湖南全省和安徽南部、江西北部驻军为宁沪杭地区后援部队。❶ 就以上内容来看，很显然，南京国民政府对于防御日军侵略宁沪杭一带有比较全面的设想。

长江中下游地区是中国政治、经济重心所在，以经济中心上海和政治中心南京相连的宁沪地区是国家心腹要地。上海是中国的东大门，更是保卫首都南京的唯一屏障。考虑到长江中下游地区如此重要的战略地位，蒋介石主张，对日国防重点区域应在长江流域而不是在华北，尤其对于国家统治中心所在宁沪地区，因地处沿海，势必成为日军入侵要道。他认为，一旦中日开战，必要时可以放弃华北而集中全部力量保卫长江流域。

1932年"一·二八"淞沪抗战后，国民政府意识到，日军如果再由上海入侵，必将在其航空兵的掩护下，以陆军沿京沪铁路、海军溯长江而上向西进攻，如此轻易便能威胁首都南京。因此，最高当局对宁沪杭腹地的防御计划给予了相当重视。

国民政府军事委员会将宁沪杭地区划分为京沪、沪杭、南京3个防御区，形成以首都南京为核心、太湖南北两条走廊为辅翼，拱卫首都的安全。

国民政府军事委员会执行部也积极行动，认真拟订较为详细的上海、南京防御作战计划，并得到蒋介石的核准。其主要内容为："以上海、杭州湾为第一线，昆山、无锡、苏州、杭州一带为第二线，江阴、镇江为第三线，南京、京杭公路（宁杭公路）为第四线"，同时，"各线部队应该预先有准备，假如上海的部队打了一个时期要撤退时，则第一线上海、杭

---

❶ 《国民政府军事委员会民国二十六年度国防作战计划》（1936年12月），中国第二历史档案馆馆藏档案。

南京城防保卫战

州湾的部队撤到浙江以西、皖南一带，整理补充，并在那里准备阵地。以后各线则陆续往后方调动，以作长期抗日、拖死日本人的准备"。❶

当年12月，南京国民政府决定在参谋本部成立城塞组，由参谋次长贺耀组兼任主任，在德国军事顾问指导下，开始整修长江沿岸的江阴、镇江、江宁等各要塞，并准备在南京以东构筑国防工事。由于当时的南京国民政府没有认识到"攘外"的紧迫性，依旧将大部分精力放在"安内"上，所以，随着《淞沪停战协定》的生效，拟订的一系列防御计划并没能顺利地贯彻执行，拟构筑的国防工事也未能如期实施和推进。

德国"国防军之父"塞克特将军受邀出任蒋介石军事顾问团总顾问一职后，按照蒋介石的要求，设计了从上海到南京的江南国防工事图，这条"中国的兴登堡防线"后来成为中国抗日国防的重要工程之一。❷ "兴登堡防线"需要用一连串的钢筋水泥碉堡与坚强的防御阵地组成。经蒋介石精挑细选，最后修建中国"兴登堡防线"的任务落到国民政府军事委员会骨干俞大维和张治中身上，分别负责筹集钢筋水泥和组织工程设计。

国民政府在宁沪杭一带构筑国防战备设施建设，前后共花了100多万元的资金，修成3道国防线：上海至杭州的乍平嘉国防线、吴江至福山的吴福国防线、无锡至澄江的锡澄国防线。这3道国防线都是以铁路为轴，其中吴福线、锡澄线以京沪铁路为轴，乍平嘉线以沪杭铁路为轴。3道国防线均呈南北走向，其目的在于防御日军从海上入侵后以海、陆军协同西进。宁沪地区的整体国防战备建设过程进行得并不是很顺利。一直到1936年才大规模开始，到1937年才完成全部工程。工事建造完成后，战备也随即得到了大量补充。据资料显示，1937年全面抗战爆发前的两三年里，中国从德国购买的进口军火、兵工及重工业设备，其价值不下2亿马克，其中军火装备占多数。

1936年后，随着"国防作战计划草案"和"作战计划"陆续出台，宁沪杭地区的抗战准备工作又再次得到重视。鉴于"一·二八"淞沪抗战中，中方是被动应战，事前又缺少准备，损失过大。参与此次中日对战的张治

---

❶ 唐生智：《卫戍南京之经过》，唐生智、刘斐：《南京保卫战》，中国文史出版社2013年版，第3—4页。

❷ 杨智友：《蒋介石最器重的德军顾问——塞克特将军》，《档案春秋》2010年第11期，第32页。

中认为：日寇亡我之心不死，"田中奏折"所定战略绝不会改变。为了未雨绸缪，他向蒋介石建议，划分全国战区，分头准备抗战事宜。蒋介石同意他的想法，后经研讨决定，分别设置4大战区：河北为第一战区，蒋介石自兼司令长官；山西为第二战区，阎锡山为司令长官；沪、宁一带初设警备区，由张治中负责，"八一三"淞沪会战后改为第三战区，冯玉祥为司令长官；广东为第四战区，何应钦为司令长官。后来随着战事持续扩大，又增设第5至第12战区。

中日如再战，淞沪仍是主战场，而沪宁警备区应是战争重点区。南京国民政府在宁沪杭地区的备战工作没有仅仅停留在纸面。鉴于张治中的才干和经验，蒋介石把这个重任交给他总负责。1936年2月，张治中升任京沪警备区司令长官，负责开展京沪地区对日抗战准备工作。

张治中上任后，马上组织精干人员，先后在南京、苏州秘密设置备战机构，自己把中央军校的日常工作交给别人，全力投入此项工作。在学校内设立了一个"高级教官室"，专门主持制订"京沪分区"防御计划及实施事项。后来又扩充组织，在苏州留园设置了一个"中央军校野营办事处"，内设政治、军事两个组，秘密派遣部队业务骨干前往宁沪间各战略要点进行详细调查，对防御作战的兵力部署、防线设施、指挥系统、兵源补充、后勤补充乃至发动民众、舆论准备、群众组训、军民合作等方面的问题，都进行了严密、慎重、具体的研究设计。在对日抗战思路上，根据综合分析，他们认为：日本发动侵华战争，上海必然是战场之一，我们不能再重演九一八事变和"一·二八"淞沪抗战中被动挨打的悲剧，应在日军发动战事以前，主动出击进攻，彻底摧毁日军在沪军事据点，然后封锁海岸，确保宁沪安全。他们的这一战略设想和作战方案，得到了蒋介石的批准。随后，张治中便开始了紧锣密鼓的备战工作。他的主要任务就是在保密条件下修筑3条长达百里的国防工事线，并指挥部队以淞沪日军为假想敌，开展大规模军事演练。

此外，在张治中的主持下，京沪警备区积极进行了其他备战工作。比如，1936年底，组织军事参谋人员到苏州、常熟、太仓、浏河和吴淞一带进行考察与布置等，宁沪铁路沿线各火车站也奉命进行了军运准备工作。

五、组织演习演练，聚力备战打仗

保卫宁沪的战役构想一经确定，中国军事当局便决定，选择适当时机，在适当区域，组织一次保卫首都南京的实战演习，史称"民国二十四年度秋季大演习"。

此次演习的动机，在《民国二十四年度秋季大演习记事附录》里有详细记录：一方面，"自欧战以来，世界各国，莫不以大战之经验，从事于军备改进，国防建设，而编制装备战术，亦随科学之发达，武器之进步，而日有更张。此种变更，是否适合将来之需要？不能以实战证明，乃不得不以假想情况，从事试验，于是各种演习尚焉。近代各国不惜人力财力，于每年秋季举行大演习，以求得各种宝贵之经验"；另一方面，"我国近二十年来，因政局之变迁，军事倥偬，日无宁息！国防准备，尤无暇顾及。'九一八'以后，国难日深，而国际风云复日益紧迫！非整顿军备，不足以救亡图存，我军事当局亦聚精会神，勉力将事，于剿匪抗日之暇，逐次施行各种演习；虽所得经验亦多，但范围狭小，不易洞悉全豹"。❶鉴于此，蒋介石决定，在 1935 年秋天举行大规模的秋季大演习，以"试验过去教育之成绩，并探求编制、装备、战术改进之方针"。

1935 年 8 月，蒋介石电令国民政府军事委员会训练总监部总监唐生智，要求他"负责指导参谋本部承办人员担任筹备，从事计划"，在此时期，"先由承办人员拟定大演习筹备事项、预定日历表，将各项事务列举，预定完成日期，以为筹备之准绳"。❷同时，唐生智还要负责拟定实战演习的计划草案、教令，并编制预算。到 9 月中旬，各种草案大致就绪。随后，蒋介石电令参加演习的第三十六师、第八十七师两支部队，先后到达南京附近集中整顿。9 月中旬，军事委员会召集各相关机关部队高级人员在参谋本部举行会报，听取各方报告，并会商关于演习部队的编组、各种事务筹备的工作分配，以及统监部的组织、筹备完成期等事项。之后，每周举行一次会报，以达到集思广益、分工合作的效果。10 月上旬，参谋本部第

---

❶ 《参谋本部编印〈民国二十四年度秋季大演习记事附录〉（第二卷）》，中国第二历史档案馆馆藏档案。

❷ 《参谋本部编印〈民国二十四年度秋季大演习记事附录〉（第二卷）》，中国第二历史档案馆馆藏档案。

一厅主持计划演习人员，依据拟定的侦察计划赴句容、汤水一带进行了为期一周的演习地的侦察工作。10月中旬，蒋介石回到南京，召见唐生智，询问筹备演习进展情况，并当面指示有关演习地选定的原则及演习科目与大致日程等事项。据此，经考察演习地形，完善演习计划，最终形成了以日军为假想敌人的《1935年秋季大演习计划》。

11月初，演习的指挥机构和组织实施计划正式出台，成立了统监部，蒋介石担任演习统监部统监，唐生智担任演习参谋长。中央陆军军官学校张治中为东军司令官，宪兵司令谷正伦为西军司令官。随后，发布演习的战斗序列。演习选定南京至宜兴天王寺，以及溧水与溧阳、张渚之间一带为演习地域，以京杭公路为东、西两军的主要交通线，参与演习的部队有第三十六师、八十七师、教导总队、宪兵部队等在内的5个师计4万余人，模拟日军登陆对抗。

按照演习计划大纲，主要方案如下：以苏皖赣为根据地的西军谷正伦部，与以浙闽为根据地的东军张治中部，主力军在安徽省歙县南方地区，一部在安徽广德，江西婺源、彭泽附近，太湖北方地区也有计划行动。京杭公路方面，西军以其第五军主力集结天王寺附近，东军以第一军主力集结宜兴附近，两军于集结完毕后，各以积极的企图相对进，在溧阳西方胡桥、丁山桥之线附近地区发生遭遇战，西军以战略关系，主力不待遭遇战之决战，即利用夜暗，退却于六步山东西之线防守，以一部后卫利用南渡一带的河流湖沼，逐次迟滞东军的追击，演习小部队河川攻防。最后，汽车输送增援部队（第一混成旅）由南京到溧水东南方面进出，于东军拂晓攻击之际，由右翼方转移攻击，使最后之胜利属于西军谷正伦部，以达到拱卫首都的目的。❶

12月2日，军事大演习计划付诸实施，规模空前。演习结束后，参谋长唐生智发表了长篇讲评，史称《秋季大演习讲评》。他指出："秋季演习之目的，固在使各部队何种战斗方式中发挥各级指挥官之指挥能力，演习联合各兵种之协同动作，然其要义尤在于使关于国军编制、装备、教育、训练诸方面之缺点，以为迩后改良推进之准绳。"❷接着，他从军队指挥、

---

❶ 《参谋本部编印〈民国二十四年度秋季大演习记事附录〉（第二卷）》，中国第二历史档案馆馆藏档案。

❷ 《秋季大演习讲评》（1935年），中国第二历史档案馆馆藏档案。

南京城防保卫战

诸兵种之间的协同和对地形的观察与利用3个方面逐一讲评本次演习中存在的问题，总结经验。他的讲评切中军队要害，得到了蒋介石的高度肯定。《秋季大演习讲评》被要求印发全军，让官兵们认真研究。这一讲评也堪称这位军中元老、一级上将唐生智将军一生中最耀眼的军事理论著述。

中方积极拟定实战计划，认真组织军事演习，借以进一步提高部队的战斗力，其抗战决心不言而喻。而这些努力为以后中国方面发起"八一三"淞沪会战做了必要的转变。

南京国民政府在长江中下游地区的备战努力及其1935至1936年度的国防计划，向我们展示了这样一个事实，即南京政府试图以长江一线作为未来抗日战争的主战场，这项战略意图已为以后的战争所验证。在1936年度的国防计划中，国民政府还就重要的工矿企业、学校和机关内迁等事项提出了积极设想："各重要工厂、学校均应设法迁移于根据地或总根据地。"❶依照这一计划，在1937年全面抗战爆发后上演了中国现代史上一幕规模宏大的企业、学校西迁传奇，这对于保护国家生产和科研力量，维持抗战物质供给起到了重要作用。

六、抗战爆发前战备工作的细化

就南京的地理位置而言，南京城东、城北环绕长江，城东紧依紫金山，城内有天堡城、雨花台居高临下，城西、城南有秣陵关、淳化、句容为屏障，且紫金山、汤山、龙潭、栖霞山、乌龙山、尧化门等均为军事要地，南京也因而被称为"虎踞龙盘"之地。但是，如果日军并不是从城北面进攻，那么长江天险的屏障作用将无法体现出来，南京也就变得易攻难守了。

鉴于日本侵吞中国的野心与日俱增，国民政府对日本的蚕食侵略政策也有了更深一步的认识，最高军事当局未雨绸缪，在抗战全面爆发前，再次积极推进南京地区的抗战准备工作，包括就首都防守问题进行详细规划和实施，对军事阵地构筑等战备设施加紧完善等。

---

❶ 《1936—1937年国民党政府国防作战计划剖析》，马振犊：《知非文集：马振犊论文选》，上册，九州出版社2011年版，第28页。

序　章　南京的战前防备

（一）对南京防守问题的规划和实施

早在1934年，德国军事总顾问法肯豪森就建议蒋介石尽快制订一个保卫南京的军事计划。蒋介石认为其建议可取，令南京警备司令谷正伦着手制订初步方案。法肯豪森对谷正伦的方案给予了充分肯定，并补充提出了自己的见解。他对于"掘一长濠并积土筑一高墙于雨花台周围及天堡城至太平门外公路"的主张完全赞成，同时指出，为防止日军侵袭首都，建议"构筑新式而有效之防御工事"。

同年，参谋本部拟订了《南京方面之防御方案》，预计日军攻击南京可能会采取的4种方式：（一）敌军舰轰击城市；（二）空中袭击；（三）停泊江面敌舰派兵上陆袭击；（四）以上诸兵联合部队沿京沪铁路或经汤山向南京之进攻。❶并对这4种进攻方式分别做出了应对方案。

针对参谋本部的防御方案，国民政府军事委员会做了补充，认为南京附近的防御工事构筑要考虑到水陆两方面，并采取适中的办法，重点解决雨花台、天堡城、紫金山的军事工事构筑。具体方案如下："一、雨花台附近防御工事构筑按照德国顾问法肯豪森选定路线，将左翼延伸至东岳庙口——择要构筑步兵重兵器半永久工事（步兵支撑点、机关枪阵地、观测所等项）。二、天堡城之旧址加以修理，环城构筑重机关枪掩体数座，使能鸟瞰□制登山之敌。三、沿天堡城与紫金山之周围各要点，构筑步兵重兵器半永久工事。四、此两地于可能范围内构筑或准备铁条及他种障碍物，如汜滥、蹈发地雷、触发地雷等，尽量向纵深地区逐渐增加。"❷参谋本部认为这种构筑方法效力大、范围广、用途多，而造成一种速成且需费无多的掩护。

计划一经确定，实践也随即展开。对工事的构筑，根据性质不同进行了任务分工。南京工兵学校的练习队，担负了南京城内外一些据点、地下室和紫金山附近部分重机枪工事的构筑，宪兵部队则负责南京城墙永久工

---

❶ 《参谋本部所拟南京方面之防御方案》（1934年），中国第二历史档案馆馆藏档案；马振犊等编：《南京保卫战》，张宪文主编：《南京大屠杀史料集》，第二册，江苏人民出版社2005年版，第3页。

❷ 《国民政府军事机关就南京附近修建永久工事一组文件》（1934—1935年），中国第二历史档案馆馆藏档案；马振犊等编：《南京保卫战》，张宪文主编：《南京大屠杀史料集》，第二册，第13页。

南京城防保卫战

事的构筑。

南京国民政府在制订 1935 年度的国防计划时，规定"在江浙方面：驻江南部队应集结于京沪线及首都附近，一面任淞沪方面之增援，并相机扑灭上海之敌势力，一面防止长江内敌舰之侵扰，以维护首都"❶。针对南京地区的战备工作，结合其城市地理特点，重点放在解决东、南两个方向的防守问题上。1937 年，参谋本部出台了《南京防守计划》。这个计划从"敌情判断""防守方针""指导要领""兵力部署""水雷阻塞""防空""交通及通讯"等方面对首都防守工作进行了规划安排。❷

（二）防御阵地及工事日趋完善

防御阵地建设方面，在京沪间主要防御方向上构筑的吴福线和锡澄线两道国防工事线，组成南京外卫线防御阵地。在南京地区，同时构筑了外围和复廓两道阵地：一道是沿大胜关、牛首山、方山、淳化镇、青龙山、栖霞山至乌龙山要塞之线为内卫线的外围阵地；一道是以南京城垣为内廓，环城以雨花台、孝陵卫、紫金山至幕府山要塞炮台之线为外廓的复廓阵地。同时，在城内北极阁、清凉山等高地则筑成坚固的核心据点。

经过各方努力和积极推进，南京附近的防御工事，战前由参谋本部城塞组在其外围前沿的大胜关—牛首山—方山—淳化镇—汤山—龙潭之线择要构筑有钢筋混凝土的永久工事，有轻重机枪掩体、观测所、指挥所和掩蔽部等多种设施。

当"八一三"淞沪会战激烈进行之时，南京外卫线、内卫线的阵地工事也在加紧赶筑中。9 月 2 日，蒋介石致电军政部长何应钦，要求："首都附近各线阵地，应即编成，招募民夫，由教导总队指导。赶筑工事，应分为第一期、第二期、第三期，完成日期与工事计划详报为要。"❸ 何应钦接到命令后，随即布置南京警备司令谷正伦及教导总队总队长桂永清负责办理。9 月 9 日，蒋介石又致电谷正伦，电令："第五十三师、第

---

❶ 《国民政府军事委员会 1935 年国防作战计划》（1935 年 2 月），中国第二历史档案馆馆藏档案。

❷ 《参谋本部所拟南京防守计划》（1937 年），中国第二历史档案馆馆藏档案；马振犊等编：《南京保卫战》，张宪文主编：《南京大屠杀史料集》，第二册，第 23 页。

❸ 《蒋介石致何应钦电》（1937 年 9 月 2 日），中国第二历史档案馆馆藏档案。

七十七师、第一百二十一师迅速开南京，归该司令指挥，加强首都附近之工事。预定七十七师担任常州、宜兴、长兴一带；五十三师担任浦镇、滁州一带；一百二十一师担任句容、天王寺一带。"❶

综合以上电稿内容，可以看出蒋介石对保卫南京的阵地构筑思想，仍是以首都南京为核心，为抵御日军的入侵，分别在南京的外围东南方向的常州、宜兴、长兴，南京北面的浦镇、滁州一带，及南京郊区句容、天王寺一带构筑环形工事，以抵御日军在攻陷上海后进攻南京。这与参谋本部在1935年秋开展的演习方案和防守思路也较为一致。

据档案资料显示，南京地区军民构筑工事的热情很高。时任南京警备司令部参谋程奎朗对此有过描述："大本营除令教导总队的一个工兵连由德国顾问做指导，在汤山镇构筑野战工事外，还把宪兵学校的官兵学员分派到龙潭、大连山、淳化镇发动民工修筑工事。……官兵和民工积极性很高，当地群众还给我们烧水送饭。"❷随着上海战局的逆转，中国军队开始了失序的撤退过程，南京的防御问题日益紧迫。11月8日，第三战区下达撤退命令，并在其新制订的计划中规定："抽调较次的三至五个师回任首都之拱卫，并构筑工事。"❸经过南京军民的共同努力，到11月底，在南京外围已经修筑好了长达百里的弧形战壕。日本援引其一家通讯社发自南京的报道称："数千名市民在军官指挥下构筑壕堑，壕堑从城廓到扬子江岸连成半圆形，长达五十八公里。"❹

此外，鉴于炮台在战斗中发挥着重要作用，最高军事当局也对城中各要害部位的炮台加以修筑。南京各炮台始建于晚清道光、同治和光绪年间。1928年出版的《新南京志》设有"炮台志"，列了乌龙山、清凉山、东炮台、狮子山、雨花台、幕府山、富贵山共7个炮台。1935年发行的《首都志》"兵备"篇，记录了乌龙山、下关、狮子山、钟山、幕府山、雨花台、富贵山

---

❶ 《蒋介石致谷正伦电稿》（1937年9月9日），中国第二历史档案馆藏档案。
❷ 程奎朗：《南京复廓阵地的构筑及守城战斗》，中国人民政治协商会议全国委员会文史资料研究委员会编：《南京保卫战》，中国文史出版社1987年版，第40页。
❸ 蒋纬国总编著：《国民革命战史》，第三部《抗日御侮（第五卷）》，黎明文化事业公司1979年版，第67页。
❹ 日本陆军画报社编：《支那事变战迹之刊》，中卷，陆军画报社1939年版，第103页。

南京城防保卫战

等处炮台。1934年,国民政府军事委员会对南京各炮台进行了考察,认为"所有南京城内外固定火炮抵御敌舰射击之力有限,此项炮已太旧,射程过小,不过阻止敌舰于下关五六公里之外"[1];在《参谋本部所拟南京防守计划》中,提出"各炮台平时应构筑地底弹药库及避弹掩蔽部、坑道掩蔽部"[2]。为此,国民政府军事委员会在1935年后着手对南京各炮台实施了扩建增筑工程,编为龙(乌龙山)、虎(老虎山和幕府山)、狮(狮子山)、马(马家山和清凉山)、雨(雨花台)5座炮台。1937年全面抗战开始前,又增设了甲一台和甲二台2座现代化高射炮台。上述炮台成为南京保卫战开始后守卫江宁要塞部队的主要力量。

以南京城垣为内廓的阵地建设也在紧张进行之中。这道复廓阵地是以南京城垣为依托,环城以雨花台、孝陵卫、紫金山至幕府山要塞炮台之线为外廓。

有一种比较流行的说法是,南京城的最主要特征不在城里,而是在于那些围绕四周的城墙。几乎从城里每一处制高点都可以看见若隐若现、巍然屹立的城墙。这些城墙既令人压抑,同时又令人安心。它的存在,意味着可以让居民安居乐业,并将入侵者拒之城外。城墙的周长有20英里,这是一处令人敬畏的建筑物,对于任何试图成为征服者的人来说,它都是一道难以逾越的屏障。城墙是在两堵平行的石头墙中用土填实所构成,在多处地方墙高超过50英尺、顶部宽达40英尺,能够容得下两辆货车轻易地并列行驶。

南京城的城墙沿着周围的天然屏障蜿蜒延伸,北接玄武湖,西临长江,南倚雨花台,东靠紫金山。大半城墙下毗邻的护城河,又是另一道天然屏障。再有一道是南京城门。一旦战争爆发,这些城门瓮就成了错综复杂的防御工事,即使侵略者攻破外城门,也会被阻拦在第二道瓮城城门之前。

12月初的南京城内外,到处都布满了战壕。在一些交通要道,还堆设了沙包,拉起带刺的铁丝网,光华门、中山门、太平门等也都用沙袋堵塞关闭。南京军民们以满腔热情投入各式各样的防御工程建设。当时,上海

---

[1] 《参谋本部所拟南京方面之防御方案》(1934年),中国第二历史档案馆藏档案;马振犊等编:《南京保卫战》,张宪文主编:《南京大屠杀史料集》,第二册,第3页。

[2] 《参谋本部所拟南京防守计划》(1937年),中国第二历史档案馆馆藏档案;马振犊等编:《南京保卫战》,张宪文主编:《南京大屠杀史料集》,第二册,第23页。

《时报》对南京地区军民共建防御实施的情况进行了实时报道,称:"南京各要点街道均赶筑有带刺的铁丝障碍物,城外则开挖战壕,并布置其他防御工程。"❶ "街道交通要道均置沙包电网,城外各要点亦均布置炮位,埋藏地雷。"❷

全面抗战爆发前夕,南京国民政府对首都南京的防卫十分重视,不仅多次策划南京的防守问题,制订了详细的防御计划和作战计划,还组织了得力的军队进行了实战演习,以检验守备计划的可行性和严密性。全面抗战爆发后,面对日益严峻的战场形势,蒋介石多次督促首都防御阵地的构筑事宜。然而,随着"八一三"淞沪会战的失利,由于国民政府战略犹疑、部署失当,战前精心布设的沪宁沿线防卫设施被接连攻破;且因时间紧迫,人员物资短缺,首都附近工事的修筑工作,也没有完全达到预期的效果。各道路防线均没有发挥应有的防卫功能,使日本侵略者挟淞沪战役胜利"余威"一路直扑南京。

---

❶ 上海《时报》,1937年12月1日,第2版。
❷ 上海《时报》,1937年12月2日,第2版。

第一章　首都南京告急

与中国隔海毗邻的日本是一个四面临海的岛国，因受国土面积狭小、自然资源缺乏、地理环境不佳等诸多因素影响，始终怀有极强的侵略、扩张和征服欲望，时时想着要去海对面的中国"开疆拓土"。

在17世纪的德川幕府时代（又称江户时代），日本推行锁国政策，只对中国和荷兰两国外商开放，并向先进的中国虚心学习，态度诚恳，谦卑有加。这种情况持续了200多年。至19世纪中叶，各国列强疯狂向外进行殖民扩张。美国以武力威胁打开了日本的门户，其他列强相继从日本取得了领事裁判权、片面最惠国待遇和协定关税等一系列特权。1868年，以中下层武士为主体的反幕府派以天皇名义颁布《王政复古大号令》，推翻了幕府统治，建立了新政府，是为明治维新时代的开端。自此，在中国持续闭关落后的情况下，日本经维新而开化发展，随之从对中国的顶礼膜拜逐渐变为蔑视欺凌，不断骚扰和攻击，直到发起大举进攻。

第一节　日本侵华野心：从蚕食到鲸吞

1931年九一八事变后，日本帝国主义占领了中国东北地区，并欲巩固其侵略利益，于1932年进攻上海，1933年占领热河，1935年侵占河北东部。侵略扩张的野心一旦膨胀，便一发不可收拾。南京国民政府不断妥协退让，中华民族危机空前严重。直至日本帝国主义以七七事变为借口，发动全面侵华战争。作为国民政府首都和上海相邻城市，南京日益临近战争边缘。

一、九一八事变：武力侵华之开始

1931年9月18日，驻东北的日本关东军进攻沈阳，制造了震惊中外的九一八事变。这是日本帝国主义经过长期策划和周密部署而发动的所谓的"大陆政策"之肇始，其目标是侵略中国、吞并亚洲，最后称霸世界。

日本帝国主义奉行的"大陆政策"，溯其源至明治初期。明治维新政府成立伊始，受制于西方列强不平等条约的束缚，寄希望于向外扩张"补偿"其被攫走的"损失"，宣称"养国力，割易取之朝鲜、满洲、支那，所失于美俄者，可取偿于朝鲜、满洲之土地"[1]。1868年4月，掌握政府实权的藩主萨长以天皇名义颁发了施政纲领《五条誓文》，发布了要"继承列祖列宗之伟业""经营天下"的御笔信《宸翰》，宣称"欲开拓万里波涛，布国威于四方"[2]。6月，政府在改革官制时，规定外务大臣的职责之一是"开拓疆土"。自此，日本逐步走上了军国主义道路，明确了其侵略扩张的基本国策，并将主要目标确定为中国和朝鲜。日军参谋本部还特别成立

---

[1] [日]吉田松阴：《幽囚录》，[日]藤田省三：《日本思想大系》第54卷，岩波书店1987年版，第193页。转引自郭汝瑰、黄玉章主编：《中国抗日战争正面战场作战记》，江苏人民出版社2002年版，第77页。

[2] 伊文成、马家骏主编：《明治维新史》，辽宁教育出版社1987年版，第356页。

了管东局和管西局，专门负责侦察、调查中国东北地区及西伯利亚地区、朝鲜及中国沿海地区军事地理、军政情况等，并不断派遣军方间谍潜入中国，窃取军事、政治情报，秘密绘制了中国东北地区和渤海湾的详细地图，进行发动侵华战争的准备。

1874年5月，日本借口琉球船员被杀事件，发动了第一次武力侵华，进犯台湾。首次侵华行为以签订《中日台湾事件专约》为结束，清政府的妥协更助长了日本的扩张野心。1879年4月，日本吞并了与清朝有特殊关系的琉球国。1894年7月，日本借口朝鲜事件，发动了中日甲午战争，以《马关条约》强占了中国的台湾和澎湖列岛，正式走上了推行其大陆政策的扩张道路。1900年，日本加入八国联军侵华战争。1904年，日本在中国东北地区进行日俄战争并占领辽东，划南满作为其势力范围，自此取得了在华驻军权。1910年，日本吞并了与清朝有特殊关系、紧邻中国东北的朝鲜。1914年8月，日本借第一次世界大战对德国作战之机占领了中国的青岛。自从搭乘上法西斯主义的战车，日本军国主义驶上了其征服中国、征服亚洲，进而称霸世界的妄想快车道，以中国东北地区作为其武力侵入、培植伪政权的基地。

1931年前的中国东北地区，共包括辽宁（原奉天）、吉林、黑龙江及1928年建省的热河4个省份，面积达130万平方公里，相当于日本本土面积的3倍之多。这里土壤肥沃、水产丰盛，是中国最富饶的地区之一。长期以来，日本觊觎中国东北地区丰富的矿藏资源，认为此地蕴藏有"国防资源所必需的所有的资源，是帝国自给自足所绝对必要的地区"。东北地区的战略地位也为日本所重视，"满蒙"被认为"在对美、俄、中的作战上都有重大的关系"。

为了巩固其在南满地区的利益，日本政府采用各种手段对"东北王"张作霖进行牵制和恫吓，意欲将其发展成为日本政府在东北地区的代理人。期间，日本通过协助张作霖扩充军备、派遣军事顾问参与指挥战事等方式，唆使奉系军阀势力深入关内，撮合直奉势力联合，与冯玉祥的革命军和南方的革命势力抗衡。1926年5月，国民革命军开始北伐并成功消灭吴佩孚、孙传芳主力，张作霖在日本的支持下，进入北京组成"安国军政府"，企图与北伐军抗衡。此间，日本曾向张作霖提出退回东北进行"自治"和修建铁路事宜，均未谈拢，渐生罅隙。

南京城防保卫战

　　1927年4月，标榜"强硬外交"的陆军大将田中义一组阁上台。田中为了维护日本在中国的侵略利益，制定了《对华政策纲领》，叫嚣"把中国东北和内外蒙古从中国领土中分割出来"，后拟制秘密文件《帝国对满蒙之积极根本政策》，史称"田中奏折"。"田中奏折"中的内容充分暴露了日本帝国主义觊觎中国东北和蒙古权益的野心，确定了以满蒙为侵略扩张基地的狂妄战略。

　　1928年4月，南京国民政府集中各派力量，联合对控制北京政权的张作霖进行北伐。日本政府不安于国民革命军在山东境内取得的节节胜利，为维护其在该地区的既得利益，对此次北伐进行了直接武力干涉，制造了震惊中外的"济南惨案"。南京国民政府被迫绕道北伐，迫使北洋军全线退却，张作霖不得已发表"出关通电"，欲退回东北。

　　北伐军的胜利进军，使日本帝国主义看到张作霖已难以维持当前局面，日本便开始考虑新的动作。一方面，遣调日军集结天津和沈阳地区，企图阻止北伐军占领京津地区；另一方面，准备寻机占领中国东北地区。

　　1928年6月，日本政府因不满张作霖的不合作，又担心南京国民政府势力进入东北地区，在沈阳制造了"皇姑屯事件"，炸死了张作霖，意图趁张作霖死后东北军混乱时，以"维持满洲全境治安"的名义出动关东军占领东北地区。然而，张作霖之子张学良主政后，实行东北易帜，与日本的期望"背道而驰"。这对日本帝国主义来说是个未曾意料的打击，也加速了关东军使用武力强行解决"满洲问题"的决心。

　　在侵占东北这个问题上，一方面，日本政府不断使用政治阴谋，企图不战而胜将东北分裂出去；另一方面，关东军随时准备使用武力强行占领。考虑到中国方面东北驻军数量庞大，日军也很难轻易取胜，为此，他们从搜集情报、对中国兵要地志进行调查、侦察地形及进行现地战术研究、武装移民等方面进行了军事准备。情报战略方面，日本在东北的特务机关注重搜集东北各级指挥机关的电报、公文，甚至对各官署字纸、纸笺都出高价购买。地志调查方面，于1906年成立南满铁道株式会社，设立调查部，负责搜集情报资料和用于军事的兵要地志。地形侦察和战术研究方面，分别于1929年7月、10月和1931年7月在北满、辽西等地组织了3次"参谋旅行"，于1930年分季度组织了3次"现地战术研究"。武装移民方面，组织大量退役的预备军人移入东北，安置在南满铁路沿线，实际上是亦兵亦农的"在乡军人",作为关东军进行侵略扩张的辅助部队。同时,日本于1931年6至7月在中国东北地区连续制造了"中村事件"和"万宝山事件",成为其制造更大规模侵略战争的借口。

1931年9月18日,按捺不住的日本关东军开始了其蓄谋已久的计划。当晚,关东军独立守备队派8名官兵到北大营柳条湖,将42包炸药放在南满铁路的轨道上,炸坏了一段钢轨和两根枕木,诬称是中国东北军所为。随即,早先埋伏在外围的日军以重炮轰击东北独立第七旅驻地北大营,并进攻沈阳,发起进攻。

九一八事变发生后,中国共产党领导中国人民立即开展了抗日救国的英勇斗争,而此时以蒋介石为首的南京国民政府,一方面在与广州国民政府搞对峙;另一方面,对中国共产党领导的革命根据地发动了第五次"围剿"。而对中国东北地区发生的事情,却采取妥协不抵抗以及依赖国联的做法,致使民族危机空前严重。早在事变发生之前,南京国民政府对东北驻军有过指示:"遇有日军寻衅,务须慎重,避免冲突。"❶事变发生之后,蒋介石电令张学良"力避冲突,以免事态扩大"。与此同时,他寄希望于国联出面干涉。9月23日,南京国民政府发表《告全国军民书》,公开声明:"现在政府既以此案件诉之国联行政院,以待公理之解决,故希望全国军队对日军避免冲突。"❷

在南京国民政府不抵抗政策指导下,东北地区军政大员和10余万东北军,不战而溃,致使日本关东军迅速占领了东北全境。九一八事变发生后不到12小时,日军便已占领沈阳,城内的兵工厂、制炮厂以及200架飞机,完全落入日军手中。9月20日,日军占领吉林,向南迫近锦州。不到一周时间,辽宁、吉林两省的30座城市相继沦入日军之手。守军马占山部发动了自主抵抗,在江桥与日军开展了一个多月的激战后,11月19日,黑龙江省齐齐哈尔市也告失陷。1932年1月3日,日军占领锦州。至此,日本侵略者轻易并且极其迅速地完成了对中国东北地区的军事占领。

为了将东北地区打造成进一步侵略整个中国的基地,日本于1932年3

---

❶ 延安时事问题研究会编:《从"九一八"到"七七"国民党的投降政策与人民的抗战运动》,上海人民出版社1958年版,第3页。

❷ 中国社会科学院现代史研究室编:《西安事变资料》,第一辑,人民出版社1980年版,第1页。

月拼凑并炮制了一个受其操纵的伪满洲国，并以其为帮凶走卒，疯狂镇压坚持抗日的东北义勇军。

二、"一·二八"淞沪抗战："围魏救赵"之阴谋

九一八事变后，日本成立了伪满洲国。南京国民政府的不抵抗政策，又极大地助长了日本帝国主义的侵略气焰。然而，"日本人想使满洲独立起来，可是外国方面非常麻烦"。日本在中国东北地区的侵略行径，遭到了国际舆论和中国人民的坚决反对。这时，日本为了转移国际特别是英美等国家对其强占中国东北地区的注意力，以便加紧拼凑其伪满政权，巩固其对中国东北地区的军事占领，并谋取进一步进攻中国内地，便决定在东北以外的地区再次制造事端。

上海是长江下游的入海口，是中国的东南战略门户。因其独特的地理位置和国际地位，上海一向被日本视为侵略中国的入口要道，自然成为中日矛盾冲突的敏感地带。

鸦片战争后，腐败的清政府与英国签订了丧权辱国的《南京条约》，上海成为近代以来开放的 5 个通商口岸之一，英美列强势力自此进入上海，列强各国纷纷设立领事馆、租界、兵营以及工厂、银行，上海成了帝国主义侵略者的"东方乐园"。因通商外贸和多方因素，上海迅速成为当时中国最大的工商业城市，东方首屈一指的大都会和金融贸易中心。

1927 年 4 月 18 日，国民政府定都南京，南京成为中国的政治中心。以上海为中心的"长三角"地区是中国重要的工业和农业中心，自古因土地富饶、水运发达，拥有"天下粮仓"之美称。以经济中心上海与政治中心南京相连的宁沪地区是中国当时的心腹要地，上海自然而然成为南京国民政府统治的中心地区。作为当时中国的经济中心、工业中心和政治重镇，上海也是英美等国家在华利益的重要地区。基于此，上海便成为中国的东大门及保卫首都南京的重要屏障。

日军在上海采取军事行动的目的非常明确。一方面，为了给南京国民政府施加极大的压力，以转移中国邀约世界列强阻止日本占领中国东北地区的视线，缓解日本在国际上遭受指责的压力；另一方面，日军在上海制

造事端、挑起冲突的同时，可以进一步趁机剿灭东北抗日力量，建立其"满洲国"傀儡政权。于是，关东军高级参谋板垣征四郎给日本驻上海公使馆陆军武官辅助官田中隆吉发来电报："外国的目光很讨厌，在上海搞出一些事来！"他亲自交办任务，"把外国的目光引开，使满洲容易独立"，并送来了起事经费2万日元。❶

日军在上海地区制造的第一个事端便是田中隆吉一手操办的"日僧被袭事件"。

1932年1月18日，5个日本僧人在上海引翔港马玉山路三友实业社附近，突遭田中隆吉所雇流氓打手的袭击，3人重伤。随后，日人反诬此事是三友实业社中国工人所为，田中隆吉再次指使手下纵火焚烧该社，打死中国巡警1人，打伤2人，并煽动日侨4000余人集会、持械游行，认为此等抗日活动不可忍，致电日本政府要求"立即派遣陆海军，行使自卫权"。1月21日，日本驻上海总领事村井苍松向时任上海市长吴铁城提出5项无理要求：市长道歉；惩办凶犯；赔偿损失；取缔抗日运动；立即解散一切抗日团体。❷ 与此同时，日本海军也开始向上海增派兵力，巡洋舰、驱逐队、陆战队、特务舰等先后调往上海。

当时，中国方面负责卫戍上海的是第十九路军，下辖第七十八师的两个旅及淞沪要塞守备部队、北站宪兵营。第十九路军原为粤系陈铭枢的部队，在陈铭枢升任京沪卫戍司总司令后，该军被调往京沪地区拱卫京师，总指挥是蒋光鼐，副总指挥兼军长是蔡廷锴。该部另有第六〇师、第六十一师分别在南京、江阴、无锡等地附近驻防。这是一支饱含抗日热情的部队，面对日军不断在上海制造的挑衅事端，积极备战应对。

1月23日，在上海龙华警备司令部会议室，蒋光鼐、蔡廷锴与淞沪警备司令戴戟一起，召开了营级以上军官会议。会议决定：尽守土御侮之天职，与日军决一死战。随后，第十九路军向所属各部队发出密令，要求严密戒备，

---

❶ 日本东京广播电台第12频道报道部编：《证言·我的昭和史》。转引自复旦大学历史系日本史组编译：《日本帝国主义对外侵略史料选编》，上海人民出版社1957年版，第49页；郭汝瑰、黄玉章主编：《中国抗日战争正面战场作战记》，第160页。

❷ 《俞鸿钧谈日僧事件及中日交涉》，上海社会科学院历史研究所编：《"九·一八"—"一·二八"上海军民抗日运动史料》，上海社会科学院出版社1986年版，第178页。

南京城防保卫战

如日军来攻则全力扑灭，并对各旅团任务进行了详细部署。1月24日，蔡廷锴到苏州召集第六〇师高级将领开会，传达前日密令精神，并致电南京国民政府："为国家人格计，如该寇来犯，决在上海附近抵抗，即使牺牲全军，亦非所顾。"❶

1月28日，蒋光鼐、蔡廷锴、戴戟3位将领联名发表《敬告淞沪民众书》，历数日本自九一八事变以来的种种侵略罪行和准备进攻上海的情况，表示了"宁为玉碎，不为瓦全"的决心，激励军民联合起来抵抗外敌，并提出了共同抗日卫国的7项措施。至此，该军基本完成了对抗日军进攻上海的思想和作战准备。

虽然准备就绪的第十九路军抗日热情高涨，但其上司态度并不积极。

当时，蒋介石为躲避国人谴责，虽已下野，但军政大权仍在握，他的心思还放在"攘外必先安内"上，对日本则继续采取退让妥协的一贯政策。1月23日，时任国民政府行政院长孙科受蒋介石、汪精卫旨意，给上海市长吴铁城发去急电，要求他"以保全上海经济中心为前提，对日方要求采取和缓态度，不能发生冲突"❷，军政部长何应钦也重申"和平应付，避免冲突"❸。

1月27日，吴铁城接到日方最后通牒，要求1月28日晚6时前必须对1月21日所提要求做出答复。1月28日，中方决定接受日方提出的4项无理要求，并封闭了"上海各界抗日救国委员会"。

然而，南京政府的妥协并没有使日方中止其既定的侵略计划。当晚，蓄意扩大侵略的日本帝国主义又提出了更无理的要求，并在发出最后通牒仅仅5分钟后，就发起了军事进攻，而此时的中国军队尚在交接防务。日军先是占领了通庵车站，随即向闸北、江湾、吴淞等地发起进攻。第十九路军毅然奋起反抗，打响了"一·二八"淞沪抗战的第一枪。

在闸北，第十九路军与日军发生了激烈的巷战，打退了日军的第一次进攻。日军要求停战3天，以乘机急派增援部队。2月4日，日军进攻吴淞要塞，在遭受严重杀伤后退回。2月7日，日军增派"出云"号主力舰

---

❶ 郭汝瑰、黄玉章主编：《中国抗日战争正面战场作战记》，第161—162页。

❷ 《行政院急电市府避免与日本冲突》（1932年1月23日），中国第二历史档案馆馆藏档案。

❸ 《淞沪抗日战纪》（1932年），中国第二历史档案馆馆藏档案。

来沪助力。第十九路军积极部署调整策略，英勇抗击，再次成功击退各路日军的进攻。

第十九路军的奋勇抗战，得到了上海市民和全国人民的支援。上海各界纷纷自愿组织成立义勇军、敢死队、救护队、运输队等，或担任后方勤务，或直接到前线配合作战。在全国人民的支援下，第十九路军给予了日军以沉重打击。他们的壮举也深深鼓舞了全国军民。各部队将领纷纷发表通电，"请缨抗日"。也有高级将领专程面见蒋介石，要求参加淞沪战斗，增援第十九路军。

"一·二八"淞沪抗战发生后，南京国民政府倍受国内各阶层要求抗日的压力，但又无意从根本上改变"攘外必先安内"的方针，故而提出了"一面抵抗，一面交涉"的对日方针。1月29日，南京国民政府外交部发表《对淞沪事变宣言》："中国当局处此情形，为执行中国主权上应有之权利，不得不采取自己的手段，并对于日本武装军队之攻击，当继续严予抵抗。"❶ 1月30日，中方决定将中央党部和国民政府迁到洛阳，制订"全国防卫计划"。同日，蒋介石发表《告全国将士电》，声称"今虽在野，犹愿与诸将士誓同生死，……以与破坏和平蔑弃信义之暴日相周旋"❷。同时，照会国联及"九国公约"签字国驻华公使，要求"速采有效之手段，严正制止日本在中国领土内之一切军事行动"❸。

2月14日，南京国民政府将驻守在京沪、沪杭线上强烈要求开赴上海参加抗日的第八十七师、第八十八师、中央军校教导总队以及山炮营组建为第五军，由中央军校教育长张治中统帅，开赴上海增援。第十九路军和第五军都是抗日热情极为高涨且不怕流血牺牲的部队，他们并肩作战，力御外侮，歼灭敌人超过万人，迫使日军3次更换主帅。

2月16日，国联向日本代表发出通牒，要求日本尊重会员国的领土完整等条款。2月18日，日方再发"最后通牒"，提出5项无理要求，但遭到中国的严词拒绝。同时，日军在闸北、吴淞等地作战接连失败，决定调

---

❶ 罗家伦主编：《日本侵华有关史料（六）》，《革命文献》，第三十六辑，"中央"文物供应社1965年版，第8166页。

❷ 蒋介石：《告全国将士电》，北平《晨报》，1932年1月31日，第1版。

❸ 罗家伦主编：《日本侵华有关史料（六）》，《革命文献》，第三十六辑，第8169页。

南京城防保卫战

整部署。2月20日，国联理事会接受中国代表的要求，决定将中日冲突问题提交国联全体大会讨论，预定3月3日开会。日方继续施展其一面假意调停、一面大规模增兵的伎俩，于2月29日下达了总攻上海的作战命令，3月1日对淞沪地区发起全线攻击。

半个月来，日方增援力量持续不断地抵达上海，而中方因为南京国民政府"主和派"势力的消极处置，增援淞沪战场的部队明显后劲不足。面对第十九路军请求支援的函电，军政部长何应钦明令各部队："十九路军有三师十六团❶，无须援兵，尽可支持。各军将士非得军政部命令而自由行动者，亦须受抗命处分。"❷驻沪国民党海军部长陈绍宽竟与日方海军司令达成协议，采取袖手旁观不介入的态度："此次行动，并非交战，如中国海军不攻击日舰，日本舰队也不攻击中国舰队，以维友谊。"❸何应钦也向空军发出"对日海军决不抛掷炸弹"的密电。与此同时，南京国民政府又照会"九国公约"签字国驻华公使，希望转电其各自政府出面干涉中日战事，又再次请求国联出面主持"公道"。

3月1日，第十九路军和第五军终因兵力不济，不得不退守第二道防线。

3月3日，国联行政院决议中日双方停战。后经各驻华公使的"调停"和"斡旋"，中日双方于3月24日开始正式谈判，双方各以自己在上海军事实力为后盾，长时间"讨价还价"。日方因借助军事实力迫使南京国民政府承认东北既成事实的主要目的已经基本达到，于是准备停战，在4月30日急调第十四师团开赴东北，将第十一师团和第二十四混成旅团调回国内。5月5日，中日双方代表签订了《上海停战协定》。根据协定，日军可以在吴淞、江湾、闸北等地驻兵，建立据点；中国军队却不能在上海周围设防，并设立有英美法意等国代表参加"共同委员会"，来"监视"协定执行情况。此外，会议记录中还附有3项备忘录：一是中国政府取缔

---

❶ 第十九路军，原有三师十九团，即第六十师六团、第六十一师七团、第七十八师六团。

❷ 蒋光鼐等：《十九路军淞沪抗战回忆》，中国人民政治协商会议全国委员会文史资料研究委员会编：《文史资料选辑》，第三十七辑，文史资料出版社1963年版，第12页。

❸ 蒋光鼐等：《十九路军淞沪抗战回忆》，中国人民政治协商会议全国委员会文史资料研究委员会编：《文史资料选辑》，第三十七辑，第12页。

抗日；二是第十九路军换防；三是浦东及苏州河南岸中国不得驻兵。

在1932年"一·二八"淞沪抗战中，日本通过攻击上海，成功实现了国际视线的转移，借此巩固了其在中国东北地区的既得利益。由于蒋介石的不抵抗政策，导致"一·二八"淞沪抗战以中方失败而告终。凭借一纸《上海停战协定》，日军得以在上海地区驻扎大批海军陆战队，得以修筑大量战备基地设施。这场战争的结果，客观上遗留后患，使上海成为1937年中日全面战争的一个潜在爆发点。

三、七七事变：发动全面侵华战争

日本长期顽固地推行其所谓的"大陆政策"，自从在中国东北、上海地区有了"斩获"后，又相继侵占热河和河北东部，同时致力于策划下一步如何大举武力侵华，妄图吞并中国。

1936年底，日本军部在日本国内开展"将官演习"，为发动全面侵华做了具体战略准备；在中国，日本华北驻屯军约1万人，在平津地区举行了以"攻取北平"为假想目标的大规模军事会演。1937年春，日军在平津地区及北宁线扩充军事设施，调派重兵占据丰台、通县、南口、古北口等要地，利用汉奸伪军和伪保安队，对北平逐步形成了包围圈。6月底，日本关东军司令部、华北驻屯军司令部和驻朝鲜总督府的高级军官，齐聚大连，召开了一次重要会议，议题只有一个，就是做好侵华战争的准备。会上，关东军司令官植田谦吉公然叫嚣"三个月内就可以解决中国"。7月初，关东军参谋长东条英机向日本政府建议："进攻中国的时机业已成熟，必须立即给中国政府以打击。"

卢沟桥位于河北省宛平县（今属北京市丰台区）境内，距离北平只有15公里，是北平西南方的重要门户。该桥横跨永定河，是连接华北、华中的唯一通道。按照日军的计划，有伪军和伪保安队的助力，当时的北平已经在日军的隐形包围圈里，只要拿下卢沟桥，就可以使北平陷入四面包围之中。此时，驻守在平津一带的中国军队是宋哲元的第二十九军，有4个步兵师、1个骑兵师和5个独立旅，总兵力约10万人。同"一·二八"淞沪抗战中的第十九路军一样，第二十九军也是一支抗日情绪高涨的队伍。

南京城防保卫战

7月7日下午，驻扎在北平的日军进抵中国守军第二十九军防地卢沟桥，自称要在这里进行一场以攻占该桥为假想目标的军事"演习"。晚上11时左右，日军声称一名士兵失踪，要求进入桥畔的宛平县城搜查，遭到守军第三十七师第一一〇旅第二一九团的拒绝。日军随即包围了宛平城。中国冀察当局为防止事态扩大，与日方商定共同派员前往县城调查。然而，7月8日凌晨，不等双方交涉结果，日军便向宛平县城发起攻击，并占领宛平东北的沙岗。守城部队忍无可忍，奋起反击。

7月8日，日军发起3次进攻，均遭到中国守军的顽强抵抗，被迫退回原地。下午，日军提出守军晚8时前撤至永定河东的无理要求，遭到中方断然拒绝。第一一〇旅坚守阵地，坚决回击。官兵们义愤填膺，英勇杀敌，共歼灭日军100余名。守卫卢沟桥北侧的一连士兵，奋不顾身，顽强杀敌，大部壮烈牺牲，仅存4人。第二十九军大刀队一名19岁的战士陈永德，一人杀敌9个，缴枪13支，威名大震。《世界日报》以"二十九军大刀杀日贼"的大幅标题进行了突出报道。❶ 年仅23岁的孙培源（笔名麦新），据此谱写出《大刀进行曲》，献给第二十九军，后在全国得到广为传唱。

远在江西庐山避暑的蒋介石，得到关于七七事变的报告后，改变了对日妥协的态度，立即命令正在四川整军的何应钦赶回南京主持抗战工作，又令在庐山参加暑期训练团的将领全部下山返回部队待命。南京国民政府外交部亦奉命立即向日本驻华使馆提出抗议，并递交了抗议书。

7月9日，蒋介石命令中央军北上向保定、石家庄集结，支援第二十九军对日作战。蒋介石电令宋哲元："守土应具备必死决战之决心，与积极准备之精神应付，至谈判尤须防其奸狡之惯伎，务期不丧失丝毫主权为原则。"❷ 同时，电复时任北平市长秦德纯、天津市长张自忠、河北省政府主席冯治安等，要求"应先具必战与牺牲之决心，及继续准备，积极不懈，而后可以不丧失主权原则与之交涉"❸。

7月17日，在全国人民抗战呼声中，蒋介石在其召开的各界人士第二

---

❶ 杨明方等：《至今犹闻大刀歌》，《人民日报》，2015年7月7日，第10版。

❷ 《卢沟桥事变与平津战役》，郭雄等编：《抗日战争时期国民党正面战场重要战役介绍》，四川人民出版社1985年版，第21页。

❸ 秦孝仪主编：《"总统"蒋公大事长编初稿》，卷四（上册），中国国民党中央委员会党史史料编纂委员会1978年编印，第112页。

次庐山谈话会上，发表了著名的讲话，提出了解决卢沟桥事变的4项强硬条件："一、任何解决不得侵害中国主权与领土之完整；二、冀察行政组织不容任何不合法之改变；三、中央所派地方官吏不能任人要求撤换；四、第二十九军现在所驻地区不能受任何约束。"并郑重表示，"万一到了最后关头，吾人当然只有牺牲，只有抗战……但是，我们的态度只是应战而不是求战，应战是应付最后关头迫不得已的办法……在和平根本绝望前一秒钟，我们还是希望和平，希望以和平外交方式，求得卢事的解决……如果战端一开，那就地无分南北，人无分老幼，无论任何人皆有守土抗战之责任。"❶

蒋介石的庐山谈话和其后采取的许多国防措施，得到了中共中央领导人毛泽东的肯定，他评价说："蒋介石的这个谈话，确定了准备抗战的方针，为国民党多年以来在对外问题上的第一次正确的宣言，因此，受到了我们和全国同胞的欢迎。"❷

此时的中国，与日本相比，不论是综合国力，还是备战军力均相差悬殊。因此，在南京国民政府上下及党内外人士中间，都还有一部分人积极主和，或者想方设法推迟中日大战的时间。国民政府军事委员会常务委员徐永昌曾多次向蒋介石、何应钦、王宠惠等人表达了"总向和平途径为上计""对日如能容忍，总以努力容忍为是"等观点。而以北京大学校长蒋梦麟和教授胡适为代表的学者亦主张"忍痛求和"，认为"与其战败求和，不如在大战发生之前作一次最大的和平努力"。8月6日，胡适向蒋介石呈上书面建议：一、近卫内阁可以与谈，机会不可失；二、日本财政有基本困难，有和平希望；三、国家今日之雏形，实建筑在新式中央军力之上，不可轻易毁坏。将来国家解体，更无和平希望。❸

是和，还是战，这是关系国家命运前途的大计，蒋介石也还在犹豫和

---

❶ 《蒋介石在庐山谈话会上的讲话》（1937年7月17日），中国第二历史档案馆馆藏档案。

❷ 《反对日本进攻的方针、办法和前途》，《毛泽东选集》合订本，第316页、第324页。转引自李友仁、郭传玺主编：《中国国民党简史（1894—1949）》，档案出版社1988年版，第232页。

❸ 胡颂平编：《胡适之先生年谱长编初稿》，第五册，联经出版事业公司1984年版，第1598—1612页。

南京城防保卫战

矛盾。他一方面要宋哲元"坚持到底，处处固守，时时严防，毫无退让余地"，另一方面仍寄希望于列强出面，认为"在华北有权利之各国，必不能坐视不理"❶。蒋介石的动摇和不坚定态度，也间接给了日本以可乘之机。

日本为了实现灭亡中国的罪恶目的，决计扩大侵华战争。日军利用谈判为幌子，赢得了迅速增调重兵的时间。8月16日，日军在华北兵力增至5个师团，总数超10万人。随后，兵分4路侵犯华北。8月18日，筹划对中国发动新的进攻。8月25日，对平津完成包围态势。8月26日，廊坊失守，平津铁路线被切断。当晚，日军要求宋哲元撤出北平，并在8月28日拂晓进攻通县，向西苑、南苑、北苑发动进攻。第二十九军激烈抵抗，副军长佟麟阁、第一三二师师长赵登禹先后壮烈牺牲，官兵死伤计5000余人。8月29日，北平沦陷。8月30日，天津沦陷。

自7月11日开始，南京国民政府军事机关各主要长官、幕僚及有关人员，在何应钦官邸举行连续会议，商讨应对卢沟桥事变的方针及国内军备动员、兵力调遣等应战措施。截至8月12日，会议共举行了33次，这些会议对于制定抗战初期南京国民政府政治、军事方针具有重要意义，涉及的内容主要包括以下5个方面：

第一，关于派遣参谋本部次长熊斌北上，向宋哲元转达南京政府抗战决心的决定。

第二，调遣中央军北上，做好应战准备。

第三，商讨目前对日谋略与外交方针。最高军事会议主张"我方准备未周，开战难操胜算……希望缓兵，以完成我方准备。即对长江设备完成，可以确实控制长江之安全而保长江之枢纽，则无论实行持久战或歼灭战，乃有把握……故目前中央宜表示强硬，而任宋明轩❷之妥协运动之进行，如果结果不超出中央期望之外，则中央可追认之，否则，中央仍予以否认。至军事准备尤不可忽"。

第四，关于国民党内各地方实力派对卢沟桥事变的反应。除了位于第一线的宋哲元部队之外，桂系李宗仁、白崇禧决心参加抗战。山东韩复榘"态度良好"，致电南京国民政府"抵抗日本之侵略"，其战略为"实

---

❶ 《蒋介石致宋哲元手令》（1937年7月9日），中国第二历史档案馆馆藏档案。

❷ 宋哲元，字明轩。

行持久战"。四川刘湘通电"请缨抗日,并谓遵令整军待命"❶。

第五,接纳中国共产党领导的红军参加抗日作战。这标志着国共合作抗日的正式告成。

总的来说,南京国民政府对卢沟桥事变的态度,应为"应战而不求战"。蒋介石调兵遣将,准备以军事实力与日军周旋一时,最终迫使日军适可而止,双方各让一步,达成事变的最终和平解决。接着,华北战事也很快归于失败。平津两地的相继失陷,使蒋介石认识到,再不抗战,必将招致全国军民的反对。

至此,以蒋介石为首的国民政府已经意识到,中日之间现在绝不再是谈论战与和的时候,而是面临着怎样打的抉择。他对中日之间即将发生的战争有一个基本的判断,认为战争可能会比较"持久",决定"以战术补正武器之不足,以战略补正战术之缺点,使倭敌处处陷于被动地位"❷,从而来争取战争的胜利。

日军占领平津后,兵分3路,沿平绥、平汉、津浦路向西、南前进,战事不断扩大。8月上旬,日军向察绥和山西的前哨要地南口发起进攻。根据国民政府最高当局8月20日的最新作战部署和战区划分,晋绥战场划为第二战区,阎锡山为战区司令长官,负责统一指挥该区域作战部队。第二战区作战任务规定为:"打破敌人惯用包围行动之企图,使其对我第一战区不敢放胆施行正面之攻击,同时牵制热河以东之敌军,使其对青岛、淞沪之作战,不能转用兵力。"❸阎锡山布置了"口袋阵",但后来由于判断错误和擅改部署,被日军绕袭,中方部队被迫退守平型关。10月13日,忻口战役开始,第九军军长郝梦龄壮烈牺牲,激战至10月26日,娘子关阵地被打开缺口,忻口战场腹背受敌。11月8日,日军攻击太原。晚9时,太原失守。❹至此,山西一带正面战场的战事基本结束,阎锡山退往晋南地区。日军因在山西消耗过大,一时也无力继续追击作战,北方战事暂时

---

❶ 《芦沟桥事变后国民党政府军事机关长官会报第一至十五次会议记录》,《民国档案》1987年第2期,第7、10、5页。

❷ 《蒋中正"总统"五记》之《困勉记》(下),"国史馆"2011年版,第571页。

❸ 方山、潘涛:《南京国民政府大本营关于全面抗战作战指导方案等训令四件》,《民国档案》1987年第1期,第22—32页。

❹ 《第二战区忻口会战纪要》(1937年11月11日),中国第二历史档案馆馆藏档案。

南京城防保卫战

停息。

　　七七事变是中国人民艰苦卓绝的全面抗战的开端。北方战事的不断扩大，充分暴露了日本帝国主义挑起全面侵华战争的企图，也促使南京国民政府不得已考虑改变作战方向，引敌南下，进而对日军形成牵制，从而争得至关重要的战略上的主动权。

　　战争的发展制造了一个促使南京国民政府下定决心改变中日战局的契机，这就是在饱经战火的上海发生了一起不测事件——"虹桥机场事件"，从而点燃了导致中日战争全面升级的"八一三"淞沪会战的导火索。

第二节　南京：守乎？弃乎？

以经济中心上海与政治中心南京相连接的长江中下游地区，是南京国民政府成立后的统治重心所在，也是日本侵华重点目标地区。但由于当时日军在中国东北、华北等地区投入重兵，短期内日军的作战方针还没有扩大到中国东南地区。因此，日本最高当局并没有在宁沪地区作战的具体计划，只是在1937年中日全面开战之时，考虑在青岛与上海两地派兵保护日侨的可能性。

而中国方面，南京国民政府对宁沪地区防御给予了高度重视，从制订防卫计划、构筑国防工事、加强训练演习等多个方面，进行了抵抗日本的先期准备。而在这些准备中，也包含了一定程度上的先发制人的战略目的。

一、"八一三"淞沪会战："赶敌下海"之失败

上海作为中国的东大门及保卫首都南京的屏障，在战略上具有十分重要的地位。根据"一·二八"淞沪抗战后中日所签的"停战协定"，上海地区驻有日本海军陆战队3000余人，他们以虹口陆战队本部为中心构筑了80余处阵地，并储存了必要的战略物资。

七七事变后，以长江方面为"警备区域"的日本海军第三舰队司令官长谷川清正在台湾指挥演习，听闻华北开战后，立即赶赴上海。7月11日，长谷川清召集了"特别警备会议"，向海军军令部提出报告，认为有必要在上海、南京一带发动战争，"如果局限战域，则有利于敌方兵力之集中，深恐将使我方作战困难。为置中国于死命，须以控制上海、南京为最要着"❶。尤其是日本陆军相继侵占北平、天津等地后，日本海军更是按捺

---

❶ 《中国现代史大事月表》（1937年7—9月本），中国第二历史档案馆藏档案。

南京城防保卫战

不住，希望早日加入侵华战争。但到了 8 月上旬末，山西战事已进入胶着状态，日军的作战方针仍然是"陆军仅派至华北，为保护日侨可动用海军，勿须陆军出兵上海"❶。直到"虹桥机场事件"发生前夕，日本最高军政当局仍没有在上海开战的计划，更没有下达明确的作战命令。但是，日本海军不甘于在侵华战争中落后，其领导机关与下属舰队将目标锁定在驻地上海，并不顾一切地开始了备战工作。

中国方面在七七事变后，京沪警备司令长官张治中提出了立即封锁长江水道、围歼长江上游日舰的建议，但这一计划被南京国民政府行政院秘书、日本间谍黄浚泄露给了日军。长江上游日舰得以迅速逃脱，日军随即将驻汉口的海军陆战队转运上海，加强了日军驻沪兵力。❷

8月7日，蒋介石组织召开各部会署负责人及军政首脑参加的国防会议，包括中共中央领导人周恩来、朱德、叶剑英在内的各方军事将领也参与会议，共同商讨抗日作战计划，在进行外交交涉的同时，下令军队保卫国土，抵抗侵略。

会议认为，华北是一个大平原，有利于日军的机械化部队及大兵团活动，且距离日军的东北补给基地较近，附近又有冀东等地的伪组织活动，所以形势于中国不利。如果全面开战，中国应充分利用在淞沪地区的既设国防工事，并在此投入重兵以牵制敌人兵力，保卫政治中心南京和经济中心上海。同时，据资料显示，这一时期英国在华投资的 72%、美国在华投资的 64% 都集中于上海。国民政府认为，一旦在上海开战，使日军触犯列强在华利益，而促使国际方面尤其是英美等国出面干预，从而达成停战效果。❸ 且一旦在上海地区开战，如果战事顺利，中方应争取迅速歼灭上海日军，封锁海洋。如果战事不利，则可退守吴福国防线打持久战，并等待合适时机调停战事，阻止日军侵略。

南京国民政府对于淞沪地区抗日的计划和准备，为发动"八一三"淞沪会战创造了客观条件。

---

❶ 日本防卫厅防卫研修所战史室：《大本营陆军部》，第一部，朝云新闻社 1967 年版，第 516 页。

❷ 《余湛邦忆抗日战争中的张治中将军》，《团结报》，1984 年 8 月 24 日，第 3 版。

❸ 马振犊、陆军：《76 号特工总部：抗战期间汪伪特务的组织与活动》，重庆出版社 2017 年版，第 3 页。

第一章　首都南京告急

8月9日，驻上海的日本海军陆战队第一中队长大山勇夫与一等水兵斋藤兴藏，驾车强行冲入上海虹桥军用机场，窥探中国军备情况。驻守机场的保安队哨兵喝令其停车退出，日军官兵二人不听劝阻，反而开枪射击。保安队哨兵被迫还击，在互射中，日军官兵二人中弹毙命。此为"虹桥机场事件"，是"八一三"淞沪会战的导火索。

事件发生后，日本军政当局开始重视上海方面的局势。"海军中央部研究了解决大山事件的方案，决定向中国方面提出要求事项，在采取外交措施同时，和第三舰队进行了联络，要求慎重行事。尽管事态的最后解决只能诉诸武力，但在陆军派兵的情况下，攻击开始的时间也须在动员后的20天，因此当前要尽可能不使事态恶化。"于是，驻沪日军即以"虹桥机场事件"为借口，要求国民政府撤退驻上海的保安队，并拆除所有防御工事，但遭到中国政府的严词拒绝。"在10日的阁议上……再次确认了就地保护上海侨民的方针。答应准备派遣陆军部队。"[1]于是，8月9日至13日，日本海军方面开始向上海增兵。据日方史料记载，日方"司令长官决心增强海军兵力，命令在佐世保待机的部队进入上海"。[2]同时，将日舰调集吴淞一带，准备随时采取行动。日本驻沪海军陆战队的兵力激增到原来的4倍之多，从原来仅为3000余人，增兵后达12000余人，从长江开入黄浦江的日舰数量也达到了29艘之多。与此同时，日方利用外交谈判拖延时间，从各地调派了3个师团的陆军赶到上海。日军参谋本部此时的观点是，"上海方面已超出单纯的保护侨民目的以外，具有给中国方面以沉重打击的意义。"[3]日本海军、陆军部队陆续集结上海后，华东战场的战争处于一触即发之势。

事实上，日军在华中地区的作战决心和方针是逐步确立起来的。在其8月20日制订的《作战计划大纲》中规定："以上海派遣军（五个师团为基干）击败上海周围之敌，而后以一个军（大概以三个师团为基干）确

---

[1] 日本防卫厅防卫研究所战史室：《中国事变陆军作战史》，第一卷，第二分册，中华书局1981年版，第2页。

[2] 日本防卫厅防卫研究所战史室：《中国事变陆军作战史》，第一卷，第二分册，第2页。

[3] 日本防卫厅防卫研究所战史室：《中国事变陆军作战史》，第一卷，第二分册，第20页。

南京城防保卫战

保上海周围的重要阵地线,切断上海—南京间的联系并谋求占领地区的稳定。"❶ 由此看出,日军参谋本部在战役开始时只计划攻占上海但没有在华中大战的准备。即使在开战之后,其第600号命令仍规定:"华中方面军的作战地区大概定为联结苏州—嘉兴线以东,……意在预期方面军主力不超过该线。"❷ 据曾任中国战场日军高级指挥官今本熊男的回忆,也说明日军在初期并无使华东成为主战场的计划。

然而,中国方面在"虹桥机场事件"发生后,即刻决定了开战措施与大战计划。

早在卢沟桥事变后,为了应对日本全面侵华战争,国民政府决定建立战时最高领导机构,暂停了中央政治会议,改为国防最高会议。"虹桥机场事件"发生后,国民政府在对日采取强硬外交的同时,最高当局宣布从此进入对日抗战,命令在庐山参加会议的将领回到各部队,开始全面抗战部署。同时,密令驻京沪沿线的京沪警备司令长官张治中立即率领所部第五军开赴上海周围布防,急令该军在西安的第三十六师宋希濂部火速南返参加淞沪会战。8月12日,在南京召开国防最高会议及党政联席会议,确定蒋介石为陆海空三军大元帅(不久取消了大元帅的头衔),以军事委员会为抗战最高统帅部,由此确立了国民党政府的战时军政中枢机构。8月11日晚,命令:"张司令官治中率八十七、八十八师于今晚向预定之围攻线挺进,准备对淞沪围攻。"❸8月12日,部队向上海方向推进后,迅速成立了作战指挥部,在江湾吴淞间布置了防线。其中,第八十七师王敬久部主力进至杨树浦一线,第八十八师孙元良部进入闸北、虹口公园以北布防。当日夜,蒋介石下令张治中发动总攻击,意图实现"赶敌下海,封锁海岸,拒敌登陆"的作战计划。❹ 同时,"决定将第五十六师主力、第五十七师的一部及独立第二十旅向前推进,采取逼向南下在长江方面作战的敌之侧

---

❶ 日本防卫厅防卫研究所战史室:《中国事变陆军作战史》,第一卷,第二分册,第30页。

❷ 日本防卫厅防卫研究所战史室:《中国事变陆军作战史》,第一卷,第二分册,第94页。

❸ 日本防卫厅防卫研究所战史室:《中国事变陆军作战史》,第一卷,第二分册,第16页。

❹ 《淞沪会战张发奎文电》(1937年8月12日),中国第二历史档案馆馆藏档案。

面的有利态势"❶。中国军队源源不断地开赴上海战场。

8月13日上午9时许，中国军队在部分日军士兵首先越过对峙线的情况下，奉命发起全面攻势，揭开了淞沪百日大战的序幕。8月14日，南京国民政府发表《自卫抗战声明书》，宣布"实行天赋之自卫权"。当日，中国军队在上海夺回了前一日被日军所占的几处重要据点。此后，双方连日在闸北、虹口和杨树浦一线激烈战斗，伤亡惨重。8月15日，日方决定组建上海派遣军，援兵于8月22日深夜在吴淞、川沙强行登陆。

8月18日，陈诚、熊式辉等奉命赴上海视察淞沪战况。8月20日，返回南京并向蒋介石汇报战况。陈诚说："敌对南口势所必攻，同时亦为我所必守，是则华北战事扩大已无可避免，故敌如在华北得势，必将利用其快速装备沿平汉路南下直扑武汉，于我不利，不如扩大沪事以牵制之。"蒋介石表示："一定打。"陈诚又提出："若打，须向上海增兵。"蒋介石即派陈诚为第十五集团军总司令，率部赴沪增援。❷至此，淞沪大战再次升级。蒋介石的决心，也体现了南京国民政府最高当局对中日战争的总体战略部署。

8月20日，为统筹全国当前战局，中国最高军事当局将全国划分为5个战区，按照新的作战指导计划，即在上海战场集中主力部队，试图歼灭上海日军，阻止其援军登陆以保护宁沪安全。鉴于此，长江以南的部队停止北上，转而向淞沪战场增援，中央军及广东军、广西军陆续派出主力军开赴上海。8月底，在陇海线东部机动待命的胡宗南部第一军，以及已由汉口向保定输送、先头部队已抵达郑州的第十八军均奉命南下，转向华东战场增援。自8月上旬至9月中旬，淞沪战场的中国军队及陆续赶到的大批后援部队，总计约70万人，在地域狭窄、水网密布的淞沪三角地带，与不断登陆的日军开展了一场空前激烈的搏斗。中国守军顽强抵抗、舍命拼杀，使日军两个师团陷入上海苦战中，伤亡4000余人。面对中国精锐部队陆续赶赴上海，日军也不得不考虑向淞沪战场增派兵力问题。

8月底，日军上海派遣军司令部及第三舰队司令官，不得已再次急电

---

❶ 日本防卫厅防卫研究所战史室：《中国事变陆军作战史》，第一卷，第二分册，第16页。

❷ 《陈诚私人回忆资料》，中国第二历史档案馆馆藏档案；《民国档案》1987年第1期，第17页。

南京城防保卫战

东京求援。9月6日，日本"决定增派第九、第十三、第一〇一师团及台湾守备队（重藤支队）到上海"❶，同时，华北日军亦奉令抽调步兵10个大队及炮兵、工兵等赴上海增援。日军不惜代价投入陆海空重兵，准备突破淞沪防线占领上海。整个淞沪战场已经成为一架"炮火下的绞肉机"，中国军队虽然在付出巨大牺牲之后一度收复罗店、宝山，并击退进攻的日军，但终因持久鏖战损失过大，"每小时死伤辄以千计"，且弹粮兵源等供给不上，军力逐渐不济，至9月中旬渐次陷入被动。由此，整个战局开始发生不利于中方的变化。

10月1日，日本内阁首相召集外、陆、海各相会议，制定了《处理中国事变纲要》，决定进一步扩大侵华战争，"使中国迅速丧失战斗意志，应采取适当手段使用兵力占据要地"❷。10月12日，日本参谋本部决定，以第十军在杭州湾北岸登陆。10月21日，中国军队全线停止进攻，转入防御。10月底，日军为了迅速解决上海战事，决定再次向淞沪战场增加兵力，从华北抽调第六、第八、第一一四师团，以及第一、第二后备步兵团、野战重炮、山炮兵部队，组建第十军，南自杭州湾北部登陆，以协助上海派遣军实现预期作战目的。后又加入第十六师团，这样淞沪战场日军全部兵力自8月份的2个师团增至2个军、9个师团，比华北战场日军全部兵力还多2个师团。此数据可以说明，上海战局的发展客观上达成了"引敌南下"的战略效果。然而，日军的兵力已远远超过中方所能承受的限度，特别是11月5日3个师团的日军在杭州湾登陆，深入中国军队主力背后，从而形成夹击合围之势，导致上海战局开始发生关键性的逆转。

11月5日，柳川平助的第十军突然在金山卫登陆，与上海以北的谷寿夫率领的第六师团形成对上海两翼包围的态势。此时的日军已从前后两面对中国军队形成包抄，且沪杭铁路已被切断，中国军队面临被围歼的危险。11月7日，日军又组建了华中方面军司令部，统一指挥日军在华中地区的作战，这一行动极大地影响了淞沪战局的发展。

鉴于淞沪战场形势的进一步恶化，11月8日，中国第三战区司令部不

---

❶ 日本防卫厅防卫研究所战史室：《中国事变陆军作战史》，第一卷，第二分册，第28页。

❷ 日本防卫厅防卫研究所战史室：《中国事变陆军作战史》，第一卷，第二分册，第56页。

得不下令撤退，守军分两路向吴福线和乍平嘉线转移。但是，由于战局变化太快，撤退命令又下达过迟，"部队已陷于极度紊乱状态，各级司令部亦已很困难掌握其部队了"❶。

11月11日夜，上海沦陷。11月13日，日军一部在白茆江、浒浦镇一带登陆，攻击吴福线。11月14日，日军"决定占领常熟、苏州、嘉兴一线……上海派遣军应占领福山、常熟、苏州一线"。❷11月15日，第十军司令官柳川平助主持召开会议，为"拔得攻占南京的头功"，决定以主力部队"独自果断"地向南京追击。11月16日，昆山失守。11月17日上午，蒋介石命令："苏州、常州、福山之线应固守，非有命令不得撤退。"薛岳命令已到达吴福线阵地并坚守了2天的所属各部"在原阵地线上固守"❸。

然而，上海沦陷后，因中方撤退部队仓促败退、士气沮丧，难以组织有效的抵抗，在到达吴福线国防工事时，由于既无守备部队又无指示文件，各部很难找到工事构筑，即使找到了又无法打开工事大门。情况极为混乱，各路部队纷纷打电话到大本营汇报情况，要求提供钥匙，侍从室赶紧派人到处找工兵指挥，蒋介石闻讯也气得跳脚大骂。但战事混乱至此，一时也无法扭转。❹

日军方面依次突破昆山、苏州间各设阵地，11月18日侵抵苏州城郊。自此，吴福线已难以坚守。薛岳于当日发出自吴福线撤退的命令："本翼军决放弃固守吴福阵地之计划，逐段撤退，以掩护锡澄阵地的占领。"❺11月19日，嘉兴、苏州、常熟等要地相继失陷。至此，南京东面的第一道防线已被日军攻破，中国军队放弃吴福线，继续向锡澄防线撤退，战火越发迫近首都南京。蒋介石一方面下令死守锡澄线，另一方面开始部署南京政府各部撤离及首都城防工作。

---

❶ 张发奎：《八一三淞沪战役回忆》，《传记文学》第31卷第3期，1977年9月，第62页。

❷ 日本防卫厅防卫研究所战史室：《中国事变陆军作战史》，第一卷，第二分册，第99页。

❸ 《第十五集团军关于东线战场沪常及苏皖转进诸役战斗详报》，中国第二历史档案馆馆藏档案。

❹ 居亦侨：《跟随蒋介石十二年》，湖南人民出版社1988年版，第146页。

❺ 《第十五集团军关于东线战场沪常及苏皖转进诸役战斗详报》，中国第二历史档案馆馆藏档案。

南京城防保卫战

在淞沪会战期间，南京国民政府当局曾于9月3日下令进一步加紧锡澄线国防工事的临战施工和完善。蒋介石致电顾祝同，命令由冯玉祥、顾祝同指派部队，"在工事区域各县征集民夫"❶，协助工事补充构筑等工作。然而，第三战区部队未能在锡澄线占领防御阵地，部队已大部分退向皖南，小部分退到南京。

11月25日，日军占领无锡。接着，浙江的嘉善、平望、嘉兴及南浔等地也相继失守，乍平嘉国防线同样被日军突破。至此，对于拱卫南京来说，苏杭三道国防工事线至此都被日军轻易突破，用"形同虚设"表述实不为过。

随着沪宁沿线防卫相继失守，北线的"长江咽喉"江阴要塞经激战5个昼夜后也于12月1日沦陷，南线"前往南京的必经之路"泗安、广德一带也相继于11月29日、30日失陷。

日军占领泗安后，除留有一部扼守泗安要点外，其主力部队继续向广德推进，加强了攻势。中方率部出川抗战的川军将领刘湘因积劳病倒，在汉口医院治疗，由副司令长官陈诚暂时代理第七战区司令官，指挥川军继续战斗。陈诚接替刘湘职务后，为显示自己的能力，直接指挥到基层部队。据时任第一四六师第四三八旅中校参谋骆周能回忆，"他的命令一日数改，一时手令，一时电令，并且不通过军、师长，直接下达到旅、团长手里"，"由于部队运转不及，到一旅用一旅，到一团用一团，常常造成军、师长不知自己的部队在哪里"❷。各级军官们都不知所措。大家都知道陈诚是蒋介石的亲信，只能有苦不敢言。

因此，在11月份的最后几天里，因为川军部队缺少无线电设备，且上级指挥官陈诚和潘文华的命令逐级下达到一线战斗部队时，总是出现自相矛盾的地方，导致广德周围的战争出现了混乱失序的状况。有的部队接到了通知撤退的命令，而有的部队还没有接到，战斗的士气受到已撤退部队的影响甚大。

日军凭借战备上的绝对优势，对广德正面展开了猛攻。炮火猛烈，弹如雨下，城中大部分房屋中弹起火，日军趁机从多个方向逼近城门，守军饶国华师长和他的川军第一四五师陷入了恶战。

---

❶ 《蒋介石致顾祝同等密电》(1937年9月3日)，中国第二历史档案馆馆藏档案。
❷ 骆周能：《简记广德、泗安战役》，唐生智、刘斐：《南京保卫战》，第142页。

第一章 首都南京告急

11月30日，饶国华打算孤注一掷，下令刘汝斋团进行反攻，但遭到了拒绝。刘汝斋直接而明确表示，"反攻是徒劳无益的"。饶国华因"不忍视（广德）陷于敌手，故决与城共存亡"❶，亲率部队与日军鏖战，直至牺牲，成为南京保卫战中职务最高的殉国将领。

饶国华，四川资阳人，因平时衣着简单，被称为"布衣将军"。他于1937年9月奉令出川抗日，在11月中旬奉命率部镇守泗安、广德阵地。当初奉令出川抗日时，他曾表示不驱逐日寇誓不还乡，"此行为国抗战，不成功，便成仁"，不曾想一语成谶。虽条件艰苦、装备简陋，但饶国华所部在战局整体不利的情势下，浴血杀敌，拼死掩护友军西撤，为反击日军赢得了宝贵时间。饶国华的殉国壮举在全国引起了强烈的反响。国民政府追赠其为陆军上将，予以国葬，并在多地举行公祭大会。毛泽东曾高度评价饶国华等抗日将士的殉国壮举，在延安召开的纪念孙中山逝世13周年及追悼抗敌阵亡将士大会上，指出："几百万军队与无数人民都加入了火线，其中几十万人，就在执行他们的神圣任务中光荣地、壮烈地牺牲了。……我们真诚地追悼这些死者，表示永远纪念他们。从郝梦龄❷、佟麟阁❸、赵登禹❹、饶国华……诸将领到每一个战士，无不给了全中国人以崇高伟大的模范。"❺1983年9月，四川省人民政府批准追认饶国华将军为革命烈士。2014年8月，民政部公布第一批著名抗日英烈和英雄群体名录，饶国华将军位列其中。❻

广德失守后，大批日军开始攻向南京城郊。

---

❶ 中共中央党史研究室科研管理部编：《抗日英烈谱（1931—1945）》，中共党史出版社1995年版，第71页。

❷ 郝梦龄，第九军军长，1937年10月16日在忻口会战中阵亡，年仅40岁。国民政府追认为陆军上将。

❸ 佟麟阁，第二十九军副军长，1937年7月28日在南苑作战中阵亡，年仅46岁。国民政府追认为陆军二级上将。

❹ 赵登禹，第二十九军第一三二师师长，1937年7月28日在南苑作战中阵亡，年仅39岁，是抗战时期殉国的第一位师长。

❺ 《毛泽东在纪念孙中山先生逝世十三周年及追悼抗战阵亡将士大会上的演说词》（1938年3月12日），《新中华报》，1938年3月15日，第一版。

❻ 罗娟：《布衣儒将饶国华》，《中国档案》2017年第10期，第79页。

南京城防保卫战

二、迁都：争议后的西迁

首都是一国政府首脑机关的所在地，是一个国家的政治、外交等社会活动的中心。南京作为国都，是抗战初期国民政府指挥全国抗战的中枢。

在"八一三"淞沪会战爆发前，国民政府在南京连续召开了33次"党政军联席会议"，商讨对日军事防御诸多问题，其中也将中央政府及所属各部会的安全列为重要议事日程，并开始着手部署迁址办公的各项工作。7月17日，第7次会报时，决定各院部会可"另觅小房屋，为机密办公处"❶。7月19日，第9次会报时，决定"重要文件另易地保存"❷。蒋介石手令"各院部会实施动员演习及准备迁地办公并限三日具报"。7月27日，第17次会报时，就"迁地办公"问题做出决定：

  1. 第一步各机关办公地点疏开，即假定敌机轰炸或敌舰开炮时，各机关在城内或外，准备民房秘密办公。并先登记负责人和电话号码等，以资联络。

  2. 万不得已时，则迁移他处办公（如衡阳）。凡须永久保存之重要文件，先行迁地保管，至各机关之实行迁移，则须候命实施。❸

华北地区重要城市相继沦陷，华东局势日趋危急，南京迁都也即行提上工作日程。8月4日，第25次会报中，"战时政府所在地，应加研究"，并提出"是否以武汉为宜"的想法❹。"八一三"淞沪会战爆发后，四川省政府主席刘湘"建议中央迁川"，蒋介石"甚表嘉许"❺。不久，蒋介石表示"将

---

❶ 《芦沟桥事变后国民党政府军事机关长官会报第一至十五次会议记录》，《民国档案》1987年第2期，第9页。

❷ 《芦沟桥事变后国民党政府军事机关长官会报第十六至卅三次会议记录》，《民国档案》1987年第3期，第12页。

❸ 《芦沟桥事变后国民党政府军事机关长官会报第十六至卅三次会议记录》，《民国档案》1987年第3期，第5页。

❹ 《芦沟桥事变后国民党政府军事机关长官会报第十六至卅三次会议记录》，《民国档案》1987年第3期，第11页。

❺ 刘航琛口述、章君毅执笔：《戎幕半生》，《新闻天地》周刊，1967年12月2日。

迁都四川重庆","以此为基础计划同各部开会商议"❶。"迁都四川"亦得到了国民政府主席林森的认可。至10月份，淞沪会战接连失利的消息不断传来，南京国民政府各机关人心惶惶，蒋介石组织召开了一次迁都动员会，并在10月29日召开了国防最高会议，发表《国府迁渝与抗战前途》的讲话："为坚持长期抗战，国民政府将迁都重庆，以四川为抗敌大后方。"随后，发表宣言并致电前方将士："政府决迁都重庆，继续抗战，以争取最后胜利。"❷11月15日，国防最高会议决定："国民政府及中央党部迁重庆，军事委员会迁移地点，由委员长酌定；其他各机关或迁重庆，或随军委会设办事处，或设于长沙以南之地点。"❸11月16日，国民政府下令中央党政各机关与南京市政府各机构、南京各国营工厂以及各大、中学校撤离南京。其中，中央党政机关分别向汉口、长沙、重庆转移，财政、内政各部及金融机关向汉口转移，交通、实业两部向长沙转移，其余各部向重庆转移。11月16日夜，林森率国民政府文官、参军、主计三处的官员，登上"永丰"舰，11月19日抵达汉口，11月23日抵达宜昌，再换乘民生公司"民风"轮继续上驶，11月26日抵达重庆。第一批迁都工作顺利完成。

11月20日，国民政府通过国民党中央通讯社公开发表了《国民政府移驻重庆的宣言》，表达了迁都重庆以持久抗战的决心："国民政府兹为适应战况，统筹全局，长期抗战起见，本日移驻重庆，此后将以最广大之规模，从事更持久之战斗。"❹

在1936年度的国防计划中，国民政府就重要的工矿企业、学校和机关内迁等工作提出了积极的设想。计划中规定："各重要工厂、学校均应设法迁移于根据地或总根据地。"❺依照这一计划，在1937年抗日战争全面爆发前后的短时期内，国民政府组织了极大的人力、物力和财力，将东部

---

❶ 朱佑慈等译：《何廉回忆录》，中国文史出版社1988年版，第129页。

❷ 刘绍唐主编：《民国大事日志》，第一分册，传记文学出版社1979年版，第572页。

❸ "中央研究院"近代史研究所编：《王世杰日记手稿本》，第一册（民国二十二年五月—民国二十七年十二月），"中央研究院"近代史研究所1990年版，第140页。

❹ 《国民政府移驻重庆的宣言》，重庆《国民公报》，1937年11月21日，第2版。

❺ 《国民政府军事委员会1936年度国防设施纲要草案》，中国第二历史档案馆馆藏档案。

南京城防保卫战

沿海的大部分高等学校和大量战略物资、工矿企业抢运到了云南、贵州、四川等地,在中国大地上上演了现代史上一幕规模宏大的工矿企业、重要学校机关西迁传奇。有史学家将此次大规模西迁称作"东方的敦克尔刻大撤退",它对于保护国家经济、教育、科研命脉,坚持抗战及维持大后方物资的供给起到了重要作用。

1937年7月底,国民政府曾对东部沿海地区各重要都市居民及政府机关职员眷属的迁移疏散问题做出指示,何应钦在给刘光的电报中提出,"沿江各重镇居民,应逐渐疏散,南京市百余万人口,战时甚感不便,必要时,可先将妇孺迁移他处,各机关职员之眷属,亦宜有秘密移动之准备"。在不使民众感到恐慌的前提下,何应钦要求军事委员会召集各院部会"开秘密会商讨,妥拟方案"❶。此时,淞沪会战并未开战,但是国民政府已经考虑到应该先将机关职员的眷属安顿好,以保证政府职员安心工作。同时,考虑到民众密集地区应该及早疏散,以便安排国防部署等事宜。10月底,蒋介石发表了《国府迁渝与抗战前途》动员讲话。11月中旬,国民政府发布了机构内迁、民众疏散的公告。自此,南京的机关、工厂、学校以及大量市民在战火中开始了悲壮的大迁移。

迁移工作是一项规模空前的宏大工程。虽然国民政府早有计划,但迁移工作实施过程中,还是遇到了许多困难挑战。一方面,淞沪战场吃紧,政府机关也已是人心惶惶,政府的组织工作做得不够充分,搬迁工作显得极为匆忙、仓促;另一方面,要迁走的东西太多,而运输工具不够周转,受财力所限,搬迁工作难以统筹兼顾。因此,政府只能将迁移的重点对象依次放在政府机关、国营工厂和国立学校等,而对私营工厂、私营学校以及广大市民的迁移和疏散工作则显得力不从心。金陵兵工厂是元老级大型军工企业,在国民政府建都南京初期及抗战前夕获得了快速发展。11月16日,工厂接到西迁的命令。当局规定,由政府组织拆迁设备、机器和材料,而员工每人领路费10元,自行设法去汉口集中。全厂员工奋发努力,用了约半个月时间,将4300余吨设备、机器、材料,装船并沿长江运往重庆,随即投入生产,为抗战时期国民政府兵力战备源源不断补充给养。中央大

---

❶ 《何应钦致刘光密电稿》(1937年7月30日),中国第二历史档案馆藏档案;中国第二历史档案馆编:《南京保卫战档案》,第6册,南京出版社2018年版,第237页。

学因早有预见，早做准备，迁移工作进行得较为顺利。西迁的命令一下达，校长罗家伦立即组织全校师生将学校的图书、资料、仪器、设备等全部装入定制的大木箱，送上民生公司的轮船，顺长江水路迁往重庆。迁移的物品中，包括航空机械系用于教学的3架飞机，医学院用于教学解剖的24具尸体，以及农学院的部分教学用动物。这些教学用动物有马、牛、羊、猪、狗、兔、鸡、鸭、鹅等十几个种类，都是家禽家畜的优良品种，有的是学校师生耗尽多年心血培育出来的，有的是国家花巨资从荷兰、美国、英国、澳大利亚等国家购买的，因为数量繁多，每一品种也只能迁走一对动物。全校师生搬到重庆后迅速复课，成为全国西迁最好、损失最小的高校。各国驻南京的外交使节也陆续撤离南京，迁往汉口等后方。

至11月下旬，南京城已全面进入战时状态。政府各机关纷纷西迁，南京市政府也已撤走。大行宫、花牌楼、太平路一带繁荣街道都变得十分冷落，车辆行人稀少，只有少数几家商店在应市。陵园新村国民党要人的公馆基本都已腾空，城内北京路、山西路一带政府要员的住宅也大都人去楼空，军政人员的家眷逐渐疏散。

对于大部分的工厂工作人员和普通民众而言，没有政府的资助和支持，只能自行想办法解决迁移问题，迁移过程充满坎坷。自南京宣布进入战时状态后，轮船票就已经很难买了。逃难者蜂拥逃离南京，一张船票比原来的价格高出四五倍，辗转过手的黑市票，甚至高出数十倍。由于轮船都是停泊在江心，不敢靠岸，即使买到了票，也必须再雇个小木船登轮，而小木船也是漫天要价。小船挤满了人和行李，江面上，落水呼救的也不少，拼了命强行上船的事情也时有发生。在此过程中，有的官员甚至利用职权之便，假公济私，夹带私有财产抢先出逃，直接导致疏散秩序的混乱。《大公报》著名记者范长江耳闻目睹了迁移情况，写了《感慨过金陵》一文，描写西迁的慌乱："似乎敌人军队明天就要到南京，许多重要官吏先行'轻装就道'，吩咐些下级官员收拾公物，设法运往指定地点。每个机关都仓促装箱和运输，集南京如许多文武机关，同时动作，于是整个南京成了'搬家'世界，拼命向下关码头和江南车站集中。一般民众莫明其中究竟，看到这种严重现象，听到些加甚其词的谣传，于是便岌岌不可终日，也不自主的逃奔，车票船票早已买不到，于是挤到车站码头再说。集结下关的逃难官民，为了抢登太古公司长沙轮，冒着大雨，乘无顶铁驳到江中专候终

南京城防保卫战

日者，不下一千余人！"❶

南京的许多机关、工厂、学校因撤退仓促，未能做到"坚壁清野"，损失惨重；而大量的贫寒市民则因无力、无钱内迁，不得不滞留在南京危城中，为逃避战火而东躲西藏，"城北的百姓往城南搬，城南的百姓往玄武湖搬。玄武湖的百姓往乡下搬，乡下的百姓往城里搬。搬来移去，好像他们离开原来地方就可以得到无上安全保障似的"❷。滞留在危城中的人，还包括从上海、苏南各地逃来的难民。

在此次组织西迁工作中，时任南京市长马超俊等一些官员表现出了可贵的民族气节。当南京城已经大部分迁移完毕，他们依旧日夜坚守岗位，做着安抚民众、指挥抗战后勤的各项事务。11月30日，马超俊还立下遗书，表达了他作为市长不愿退守的决心。在遗书中，他这样写道："淞沪抗战军兴，四月京市日遭轰炸，同胞罹难者惨不忍见，惨不忍闻，惨不忍言。苏、锡相继沦陷，近复强寇压境，行将合围。文天祥、史可法二公之遗风，夙为生平所服膺，余纵无二公之才，而深慕二公之节。此间总理陵寝在望，余誓死生相依，岂忍远离？况守土有责，义无苟免，故余愿先市民而死，不愿先市民而退，耿耿天日，此志不渝。"写好遗书后，马超俊再三催促其夫人赶快携儿女离开南京。但其夫人执意不肯，坚决与丈夫一道留下，打算同生死共患难。市长夫妇的坚定意志感动和鼓舞了许多市府官员与民众，直到南京城破前一日，接到蒋介石严令立即撤离的电报后，马超俊夫妇才被其副官以"服从命令为军人天职"为由，劝离南京。❸

还有部分单位因为维护城市基础设施的需要，按照要求必须留人待命。例如，为保证通信畅通，首都电话局奉令成立"留守工程团"，负责维持战时首都军事通讯工作。同样，首都电厂接到命令必须留人坚持发电，以满足军事用电需要。任务艰巨，电厂员工争相报名要求留守。以副工程师徐士英为首的84名员工奉命留守工厂。他们顶着日军飞机的轰炸，修复被日军飞机炸坏的机器和设备，坚持发电，直到城陷。

综观这次规模空前的西迁工程，虽然准备仓促，存在许多不足和问题，

---

❶ 马振犊等编：《民国出版物中记载的日军暴行》，张宪文主编：《南京大屠杀史料集》，第六十四册，江苏人民出版社2010年版，第70页。

❷ 《我们钢铁般的国都》，上海《时事半月刊》，1937年第1卷第3期。

❸ 孙中山纪念馆编著：《民国名人与中山陵》，凤凰出版社2004年版，第158页。

导致了严重的损失，但称得上一次成功的战略大转移——不仅各党政机关与南京市政府各机构都及时迁往目的地，重新开展工作，而且许多工厂、学校大都安全撤出南京，保存了设备与人才，为抗战大后方的建设和中国的持久抗战做出了不可磨灭的历史贡献。

三、南京城"弃""守"之争

1937年11月，上海战事急转直下，蒋介石秘密筹建多年的吴福线、锡澄线国防工事弃守，丝毫没有起到阻止日军前进的作用。当战场上的日军指挥官和在东京的决策者们争辩着是否有必要攻占南京时，中国的最高统帅和他的指挥官们也在讨论南京要不要守及如何守等问题。

面对上海沦陷的局面，中方大多数军事专家认为，南京保卫战败局已定，保卫南京的意义不大。蒋介石问陈诚："南京如何守法？"陈诚反问："是否叫我守？"蒋介石说："不。"陈诚便说："如不叫我守，则我不主张守南京。"❶

11月中旬，另一名高级将领、原桂系军阀白崇禧，主张公开宣告南京为一座不设防城市。他认为保卫南京不仅没有必要，而且是不可能的。所有可调动的部队原来都是部署在上海的，现在这些部队都被打败了，需要休整才能投入新的战斗。如果他们在南京进行抵抗，将不会有增援部队前来，因为当前已经无兵可调。鉴于此，他倾向于一个更灵活的防御计划，而不是顽强地固守阵地。❷

蒋介石的秘书长张群支持白崇禧的看法。他也认为，最终应放弃南京，尽管在他看来政治考量更为重要。如果中国军队只是简单地从城里撤出并允许日军进入，那么假如日方要同中方谈判，他们就会失去优势。日军也就不能以通过武力在战场赢得胜利的战胜者身份坐下来谈判了。❸

由于在上海战场屡遭重创，日军杀气腾腾地"以全力向南京追击"，

---

❶ 《陈诚私人回忆资料》，中国第二历史档案馆馆藏档案；《民国档案》1987年第1期，第17页。
❷ 程思远：《政海秘辛》，李敖出版社1995年版，第150—151页。
❸ 宋希濂：《鹰犬大将》，李敖出版社1990年版，第174页。

南京城防保卫战

并很快形成围攻南京之势。首都南京已经暴露在日军面前。南京保卫战一触即发，形势十分危急。

日军近在咫尺，首都南京要不要守？怎么守？一时间成为摆在国民党上层面前最大、也是最迫切的问题。

蒋介石为此踌躇不决，他在日记中写道："南京孤城不能守，然不能不守，对上、对下、对国、对民，殊难为怀也。"❶ 在蒋介石看来，如一枪不发就将首都拱手相让，不仅影响自己的国际形象，也没法向民众交代；另一方面，根据其德国军事顾问法肯豪森1935年在《关于应付时局对策之建议》中的阐述，"敌如沿长江而上，迅速占领中国最重要的中心点武汉，将中国一分为二，切断国民政府西退重庆之长江水路，抗战大局将无法收拾"，所以"必须在上海、南京等地作坚决抵抗，迟滞敌军沿长江直达武汉"。"南京作为首都，必须固守，除了已有的江防要塞外，还要增筑东正面及东南正面工事。"❷ 外国军事顾问的看法，正是蒋介石心里最重要的砝码，如果狡猾的日军发现南京是一座空城，就必然在军事战略上引起怀疑与警惕，进而影响到其在长江流域的进军。而日军一旦停止前进，重新集结主力在北方战场，势必将完全破坏中国方面以长江一线为抗日主战场的战略计划，对全局造成非常不利的影响。因此，尽管蒋介石心里非常清楚并决定最终将放弃首都南京，但"为了进一步将日军主力吸引到南京和长江下游地区，而故意表明决心死守南京，此为疑兵之计"❸。为了达成这一战略目的，蒋介石必须要做出一些牺牲，把南京守城部队作为进一步引诱日军沿江西进的诱饵。

但是，国民党领导层思想并不统一，主张不守的思想占了上风。而且，此时蒋介石倚重的德国顾问的想法也早跟着形势转了方向，法肯豪森也明确反对固守南京。他认为，固守南京是"发疯"的举动，从军事角度看也没有意义。如果蒋介石选择强迫他的军队背靠长江决战，一场灾难很可能无法避免。

---

❶ 秦孝仪主编：《"总统"蒋公大事长编初稿》，卷四（上册），第145页。

❷ 《总顾问法肯豪森关于应付时局对策之建议》（1935年8月20日），中国第二历史档案馆馆藏档案；《总顾问法肯豪森关于应付时局对策之建议》，《民国档案》1991年第2期，第18页。

❸ 王俯民：《蒋介石传》，经济日报出版社1989年版，第169页。

第一章　首都南京告急

　　为了切实解决这个议题，11月中旬，蒋介石连续主持召开了3次高级幕僚军事会议，商讨首都作战方案。

　　第一次高级幕僚会议在11月13日、14日召开，出席会议的只有军政部长何应钦、大本营副参谋总长白崇禧、军事委员会办公厅主任徐永昌、国民政府军令部第一厅（作战）厅长刘斐等人。刘斐首先发言，强烈要求避免在南京进行大规模的战争。他认为，"应坚持持久消耗战略原则，不应该在一城一地的得失上争胜负，而要从全盘着眼，同敌人展开全面而持久的战争"。对于南京的防守问题，他指出"守是守不住的"，并分析了"日军利用上海会战后的有利形势，沿长江和沪宁、京杭国道（宁杭公路）等有利的水陆交通线前进，江面用海军封锁和炮击南京，陆上由芜湖截断我后方交通线，以优势的海陆空军和重装备，协同攻击，南京必将处于立体包围的形势下"❶，而中国军队的实力已经被削弱，"在上海会战中损失太大，又经过混乱的长途退却，已无战斗力，非在远后方经过长时期的补充整训不能恢复战斗能力。"

　　当然，刘斐也提出南京是一国之首都，为维持整个国家的士气，不能不经一战就放弃。只要用12个团，最多使用18个团，就可以执行这项任务，再多就不切实际了。

　　刘斐的观点明确，论据充分，得到了白崇禧的支持，何应钦和徐永昌随即附和同意。本来开会人员就不多，现在意见又是一边倒。蒋介石眼看会议是没有必要再开下去了，便犹豫不决地说：刘斐的看法很对，但南京是国际观瞻所系，守是应该守一下的，至于如何守法，值得再加考虑。

　　过了两天，召开第二次高级幕僚会议，出席会议的人员增加了李宗仁、唐生智、谷正伦等人。会上，刘斐首先报告了抗战以来的形势和目前中日军事状况，继续主张对南京不宜实行固守，"只用十二至十八个团的兵力，作象征性的防守"后主动后撤。蒋介石没表态，转头问李宗仁："敌人很快就要进攻南京了，德邻兄对南京守城有什么意见？"❷李宗仁回答："我不主张死守南京。我的理由是：在战术上说南京是个绝地，敌人可以三面合围，而北面又阻于长江，无路可退。以新受挫折的部队来坐困孤城，实

---

❶　刘斐：《抗战初期的南京保卫战》，唐生智、刘斐：《南京保卫战》，第11—12页。

❷　李宗仁，字德邻。

南京城防保卫战

难望久守。而敌人则夺标在望，士气正盛，南京必被攻破，与其如此，倒不如我们自己宣布南京为一不设防城市，而我们将大军撤往长江西岸，一面可以阻止敌人向津浦线北进，同时可以拒止敌人的西上，让他徒得南京，对战争大局无关宏旨。"[1]他的这一意见得到了白崇禧等人和德国顾问的支持。

坐在一旁的训练总监部总监、军委会警卫执行部主任唐生智，却持反对意见且态度坚决，认为"应当守南京，掩护前方部队的休整和后方部队的集中，以阻止和延缓敌人的进攻"。他说："南京是我国首都，为国际观瞻所系，又是孙总理陵墓所在，如果放弃南京，将何以对总理在天之灵？因此非死守不可。"[2]蒋介石在这次会上也没有做出最后决定，只是说："孟潇的意见很对，值得考虑，我们再研究研究罢！"[3]但显而易见的是，他很高兴，在南京防守问题上，他终于找到了一个"知音"。

唐生智为湘军出身，后参加北伐军，因曾有几次反蒋的"黑历史"，归顺南京政府后被蒋介石"赋闲"，失去了带兵权，他对上海前线战况和部队状况并不太了解。当时，蒋介石的高级指挥官们因参与指挥前线战斗，了解上海战况，非常清楚前线的形势，"知道在上海时部队的损耗非常严重，需要相当长的时间来恢复部队的战斗力"[4]。可以看出，蒋介石作为总司令，是带着政治上宣传、国际上求援等各种复杂心态，寄希望于在南京进行戏剧性一战的。蒋介石作为三军之首、一国之首，奔着这样的战略目的，要求部队固守南京，一点也不奇怪。但是，没有哪个头脑清醒的高级将领，愿意为了实现蒋介石的"为南京而战的意义"牺牲自己的性命。

第三次高级幕僚会议在11月18日晚召开，蒋介石开门见山地说："南京是我国的首都，又是国府所在地，经过10年缔造，为国际观瞻之所系，又为国父陵寝所在，断不能不战而退，拱手让敌，这样对国内外都说不过去，应当死守。"何应钦、徐永昌赶紧附和，表示支持蒋介石的意见。

从军事意义上来讲，南京本身没有纵深和持久的防守可能，因而对于

---

[1] 《李宗仁回忆录》，下册，广西壮族自治区委员会文史资料研究委员会1980年编印，第697页。

[2] 刘斐：《抗战初期的南京保卫战》，唐生智、刘斐：《南京保卫战》，第12页。

[3] 唐生智，字孟潇，号曼德。

[4] 孙元良：《亿万光年中的一瞬》，时英出版社2002年版，第243页。

撤出南京的计划在蒋介石的心中早有后备方案，所以他在"保卫南京"的问题上调子很高。蒋介石对防守南京的方针是"短期固守"，具体就是："南京守城，非守与不守之问题，而是固守之时间问题。在敌军火力优势，长江得自由航行之情势下，欲期保持，颇属难能，故只可希望较短时间之防守"，"既作短时间守城之望，则不必将全部之基干部队，全部牺牲，须预为撤退之掩护"。"若是至不得已放弃南京时，各防守部队撤退，得有掩护。"❶

---

❶ 第三战区司令部编制：《抗战纪实》，中国第二历史档案馆馆藏档案。

第三节　临阵遣将布防

蒋介石在决定短期固守南京的方针之后，立即面临着守城指挥官的选择难题。

一、唐生智"请缨"守南京

蒋介石主持召开了几次南京守城幕僚会议，最后算是"默认审议通过"了进行南京保卫战的计划，但与会将领大都不愿出任守城指挥官，只有唐生智与蒋介石的观点基本一致，并表明了态度。

唐生智，1890年出生于湖南省东安县。青少年时，他深受爱国思潮影响，参加了辛亥革命、护法运动。1914年，他从保定陆军军官学校毕业后，加入湖南陆军，从一名见习军官做起，开始了平步青云的军旅生涯，历任代理排长、代理连长和营长等职，到1923年已升任师长。此时的中国正处于四分五裂、军阀割据的状态，他率部参加了北伐革命，在北伐战争中立下战功，为统一中国做出了贡献。

后来，他却与北伐军司令蒋介石产生了矛盾，曾两次兵戎相见。第一次是1927年8月，唐生智拥护武汉汪精卫为首的国民政府，率部东征讨伐蒋介石，逼其下台。但很快被蒋介石打败，被迫弃军下野，流亡日本。在1929年3月复出后，他又投靠了蒋介石，帮其战胜了李宗仁、冯玉祥等反蒋派。第二次是1929年12月，在汪精卫策动下，他出面组织"护党救国军"，联合石友三等75名将领通电反蒋，但不到一个月又兵败，被迫逃亡香港。

1931年九一八事变发生后，面对外敌入侵，唐生智力促"宁粤统一"，不计前嫌，与蒋介石和解，进入南京国民政府任职，先后担任军事参议院院长、军事委员会训练总监部总监及执行部主任等高级职务。在此期间，他负责牵头制订了一些国防作战计划，并组织加强江浙沿海地区特别是长江下游宁杭沪地区的国防工事构筑和军事训练任务。他在成为保卫南京最高指挥官之前曾作为演习参谋长，组织了模拟日军攻击南京的军事演习，并发表了著名的《秋季大演习讲评》。

七七事变后，中国进入全民族抗战阶段。在对待抗日问题上，唐生智抗日的主张是持久消耗，而不是短期硬拼。他判断，"应依目前状况最低限，赤裸裸说我是弱国，故抗战须持久。凡一重要城池非流血不放弃，但以大兵力白白牺牲则不可"，"故大本营幕僚须注意弱国之作战，故全国动员最为重要，即以持久战消耗敌人为目的，以此决心应付此局面，一切事体顾虑现实状况，一切事就实际取办法"。他是国民党军队将领中较早提出以长线消耗坚持持久抗战主张的人之一。

唐生智经常生病，身体不好，而且自七七事变后，他还从来没参与过指挥部队抗击日军的实战。还有一个事实，他曾作为地方军队首领，有一段与蒋介石不和的历史，除了自荐，估计没有人会推选他担当重任。

时间紧迫，城防缺将，蒋介石需要一名既有资历、又有能力的人来替他守一守南京。在众幕僚中，唐生智资历够老，级别够高，既"身经百战、智勇兼备"，又"主张抗日、固守南京"，无疑是守卫首都的最佳人选。

当蒋介石在会议上首次提出由谁来负责防守南京的时候，没有人响应。蒋介石说："如果没有人守，我自己守。"唐生智则建议"派一个军长或总司令，带几个师或几个军就行了。从前方派下来的人中间派一个人守，或者要南京警备司令谷正伦守都可以。"蒋介石则以"他们资历太浅"为由搁置。后来，蒋介石电召唐生智，并与其一起到南京城外复廓一带查看阵地，蒋介石用一句"关于守南京的问题，要不就是我留下，要不就是你留下"，硬生生地当头"将"了唐生智一军。唐生智决定答应担当起守卫南京的重任。他回答说："你怎能留下呢？与其是你，不如是我吧！"接着，他又补充道："军人以身许国，当此危难之际，何能畏难以求苟安？我愿意勉为其难，一定坚决死守，与南京城共存亡！"

参加南京保卫战的教导总队总队长桂永清在参加了一次军事会议后，曾对属下说："在会上，校长问大家谁愿意担任守卫首都的总指挥时，连问三四次，都无人做声。后来由校长亲自到唐生智家里劝说，唐生智才勉强答应担任守卫南京总指挥的任务。"

直到最后召开的"表态"会议上，唐生智还在做着激烈的思想斗争。

南京城防保卫战

参会人员并不知道蒋介石和唐生智私底下有过"密谈",只是看到会议上唐生智"不是坐在椅子上,而是蹲在座椅上",又"一会儿跳下来,马上又蹲上去",显得"不太正常"。当蒋介石问"谁负责固守南京为好"时,与会者个个心知肚明,守卫南京是个吃力不讨好且十分危险的差事,搞不好不仅丢了性命,还得背上历史骂名。一阵尴尬之后,唐生智打破沉寂,说道:"委员长,若没有别人负责,我愿意勉为其难,我一定坚决死守,与南京城共存亡!"蒋介石听了非常高兴,毫不犹豫地立即答应了,说:"很好,就由孟潇负责。"他问大家的意见,军政部长何应钦说:"孟潇兄愿意担任是最适当没有的了。"蒋介石随即对何应钦说:"就这么办,有什么要准备的,马上办,可让孟潇先行视事,命令随即发表。"❶

蒋介石于11月19日手令,特派唐生智为南京卫戍司令长官。11月20日,唐生智正式上任,并随即将自己执掌的军事委员会执行部改组为南京卫戍司令长官部,并着手部署南京城防工作。11月24日,国民政府正式发布任命公告。11月25日,军事委员会决定成立第七战区,刘湘为司令长官,指挥第八、第十五、第二十三集团军在长江下游布防。同时,决定由顾祝同指挥第三战区所部在皖南地区策应。

唐生智担负起守护南京的重任,是有一些冒险的。一方面,他身体不好,自西安事变后患上重病,还没有完全恢复。8月份上海战事刚一开始,蒋介石问过唐生智的身体情况,他自言"精神还是不好"。白崇禧在其回忆录中也提到,他在陪同唐生智侦察南京城内外地形时,"两天之视察⋯⋯发现唐身体衰弱不堪,身着重裘,至平地犹可下车看看,爬高山,便委托我代为侦察,寒风白雪之中,我见他虚弱之身体,不禁为南京之防守担心,为他自己担心"。另一方面,他虽是带兵打仗的老将,但自从1931年反蒋失败后,便没有了一兵一卒,仅从事文职工作,已缺少带兵实战的经验。虽然多少有些"心有不甘,重掌兵权"的因素在里面,但毕竟上战场不是儿戏,这些不可控因素都会切实影响战事的进展和效果。

唐生智承担起保卫南京的重任,并向蒋介石保证做到"临危不乱,临难不苟,没有你的命令,我决不撤退"。11月27日晚,就任新职的唐生

---

❶ 孙宅巍:《论南京保卫战的决策及其结局》,《南京社会科学》2000年第4期,第48页。

智在中英文化协会向驻南京中外记者与留守南京的外侨代表发表谈话，表明誓死守卫南京的决心："中国为一爱好和平之民族，从不侵略他国，讵'九一八'之后，日本以数十年之准备，大举进犯中国国土。中国在物质上虽乏准备，但精神上则具无上之抵御决心。自卢沟桥事变以来，我军在各地多遭挫败，但吾人将屡败屡战，至最后胜利为止。本人奉命保卫南京，至少有两事最有把握：第一，即本人及所属部队誓与南京共存亡，不惜牺牲于南京保卫战中；第二，此种牺牲定将使敌人付与莫大之代价。"[1]

11月29日，蒋介石亲率唐生智、罗卓英、孙元良、桂永清、宋希濂等高级军官在南京视察紫金山、天堡城等处守军阵地。视察中，他对守城官兵发表讲话说：南京东南一带山地利于防守，北部有长江依托，形成天然要塞，至少可以守卫两个月。有了这段时间，便可以整编新的生力军。只要南京能够守住，我将亲率云南部队前来解围。"深望众将领率同士兵尽保卫国都之责，服从唐长官的指挥，奋勇坚守。"唐生智表示："我们恪守前言，临危不乱，临难不苟，不得统帅命令决不后退，请委员长放心。"他同时表示要各部备齐6个月的粮弹，做长期坚守的打算。

据时任南京警备司令部参谋程奎朗回忆，唐生智曾对属下说："防守南京的任务，只好由我承担起来了。我是统帅，守土有责，决心与南京共存亡。南京失守，我亦不生。你们是幕僚，和我所处地位不同，我不要求你们和我一道牺牲，万一城破，你们到时还可以突围出去。我只要求你们在我还活着的时候，坚持工作到底。"[2]语气甚为悲壮感人，听者无不受到激励和鼓舞。

二、拼凑守城部队

国民政府确立"短期固守"方针后，随即开始调兵遣将，11月18日的会议基本确定了参加守卫南京的部队。11月25日，蒋介石以"有酉一作元"代电，颁布首都卫戍部队最初的战斗序列：（一）司令长官唐生智。（二）

---

[1] 《唐生智表示誓与首都共存亡》，汉口《大公报》，1937年11月28日。
[2] 程奎朗：《南京复廓阵地的构筑及守城战斗》，唐生智、刘斐：《南京保卫战》，第46页。

南京城防保卫战

第七十二军孙元良部。（三）第七十八军宋希濂部。（四）首都警卫军谷正伦。（甲）桂总队；（乙）宪兵部队。（五）其他特种部队之一部。❶

11月上旬，当上海战场开始部署撤退时，南京地区的部队除了宪兵和警察外，并无其他守备部队。从最初的战斗序列看，最初调派参加保卫南京的主要作战部队是3个军，总体战斗力是较为薄弱的。第七十二军第八十八师、第七十八军第三十六师、教导总队都是经历过淞沪会战，刚从战场撤退下来的部队，伤亡较大，官兵也都极度疲惫，回到南京只稍做休整，同时补充了一些新兵。

原本驻守南京城内的首都警卫军部队，是在10月份淞沪战事吃紧时由南京警备司令部改编而成，编制相当于集团军，负责南京防守任务，直辖于大本营。司令部编制很简单，司令之下，设参谋长一人，下属机构只有一个参谋处，其他各处由宪兵司令部各处兼办，不另设置。番号虽然颁布，但兵力没有大的扩充。原来的南京警备区辖南京、江宁、镇江、丹阳、金坛、句容、溧水、高淳、芜湖、当涂、全椒、滁县、仪征、江浦、六合15个县市，虽然规定辖区内所驻部队都归首都警卫军司令谷正伦指挥，但当时淞沪战事紧急，刚调来的部队一到南京就开往上海增援，没有一支野战部队固定下来作为构筑南京防御阵地基干之用。当时一度指定驻芜湖的贵州部队第一二一师吴剑平部和驻扎蚌埠滁县一带的第一六七师归谷正伦指挥，但第一六七师不久又被调走，第一二一师虽曾受命开往句容、天王寺一带构筑工事，几天后又被调往上海。因此，谷正伦实际上能指挥的部队，只有守城门、仓库的宪兵第二团罗友胜部和担任京沪铁路沿线护路工作的第十团陈烈林部，以及在中华门外正在训练的新兵教导团周竞仁部。这些部队本来是作为首都驻防部队，并不是为战争而训练的，且3个团的装备都是用于平日执勤的轻装备，缺少应战的火力。首都警卫军名义上是成立了，实际上还是一个空架子。而且，因为兵力经常被调动的原因，首都警卫军参谋处制订的东南阵地构筑计划也没有全面实施。11月下旬，谷正伦因患病辞去首都警卫军司令一职，去湖南治病。为使宪兵勤务不致中断，副司

---

❶ 《蒋介石致唐生智代电》（1937年11月25日），国民政府军事委员会档案787-3197，中国第二历史档案馆馆藏档案；中国第二历史档案馆编：《南京保卫战档案》，第7册，南京出版社2018年版，第58页。

令张镇率领部分人员前往湖南继续办公。❶ 实际留守南京的是新任副司令萧山令，指挥宪兵第二团和第十团守城防。因此，如果按照最初的战斗序列，以一群老弱病残和缺少实战能力、应战火力的部队来保卫南京，其危险程度可想而知。

11月底，随着上海战事急剧恶化，在淞沪会战中担任掩护撤退任务的部队，开始相继撤退到南京附近的句容、汤水等一带。第七十四军军长俞济时率领的第五十一师王耀武部和第五十八师冯圣法部，因在撤退过程中通讯不畅，与战区长官司令部完全脱离联系，已从苏州一路撤退到南京附近的句容、汤水一带。俞济时是蒋介石的亲戚，曾充当蒋介石的侍从人员和警卫旅长多年。有了这层关系，俞济时到汤山后便来南京面见蒋介石，蒋介石也没有责备他，随即安排他率部参加南京保卫战。另外，还有第六十六军军长叶肇率领的第一五九师谭邃部和第一六〇师（叶肇兼师长），第八十三军军长邓龙光率领第一五四师巫剑雄部和第一五六师李江部，自镇江退到句容、汤水镇一带。以上部队经唐生智报告给蒋介石核准，都被命令参加保卫南京的作战。

这些部队基本上都是历经淞沪会战及大撤退，伤亡比较大。由于时间紧迫，补充整理新兵工作尚未完成，老兵很少，新兵又大都尚未受过专业训练，且部队也来不及休整，但是战争局势已经到了无兵可调的地步，也就不得不迁就事实。蒋介石也电令云南部队赶来参加南京保卫战，但是路途遥远，只有第二军团徐源泉部的两个师从湖北武汉调来支援，但是他的部队也是到了12月4日后才陆续抵达南京。如此，到了12月6日，守卫南京的战斗序列从11月25日的3个军，扩大至共计7个军、14个师及配属单位。

同时，蒋介石安排罗卓英、刘兴两人给唐生智做副手。12月5日，南京外围的战斗已经打响，蒋介石电令召回正在皖南前线指挥作战的第十六军团军团长罗卓英，赶赴南京就任南京卫戍军副司令长官。❷

根据《第三战区南京会战经过概要》《南京卫戍军战斗详报》《第二军团京东战役战斗详报》等史料，并经过不断补充后，参加南京保卫战的

---

❶ 《宪兵司令部在京抗战部队之战斗详报》（1937年12月），中国第二历史档案馆馆藏档案。

❷ 《第十九集团军东战场战斗详报》，中国第二历史档案馆馆藏档案。

南京城防保卫战

作战部队有：

　　　　南京卫戍军司令长官　　唐生智　上将
　　　　　　副司令长官　　罗卓英　中将（12月6日任命）
　　　　　　　　　　　　　　刘　兴　中将（12月6日任命）
　　　　　　　参谋长　　　周　斓　少将
　　　　　　副参谋长　　　佘念慈　少将（12月6日任命）

　　　　第二军团军团长　　徐源泉　中将（12月4日由湖北调来）
　　　　第四十一师师长　　丁治磐　中将
　　　　第一二一旅旅长　　张习崇　少将
　　　　第一二三旅旅长　　芮勤学　少将
　　　　第四十八师师长　　徐继武　中将
　　　　第一四二旅旅长　　牛乐亭　少将
　　　　第一四四旅旅长　　韩　浚　少将

　　　　第六十六军军长　　叶　肇　中将
　　　　第一五九师师长　　谭　邃　中将（后因肺病离开前线）
　　　　　　副师长　　　　罗策群　少将
　　　　第四七五旅旅长　　林伟俦　少将
　　　　第四七七旅旅长　　谢彩轩　少将
　　　　第一六〇师师长　　叶　肇　中将（兼）
　　　　　　　　　　　　　华振中　少将（1938年2月继任）
　　　　第四七八旅旅长　　邓志才　少将
　　　　　　代旅长　　　　喻英奇　少将（12月11日代）
　　　　第四八〇旅旅长　　利树宗　少将

　　　　第七十一军军长　　王敬久　中将
　　　　第八十七师师长　　沈发藻　少将
　　　　第二五九旅旅长　　易安华　少将
　　　　第二六〇旅旅长　　刘启雄　少将

第二六一旅旅长　　陈颐鼎　少将（兼）

第七十二军军长　　孙元良　中将
第八十八师师长　　孙元良　中将（兼）
第二六二旅旅长　　朱　赤　少将
　　　　　　　　　吴求剑　少将（12月12日继任）
第二六四旅旅长　　高致嵩　少将
　　　　　　　　　廖龄奇　少将（12月12日继任）
　补充旅旅长　　　吴求剑　少将

第七十四军军长　　俞济时　中将
第五十一师师长　　王耀武　中将
第一五一旅旅长　　周志道　少将
第一五三旅旅长　　李天霞　少将
第五十八师师长　　冯圣法　中将
第一七二旅旅长　　何凌霄　少将
第一七四旅旅长　　朱　奇　少将

第七十八军军长　　宋希濂　中将
第三十六师师长　　宋希濂　中将（兼）
第一○六旅代旅长　顾葆裕　上校
第一○八旅旅长　　刘　英　上校
　补充旅旅长　　　李钦若　上校

第八十三军军长　　邓龙光　中将
第一五四师师长　　巫剑雄　中将
第四六○旅旅长　　骆秀礼　少将
第四六二旅旅长　　蒋　武　少将
第一五六师师长　　李　江　中将
第四六六旅旅长　　王德全　少将
第四六八旅旅长　　黄世途　少将

南京城防保卫战

　　教导总队总队长　　桂永清　　中将
　　　　副总队长　　周振强　　少将
　　　　　参谋长　　邱清泉　　少将
　　　　第一旅旅长　　周振强　　少将（兼）
　　　　第二旅旅长　　胡启儒　　少将
　　　　第三旅旅长　　马威龙　　少将
　　第一〇三师师长　　何知重　　少将
　　第一一二师师长　　霍守义　　少将
　　第三三四旅旅长　　马万珍　　少将
　　第三三六旅旅长　　李德明　　少将

　　　宪兵部队司令　　萧山令　　少将
　　　　第二团团长　　罗友胜　　少将
　　教导第二团团长　　周竞仁　　上校
　　　　第十团团长　　陈烈林　　上校
　江宁要塞部队司令　　邵百昌　　少将
　　　运输部队司令　　周鳌山　　中将

炮兵第八团之一营（十五榴）
炮兵第十团之一营（新十五榴）
防空司令部所属各高射炮队
城防通信营
本部特务队

　　作战序列部队中大部分是从上海战场撤退下来的，"都是久经战役、补充整理工作尚未完成的残缺部队，老兵既少，新兵大多尚未受过训练"。经过 3 个月的血战，精锐基本丧失殆尽，要么严重缺员、士气沮丧，要么虽然得到了新兵补充，但不少人只是刚刚学会射击，而连长、排长大多是从幸存老兵中提拔上来的。这样的作战部队根本无法组织有效抵抗，甚至连既设的国防工事都难以有效利用起来，其战斗力也就不言而喻了。

此外，得到兵员补充的部队大多还是远远不能满足原有编制。时任南京卫戍司令长官部参谋处第一科科长谭道平，负责经手办理调动部队上前线的工作。据他描述："在字面上明明是一个师或者是一个军开上去，可是天晓得哪，……兵员只不过是一个营的模样，同时，没有大炮，步枪也不整齐，机枪有一部分……早就丧失了作战的用处。"[1] 还有一部分部队是新从后方调来的，比如第二军团徐源泉部，因为是地方部队，对南京地形地势都不熟悉，而且装备很差，经过紧急长途急行军后，只能匆忙投入南京保卫战。

唯一比较能战斗的只有两支部队：一支是被称为"铁卫队"的桂永清教导总队，另一支是谷正伦的宪兵部队。说是比较能战斗，其实也只是相对而言。以教导总队为例，"能战斗"主要是指：第一，该部队按照德式建制并训练，纪律性强，装备也好；第二，该部队军官大多有知识有文化，很多有出国留学军事知识的背景，因而教导总队也曾被戏称为"少爷兵"；第三，在 9 月份补充过一次新兵，兵力总数算是充足的。

以上总计南京守城兵力约计 10 万余人，这便是唐生智用于保卫首都南京的全部作战力量。

三、城防计划的布置与实施

根据首都卫戍部队最初的战斗序列，南京卫戍司令长官唐生智策定了南京城防御计划——《首都保卫军作战计划》。该计划对防御方针、指导要领、兵团部署等进行了详尽安排。具体如下：

第一　方针

保卫军为使第三战区主力军作战容易之目的，即利用雨花台、天堡城、红山及幕府山已完成之骨干工事，编成核心阵地，强韧守备南京，以牵制敌军。

---

[1] 马振犊等编：《南京保卫战》，张宪文主编：《南京大屠杀史料集》，第二册，第 468 页。

第二　指导要领

一、要塞以全力掩护长江封锁线，并协同核心守备队之战斗。

二、核心阵地，虽寸土不让敌军，各守备部队须作物资及械弹上准备，俾具独立作战之能力。

三、各守备地区应多筑掩蔽部，并赶筑永久与野战工事，及速编成坚固障碍物。

四、各部队对于既设阵地工事位置，应预先检查修补，并多作战斗预行演习。

第三　兵团部署

一、第八十八师以主力位置于雨花台附近，任水西门、中华门至武定门及雨花台之守备。

二、第三十六师以主力位置于龙王庙附近，担任玄武门、红山、幕府山至挹江门之守备，并于幕府要塞协同作战。

三、教导总队以主力位置于小营（中央军校西），担任光华门、中山门至太平门及天堡城之守备，并以一团归要塞邵百昌司令指挥，任乌龙山要塞守备。

四、宪兵队以主力位置于清凉山附近，担任定淮门及汉中门及清凉山之守备，并于龙潭、汤水、淳化等处各派兵一连，处置退回之散兵，待命撤回。

五、警察队担任城内秩序之维持及交通点、重要仓库、自来水塔、电灯厂等处之守护。

六、要塞部队固守乌龙山、幕府山之要塞地区，并掩护长江封锁线。

七、防空队以七公分五高射炮位置于五台山附近，其余分别位置于大校场及下关等处，主任城市、大校场、轮渡、自来水塔、电灯厂之掩护。

八、运输、通讯、卫生、补给等项，另行拟定计划。[❶]

日军在杭州湾登陆成功后，与淞沪方面的日军策应西进，至11月底，

[❶] 《首都保卫军作战计划》（1937年11月），中国第二历史档案馆馆藏档案。

第一章　首都南京告急

乍平嘉线、吴福线、锡澄线等阵地以及吴兴、长兴等要点相继失守。当时，南京城内守备部队只有最初颁布的战斗序列中的 4 支部队，即第七十二军第八十八师、第七十八军第三十六师、教导总队和宪兵部队。

根据既定防御计划，南京卫戍司令部决定将这些部队（除谷正伦部外）部署用于"固守附（复）廓据点及城垣之目的"，配置在内廓防御线上，策定防御部署要旨如下：

（一）以第八十八师任右地区雨花台及城南之守备。
（二）以教导总队任中央地区紫金山及城垣东部之守备。
（三）以第三十六师任左地区红山、幕府山及城北之守备。
（四）以宪兵部队任清凉山附近之守备。
（五）以旅长指挥教导总队之一团及乌龙山要塞部队，警戒长江封锁线。❶

同时，命令各部队自行征集民夫，在各守备地区内赶筑工事。

南京卫戍军部队直属军事委员会指挥，其防区属于东战场的一部分，与第三战区、第七战区防区相衔接。11 月 30 日，蒋介石给顾祝同、刘湘、唐生智同时发去密电，对整个东战场的战斗力量做了部署，对第三、第七战区和首都卫戍军的作战任务进行了具体规定：

一、第七战区除固守现地外，其左翼须以有力部队留置于安吉、孝丰山地，相机攻击敌侧背，迟滞其前进。
二、第三战区依前令开始转进以后，须以有力部队分别留置于龙潭以南、广德以北各地，迟滞敌之前进，掩护主力之行动，并破坏重要交通线。
三、各战区须与首都卫戍军相策应，对敌作战保持动作之自由。其损失过大之部队，应酌令其撤退于宁国、芜湖以西地区，积极整理补充待命。

---

❶ 《南京卫戍军战斗详报》（1937 年 12 月），中国第二历史档案馆馆藏档案；中国第二历史档案馆编：《南京保卫战档案》，第 8 册，南京出版社 2018 年版，第 394—395 页。

南京城防保卫战

四、首都卫戍军除固守南京既设阵地外，应与第三战区部队密切协同相互策应，击破敌之攻围军。

五、将各战区之部署具报为要。❶

随着卫戍部队阵容的不断壮大，陆续增加了第七十四军、第六十六军、第八十三军等部队。南京卫戍司令长官部立即启动东南阵地，决定将上述新增部队部署在第一道防御阵地，负责南京外围作战。上述新增部队具体配置如下：

（一）第七十二军派出右侧支队至江宁镇附近，任右翼掩护。

（二）第七十四军任牛首山至淳化镇附近之守备，并向秣陵关、湖熟镇派出前进部队。

（三）第六十六军任淳化镇附近至凤牛山之守备，并向句容附近派有力之前进部队。

（四）第八十三军任凤牛山附近经拜经台至龙潭之守备，向下蜀派出前进部队。❷

上述第一道防线和第二道防线都没有提及第二军团徐源泉部的守备任务。这是因为第二军团徐源泉部不是从淞沪会战后撤下来的部队，而是接到命令后，从武汉赶来参加南京保卫战的，陆续行军到达南京时，首都的保卫战役已经在外围打响了。

整个南京保卫战的战役基本按照上述部署进行的，但在战斗过程中，考虑到敌情发展和部队转进等实际因素，也有部分调整。比如，当发现日军一部从武进向丹阳前进、一部由京杭国道向南京前进，军情紧急时，守军第八十三军便奉命转进至丹阳、镇江作战，而其本应负责守备龙潭至孟塘一段阵地的任务，就改由刚刚开到南京的第二军团徐源泉部的一个师担任守备。乌龙山要塞也由徐源泉部派队接防，其后续到达的一师，等到

---

❶ 《蒋介石致顾祝同、刘湘、唐生智电》（1937年11月30日），中国第二历史档案馆馆藏档案。

❷ 《南京卫戍军战斗详报》（1937年12月），中国第二历史档案馆馆藏档案；中国第二历史档案馆编：《南京保卫战档案》，第8册，第395—396页。

南京后准备以主力在杨坊山、乌龙山线上构筑工事。但直到12月4日晚，"徐军到龙潭者只一个团，其余甫进至栖霞山附近"[1]，而该军团的第四十八师直到12月7日方才到达南京。

从以上兵力部署看，守城部队以内外两道防御线进行防守，但各部队防守正面过宽，纵深配置更是无法实现。防守面宽容易出现友军之间衔接不密切、防守责任难以区分清楚的问题，而且这样的防线很容易被日军突破。从各部队呈报的战斗详报情况看，各部队阵地也随着战场形势的发展需要进行了相应的调整。

日军逼近南京时，尚未离开南京的王文杰曾记录了南京闭城前的一番紧张景象。12月4日，中山门附近"城门只剩半扇开着，其余的都用麻袋，水泥管、钢条"填充堵塞；孝陵卫、麒麟门等沿途高地，"我军已布置好坚固的阵地，炮手在那里试炮，传来隆隆的响声，京汤路的中心，埋了很多地雷，预料敌人进攻时，至少可以给他一个重大的打击"；虎踞关内"工兵们正在挖掘工事，前进曲唱得贯彻云霄"[2]。这些描写见证了以唐生智为首的南京卫戍司令长官部留守南京后，对城外城内进行的布防状况。

大战在即，昔日喧闹的首都街市大多已经人去楼空，人员物资大部分已经转移。举目所至，"各商店各银行的门上，贴了'暂停营业'的封条。太平路，中华路，不见一个行人，夜风吹着柏油路上的纸屑窣窣作响，着实令人可怕。灯红酒绿的夫子庙，只留着一泓清水，听不到秦淮河上的歌声，也听不到明远楼上的钟声"[3]。王文杰于12月7日踏上了逃亡之路，晨起发现"沿中山路出挹江门，马路上铺了一层薄霜，留了许多不规则的足迹"，不少市民已经连夜转移了。逃难的民众大多都是"肩上挑着，手上提着，扶着老人，抱着孩子"。

下关江边，渡江的船票已是水涨船高，船家们开始漫天要价，而囊中空空的难民只能哀告无门、望江兴叹。这也反映了国民政府在民众撤离工作上的组织无序和管理无方。"等到下午四点多钟，路轨上开来一列客车，月台上的人，你推我挤，毕竟是车少人多，容纳不下，女人、孩子都徘徊

---

[1] 《南京卫戍军战斗详报》（1937年12月），中国第二历史档案馆馆藏档案；中国第二历史档案馆编：《南京保卫战档案》，第8册，第396—397页。

[2] 王文杰：《闭城之前》，《文艺月刊·战时特刊》第一卷第五期，1938年1月。

[3] 王文杰：《闭城之前》，《文艺月刊·战时特刊》第一卷第五期，1938年1月。

南京城防保卫战

在车门口,幸亏有几辆装伤兵的车厢,还有几个空位,就让这些难民蜂拥而进。"❶

12月4日晚,华中方面军司令官松井石根在上海发布了"中方作命第27号",命令日本陆军一面沿京沪线向西北追击,一面沿京杭国道向北进犯,右侧沿长江向西进攻,左侧攻入芜湖背后,试图割断中方部队与后方的联系,形成从东、南、西三方面对中国首都南京的大钳形围攻。南京外围防守战就此揭开了战幕。

---

❶ 王文杰:《闭城之前》,《文艺月刊·战时特刊》第一卷第五期,1938年1月。

第二章　外围战：疲弱之师，奋勇应战

"八一三"淞沪会战末期，日军从杭州湾登陆，对上海进行侧翼包围。中国第三战区为避免两面受敌，并巩固首都南京，下令其所辖部队向南京外围既设阵地转移。日军于1937年11月12日占领上海后，乘胜西进，企图一举攻占南京。南京外围城防战斗自此开始。

第一节　日军下达攻城令

自七七事变中日全面开战以来，西方列强虽然并未对中国的抗日战争进行实际的支援，但国家之间的经济贸易往来仍在进行中，特别是德国仍与中国进行以货易货的军火交易，苏联在签订《中苏互不侵犯条约》后更加积极支援中国武器装备。而日本方面为了阻止其他国家向中国输送军用武器和装备，以确保"作战行动的自由"，曾就是否对中国正式宣战问题进行过多次研究。一部分侵华激进派分子认为，应对中国"果断地宣战"，这样就可以顺理成章地接收占领地区的海关，从而掌控邮政、金融等方面的管理。在淞沪会战激烈进行过程中，日本首相近卫文麿就提出了这一议题，但遭到陆军和海军方面出于战场实际需要的反对。日本政府不得已依旧保持"战而不宣"的状态。但随着战局的不断扩大，并有向长期化发展的可能，原体制式的《战时大本营令》已不能满足战事发展和指挥需要。11月16日，日军重新制订《大本营令》，并于11月18日公布，后在11月24日首次召开了第一次大本营御前会议，通过了对中国的作战计划预案。该预案对"华中方面"的计划是："（华中）方面军应以其航空部队与海军航空兵协同，轰炸南京及其他要地，并不断表现出进击的气势，以资削弱敌人的战斗意志。统帅部也在考虑根据今后情况，整顿好该方面军新的准备态势，使其攻击南京或其他地区。"[1]

一、日本华中方面军合围南京

在占领上海前，日本军部给华中方面军下达的任务是，"与海军协作

---

[1] 郭汝瑰、黄玉章主编：《中国抗日战争正面战场作战记》，第613页。

挫败敌军战斗意志，为寻找结束战争的机遇而歼灭上海附近的敌人"❶，并为此限定了华中方面军的作战区域，提出了"扫荡上海附近之敌，战线在苏州、嘉兴以东"的所谓"苏嘉制令线"。

对于远离本土的日军将领们来说，"将在外，军令有所不受"。早在淞沪会战之前，刚刚走马上任的松井石根作为日军上海派遣军司令官，就发出了"此番既去之，无论如何是要打到南京去的"的"豪言"。

松井石根早年信奉日本军国主义思想，一直以日本独霸亚洲作为其目标和追求，在思想上坚定了"控制中国"的信念，自认为对中国情况十分了解，对侵吞中国志在必得。早年，他与孙中山、陈其美、蒋介石等都有私交，曾以"中国革命之友人"自称。北洋时期，他长期在华担任日本驻华武官、特务机关长等职，刻意侦探中国地理和水文等情况，与冈村宁次、土肥原贤二等被日本军界称为"中国通"。七七事变后，中日开战之势迫在眉睫。松井石根因其丰富的在华经历，被日本内阁重新召回军界，出任上海派遣军司令官，率兵支援海军陆战队。11月7日，日本陆军省、参谋本部等发布"临参命第138号"，将上海派遣军和第十军编入华中方面军❷，松井石根也从上海派遣军司令官升任为华中方面军司令官，由朝香宫鸠彦亲王步其后尘，担任上海派遣军司令官。

受到攻占上海之鼓舞，松井石根很自信，认为南京要比上海好打得多。他认为，一是经过上海一战，中国的精锐部队已经严重受挫，兵力士气明显不足；二是南京北面是长江，中方背水之战是不易取胜的。他判断，中方"前线已全部被攻陷，军队士气十分低落"，"估计以后的抵抗也不会有多大成效"。❸

11月22日，华中方面军司令部制定了"中方参电第167号"《关于华

---

❶ 《日本军方文件》之陆军省、参谋本部、大本营"临参命第138号"《命令》，张宪文、吕晶编：《见证与记录：南京大屠杀史料精选（日方史料）》，江苏人民出版社2014年版，第616页。

❷ 《日本军方文件》之陆军省、参谋本部、大本营"临参命第138号"《命令》，张宪文、吕晶编：《见证与记录：南京大屠杀史料精选（日方史料）》，第616页。

❸ 《日军官兵日记、书信》之华中方面军司令部《松井石根阵中日记（节录）》（1937年10月25日—1938年2月28日），1937年12月2日，张宪文、吕晶编：《见证与记录：南京大屠杀史料精选（日方史料）》，第45页。

南京城防保卫战

中方面军今后作战的意见》，提出"南京政府……现已做出迁都之举……敌之抵抗在各阵地皆极为微弱"，"为了加速解决事变，需要趁现在敌之颓势攻克南京"。❶11月24日，华中方面军司令部制定了《第二期作战计划大纲》，拟定了"迅速攻克南京"的作战方针，并对指导要领、作战准备、兵团部署等工作进行了具体安排。❷

朝香宫鸠彦亲王继松井石根之后任上海派遣军中将司令官，这次受命进攻南京，负责指挥6个师团、13个旅团组成的侵华日军，其中包括由藤田进指挥的第三师团、吉住良辅指挥的第九师团、山室宗武指挥的第十一师团、荻洲立兵指挥的第十三师团、中岛今朝吾指挥的第十六师团和伊东政喜指挥的第一〇一师团。所辖部队虽不少，但这些部队在进攻上海中受到了不小的损失。因此，接受新任务后，朝香宫鸠彦亲王便欲重整官兵士气，准备向南京进发。

从杭州湾登陆的柳川平助的第十军，因为没有遭到中国军队的坚强抗击，部队伤亡很少，从军官到士兵，个个情绪高涨，不愿意遵守参谋本部所规定的"苏嘉作战地域制令线"，决定乘胜西进，俨然一支亡命之师。

柳川平助是第十军中将司令官，他于1879年出生在长崎近郊，原来是一名退役军官。他曾经参加过1904至1905年的日俄战争，1918年曾在北京陆军大学任教。当日本在中国挑起战争并迅速扩大规模侵略时，他便被重新召回部队。尽管柳川平助有过一段在中国生活的经历，但他率部侵华时并无任何顾忌，试图争取独立进攻南京。日军第十军只有3个师团和1个支队，合计8个旅团，主要包括谷寿夫的第六师团、牛岛贞雄的第十八师团、末松茂治的第一一四师团和国崎支队，战斗力都很强。这些部队是从华北战场调过来的，经历过攻占保定、正定的恶战，都成了进攻南京的主力部队。柳川平助自恃有部下的效命，"根据第六感"判断出，"独立占领南京是可行的"。

---

❶ 《日本军方文件》之华中方面军司令部"中方参电第167号"《关于华中方面军今后作战的意见》（1937年11月22日），张宪文、吕晶编：《见证与记录：南京大屠杀史料精选（日方史料）》，第618页。

❷ 《日本军方文件》之华中方面军司令部《华中方面军第二期作战计划大纲》（1937年11月24日），张宪文、吕晶编：《见证与记录：南京大屠杀史料精选（日方史料）》，第619—620页。

第二章 外围战：疲弱之师，奋勇应战

11月15日，柳川平助召开了幕僚会议，决定"以军的主力独自果断地向南京追击"。会议认为：在太湖以东地区的作战并不彻底，因而失去了歼灭中国军队主力的机会，但是也造成了中国军队的溃乱。他们认为，如果抓住这个变动着的战机一举断然进行追击，大概用20天的时间就可以占领南京。❶ 11月17日，日军第十军制定了《从嘉兴向南京追击的作战指导要领》，次日向所属各师团下达了"不失时机一举向南京追击敌人"的命令。

11月19日，第十军向东京参谋本部发电报告：

一、集团本日正午占领嘉兴，大概傍晚扫荡完了。
二、集团十九日晨命令以全力向南京追击，大致部署如下：
国崎部队经湖州、广德向芜湖追击，切断敌之退路。
第十八师团经湖州、广德、溧水向南京追击。
第一一四师团经湖州、长兴、溧阳向南京追击。
第六师团先向湖州推进。❷

上海与南京距离仅300多公里，铁路发达，公路畅通，水路便捷。"火车应该很快，走水路，如顺水而行，也就两天之程，逆舟而行，一周时间也可抵达。即使步行，最多也就十几天时间。"❸ 从上海到南京，除水路外，皆为一马平川，若有铁骑战车，不用一天，便可直抵紫金山。

如此有利的地理优势，为日军急速进攻提供了方便条件。远在东京的日本军部参谋次长多田骏得知柳川平助的部队已经开始扑向南京，极为意外。然而，前方士气正旺，对攻占中国首都志在必得，参谋本部又有什么阻止的理由呢？很快，日本最高统帅部迅速调整决策，于11月25日解除

---

❶ 日本防卫厅防卫研究所战史室：《中国事变陆军作战史》，第一卷，第二分册，第107页。

❷ 日本防卫厅防卫研究所战史室：《中国事变陆军作战史》，第一卷，第一分册，第106页。

❸ 何建明：《南京大屠杀全纪实》，江苏凤凰教育出版社2014年版，第15页。

南京城防保卫战

了对华中方面军在"苏州—嘉兴一线作战的限制"❶。11月28日，日本参谋本部正式批准了华中方面军关于"攻克南京"的请求，由参谋次长多田骏发来电报传达进攻南京的决定。

上海沦陷后，日军兵分多路沿着沪宁线一路急速攻进。随着吴福线、锡澄线依次被突破后，自11月24日开始，日本华中方面军陆续占领江苏的无锡、常州、江阴，浙江的湖州、长兴、广德等地，到了11月底、12月初，日军实际上已经形成对南京的合围。

沪宁沿线方向，上海派遣军第九师团和第十一师团占领无锡后，切断了无锡—宜兴公路。第十六师团占领常州后，部分兵力继续向西追击中国军队，"一直追到了常州西部约8公里的地方"❷。第九师团和第十六师团部队会合后，沿常州—金坛大道向南京方向开进。第九师团自常州—金坛—天王寺向南京进攻。第十六师团沿丹阳—句容—汤水向南京进攻。第十三师团占领江阴市区及江阴要塞。其中，昭田支队从江阴渡江占领靖江，西攻扬州；山田支队直属日军上海派遣军司令部，与第十一师团天谷支队沿长江南岸合力向镇江进攻。

与此同时，浙江、安徽方向的第十军占领湖州后，兵分4路，以全力向南京方向追击：第六师团占领长兴、广德；第十八师团经安徽宁国准备向芜湖进攻；第一一四师团依次占领长兴、宜兴、溧阳，接近溧水向南京进攻；国崎支队占领广德后继续向西行进。

二、裕仁天皇下达进攻"敕令"

12月1日，由裕仁天皇批准，加盖日本国玺，日本大本营正式下达了攻占中国首都南京的书面命令——"大陆命第8号"，内容如下：

---

❶ 《日军官兵日记、书信》之华中方面军司令部《松井石根阵中日记（节录）》（1937年10月25日—1938年2月28日），1937年11月25日，张宪文、吕晶编：《见证与记录：南京大屠杀史料精选（日方史料）》，第39页。

❷ 《日军官兵日记、书信》之华中方面军司令部《松井石根阵中日记（节录）》（1937年10月25日—1938年2月28日），1937年11月30日，张宪文、吕晶编：《见证与记录：南京大屠杀史料精选（日方史料）》，第43页。

第二章 外围战：疲弱之师，奋勇应战

一、华中方面军应与海军协同，进攻敌国首都南京。

二、有关细则由参谋总长指示。

昭和 12 月 1 日 ❶

随后，日本陆军参谋本部次长多田骏中将携带裕仁天皇"进攻敌国首都南京"的"敕令"，从东京飞抵上海，亲自将盖有国玺和各大臣印章的大本营敕令，交给了华中方面军司令官松井石根大将，下达作战命令；同时指示：为了完成攻占南京的任务，华中方面军可以一部兵力在扬子江左岸要地作战。❷

根据陆军参谋本部次长多田骏交给松井石根的日本大本营"大陆命第8号"，日军攻占南京的主力部队为陆军方面的华中方面军，辅助部队为"支那方面海军"。

据此，日军参加攻占南京的陆军方面部队的战斗序列为：

华中方面军司令官　松井石根　大将
　　　　　参谋长　冢田攻　　少将
　　　　副参谋长　武藤章　　大佐

下辖：

（一）上海派遣军，下辖5个师团、1个支队及其他辅助部队。每个师团下辖2或3个旅团。司令官为松井石根大将，12月2日后由朝香宫鸠彦亲王继任。

（二）第十军，下辖3个师团、1个支队及其他辅助部队。每个师团下辖2个旅团。

华中方面军动用了所辖的2个军的全部兵力来围攻南京，共计有8个师团、2个支队及各辅助部队，约30万人，另有海军第十一支队协同。

12月1日晚7时，华中方面军司令部发布了更为详细的命令，即"中方作战命令第25号"，对攻占南京进行了部署：

---

❶ 《日本军方文件》之陆军省、参谋本部、大本营"大陆命第8号"《命令》，张宪文、吕晶编：《见证与记录：南京大屠杀史料精选（日方史料）》，第617页。

❷ 经盛鸿：《战时中国新闻传媒与南京大屠杀》，南京出版社2010年版，第771页。

南京城防保卫战

一、华中方面军计划与支那方面舰队协同攻克南京。

二、上海派遣军主力于12月5日前后开始行动。重点保持于丹阳、句容方面，击破当面之敌，进至磨盘山脉西部地区。

令一部自扬子江左岸地区攻击敌之背后，同时截断津浦铁路及江北大运河。

三、第十军主力于12月3日前后开始行动。以一部自芜湖方面进抵南京背后，以主力击破当面之敌，并进抵溧水附近。

应特别对杭州方面加强警戒。

四、两军之作战区域，按如下一线延伸：

黄金山镇——天王寺——赤山。……❶

考虑到上海派遣军自8月起就已在上海战场上进行战斗，战期比第十军更长一些，因此，此次进攻南京，日军特地安排了第十军先于12月3日开始对南京发动进攻，沿两条主要线路向北推进直逼南京，左翼取道安徽省芜湖地区，右翼取道浙江省丽水地区。而上海派遣军则于两天后（12月5日）再发动进攻，主力也主要集中在丹阳和句容周围地区。

在12月1日发布的"大陆命第8号"里，明确要求"华中方面军应与海军协同"完成攻占中国首都南京的任务。12月2日，华中方面军司令官松井石根与"支那方面舰队"司令官长谷川清达成了"关于南京攻击作战的陆海军协定"，内容如下：

一、为了攻克南京，华中方面军与支那方面舰队协定如下：

1. 华中方面军以上海派遣军之一部，尽量于靠近南京之地点，在扬子江左岸地区登陆，自南京之背后发起攻击。同时，于浦口镇、扬州附近截断津浦铁路及江北大运河。

2. 支那方面舰队以第三舰队之一部为先遣队，且协助前项之登陆作战。

3. 关于以上作战之细节，上海派遣军与第三舰队直接协商。

---

❶ 《日本军方文件》之华中方面军司令部"中方作命第25号"《华中方面军命令》（1937年12月1日），张宪文、吕晶编：《见证与记录：南京大屠杀史料精选（日方史料）》，第621页。

二、航空作战：

1. 支那方面舰队除协助登陆作战之外，以航空兵力之大部，进抵常州、芜湖方面，获得华中方面的制空权。

2. 华中方面军协助机场之整备、警戒及补给。

3. 关于协助陆战的细节，由华中方面军与支那方面舰队另行协商。❶

从日军作战部署看，日本方面采取的是先断后路（芜湖、溧水地区）、再攻前路（丹阳、句容地区）、兼堵退路（浦口地区）的整体思路。从最初的兵力分配的大方向上看，日军进攻和包抄南京依次包括南、东、北3路。但是，随着战斗情况的变化，日军的作战方案也相应进行了调整。

南路方面，日军是第十军的3个师团，目标是切断中国军队向西撤退的后路。该路日军自11月下旬突破中国乍平嘉国防线后，从嘉兴一线出发，沿太湖南岸，依次攻占湖州、广德。随后，此路日军又重新兵分4路。第一一四师团由宜兴经溧阳、溧水直扑南京城南郊阵地。第六师团与第十八师团沿宁国、芜湖公路向芜湖进攻，切断南京守军沿长江西撤的后路，后又调整为以第十八师团进攻芜湖，并留守芜湖，以第六师团回攻南京。而国崎支队经郎溪，在太平渡江，回攻江浦与浦口，完成从西北方面对南京的包抄，切断南京守军渡江北撤的后路。

东路方面，日军为上海派遣军的3个师团，即第三、第九、第十六师团，目标是攻取南京的东部与东南部阵地。此路日军于11月下旬突破锡澄线后，沿沪宁线铁路以南与太湖北岸，从无锡、常州、丹阳经金坛、句容一线，直扑南京的东郊与东南郊阵地。进攻主力由3个师团各派出的一个先遣队组成，以第三师团作为全军的总预备队。

北路方面，日军由上海派遣军的第十三师团与第十一师团天谷支队组成，目标是攻取南京东北部阵地，同时截断中国军队沿江北撤的退路。此路日军沿长江南岸与沪宁线铁路以北一路向西，占领江阴后，以第十三师团第二十六旅团为骨干，组成沼田支队，从江阴渡过长江，在占领靖江后，

---

❶《日本军方文件》之华中方面军司令部《关于南京攻击作战的陆海军协定》（1937年12月1日），张宪文、吕晶编：《见证与记录：南京大屠杀史料精选（日方史料）》，第622页。

南京城防保卫战

再继续向西,攻占扬州;其余部队攻占镇江,然后以主力第十一师团天谷支队渡过长江,协同沼田支队攻占扬州,切断江北大运河,再继续向西攻取六合、浦口,截断津浦线。第十三师团山田支队(第一〇三旅团为骨干组成)从镇江沿长江南岸一路西行,以迂回绕攻方式攻取南京城东北部阵地,包括龙潭、栖霞山、乌龙山、幕府山、燕子矶等地。

另以海军第三舰队第十一支队从上海、江阴溯江西上,控制南京江面,企图切断中国军队渡长江北撤之退路。

从日本各方面的准备和实际进展情况看,华中方面军也可以视作兵分5路合围南京:

第一路,第十一、第十三、第十六师团沿京沪铁路经丹阳、镇江、句容西进;

第二路,第三、第九师团由金坛直扑南京;

第三路,第十军第一一四师团沿宜兴、溧阳、溧水公路前进;

第四路,第六、第十八师团沿宁国、芜湖公路进攻芜湖,包抄中国军队沿江西去的后路;

第五路,国崎支队从广德经郎溪、太平渡江,攻占浦口,切断南京守军渡江北去的退路。

随后,松井石根召开了进攻南京的作战会议。会上,他对上海战役后中方的情况进行了分析,指出,经过上海这一战,中国军队的战斗力已经达到了消耗的极限。第二、三线的防御部署实际上并未完成。会议中,他还提到了中国军队后撤的混乱,"有的步行,有的乘船,由于道路狭窄,渡口容量小,形成无秩序的拥挤",所以他提出,要趁混乱之机,在中国军队守卫南京的部署尚未形成之前,"迅速进军南京"。

进攻南京的日军按照既定部署和安排,开始追击从上海一路西撤的中国军队。日军的行进速度远远超过了预期。12月3日,松井石根在日记中写道:"今天天气特别好,天上有星星,是雪后大晴,受令进攻南京的部队在凌晨一个个如猛虎出发了。9时,前线发来电报,说部队行军如脱缰之野马,步兵每小时强行军20里。行军队伍中,还常常混进了从上海战役中败退下来的中国兵,直到天亮才发现。"

12月3日,上海派遣军以第九师团在前,第三师团随后,到达金坛以西的薛埠,之后经茅山、天王寺、二圣桥、句容、土桥向前追击,12月5

日到达南京东南方向的淳化镇，抵达中国守军第七十四师的防御阵地前。第九师团一部横渡太湖，在宜兴登陆后也到达淳化镇。第十三师团主力由镇江渡江后经仪征、六合向西进攻占领滁县，遮断津浦铁路，配合进攻南京。

12月4日，华中方面军司令部下达进攻南京外围阵地的命令，规定两个军各师团的攻击路线与目标。

上海派遣军的攻击路线与目标是：

第十六师团攻占句容后，沿句容—汤水镇—南京的公路，向南京东部进攻；

第九师团沿天王寺—淳化镇—南京的公路，向南京东南部进攻；

第十一师团的天谷支队沿常州—丹阳—镇江的公路向镇江进攻，在占领镇江后，渡长江攻占扬州，再向津浦线进击；

第十三师团的沼田支队从江阴渡长江攻占靖江，再向西进击，与天谷支队协同进攻扬州；

第十三师团的山田支队协同第十一师团的天谷支队攻占镇江，然后沿长江南岸向龙潭与南京北部进攻；

第三师团作为总预备队。

第十军的攻击路线与目标是：

第一一四师团由溧水向南京的南部雨花台、牛首山一线进攻；

第六师团、第十八师团本来是协同进攻芜湖，因得到芜湖地区中国军队撤退的情报，华中方面军于12月2日令第十八师团继续向芜湖进攻；第六师团调转方向，配合第一一四师团，协同向南京的西南部进攻；

国崎支队在太平渡长江后，从西面向江浦与浦口进攻，切断南京北部门户津浦铁路。

同日晚，松井石根在上海发布"中方作命第27号"。具体如下：

一、华中方面军计划夺取南京郊外之既设阵地，并进行攻克南京之准备。

二、上海派遣军及第十军于夺取南京郊外之既设阵地之后，大致进抵上元门（下关东北约4公里处）—小卫❶（南京至句容道路上）—

---

❶ 似应为"孝卫街"。

南京城防保卫战

高桥门—雨花台—棉花地一线，准备攻克南京城。

三、两军作战之区域调整如下（依据十万分之一地图）：

天王寺十字路—蒲塘（秣陵关以东约4公里）—南京东南端之河流一线。

四、我在上海方面军司令部。

华中方面军司令官　松井石根❶

为配合日本陆军对南京的合围与进攻，日本当局同时进一步加强了对南京地区的空袭活动。除日本海军航空队对南京进行持续疯狂轰炸外，日本陆军航空队也在12月初开始"大举空袭南京"，他们以上海的龙华、王滨等机场为基地，在陆续占领的常州、广德、长兴建立前进飞机场，对南京进行近距离的袭击，"轰炸南京飞机场及城墙，协助第一线兵团作战，特别是攻击扬子江上和从芜湖附近向南面退却的敌人"❷。而此时，中国的空军战机经过自8月开始的与日军飞机对空战斗后均已严重受损，基本丧失了战斗力，能够起飞作战的飞机数量少得可怜。

至此，日本陆军一面沿京沪线向西北追击，一面沿京杭国道向北进犯，右侧沿长江向西进攻，左侧攻入芜湖背后，割断了中国军队与后方的联系，形成了东、南、西三方面大钳形的围攻，南京外围防守就此揭开战幕。

---

❶ 《日本军方文件》之华中方面军司令部"中方作命第27号"《华中方面军命令》（1937年12月4日），张宪文、吕晶编：《见证与记录：南京大屠杀史料精选（日方史料）》，第623页。

❷ 南京地方志编纂委员会：《南京人民防空志》，海天出版社1994年版，第31、30页。

第二节　疲惫的守卫部队

　　根据拟定的防御守备计划，唐生智是按照复廓阵地和外围两线阵地配置守军部队的。对战斗序列中先期到达南京待命的几支部队，包括第八十八师孙元良部、教导总队桂永清部、第三十六师宋希濂部、宪兵部队萧山令部等部队，用于"固守复廓据点及城垣之目的"，配置在内廓防御线上，分别负责雨花台及城南，紫金山及城东，红山、幕府山及城北，清凉山等地区的守备，教导总队的一团（旅长带队指挥）及乌龙山要塞部队，负责警戒长江封锁线。[1]而对后期陆续赶到南京的第七十四军、第六十六军、第八十三军等几支部队，则安排在南京第一道防御阵地，简称东南阵地或外围阵地，形成一道弧形防御线。具体安排由南向东逆时针方向，依次为：第七十四军俞济时部负责牛首山到淳化镇附近的守备，并向秣陵关、湖熟镇派出前进部队；第六十六军叶肇部负责淳化镇附近到凤牛山的守备，并向句容附近派出前进部队；第八十三军邓龙光部负责凤牛山附近经拜经台再到龙潭的守备，并向下蜀地区派出前进部队。[2]

　　该项部署与《第三战区南京会战经过概要》中关于12月初南京守城部队实际配备情况的记录是基本一致的，分别是：1. 主阵地，板桥至淳化镇之线，以74A（军）[3]之两师担任；孟塘至龙潭之线，以83A担任（后改为10A担任）。2. 复廓阵地，狮子山及城北一带，由36D（师）[4]担任；安德门至雨花台，由88D担任；河定桥至工兵学校，由87D担任；其北

---

[1] 《南京卫戍军战斗详报》，中国第二历史档案馆馆藏档案；中国第二历史档案馆编：《南京保卫战档案》，第8册，第394—395页。

[2] 《南京卫戍军战斗详报》，中国第二历史档案馆馆藏档案；中国第二历史档案馆编：《南京保卫战档案》，第8册，第395—396页。

[3] 74A指的是第七十四军，A为军之代码，下同。

[4] 36D指的是第三十六师，D为师之代码，下同。

南京城防保卫战

经紫金山前缘至蒋王庙，由教导总队担任。❶

南京外围的弧形防御线，按顺时针方向依次为：（东北方向）栖霞山、龙潭、孟塘—（正东方向）句容、汤山—（东南方向）湖熟、淳化—（西南方向）秣陵关、牛首山、江宁镇。龙潭、孟塘一带阵地由从镇江退下的第八十三军邓龙光部防守，但实际上基本由第六十六军和第二军团防守，汤山、句容一带阵地由第六十六军叶肇部负责，湖熟、淳化一带由第七十四军第五十一师王耀武部负责，秣陵关、牛首山一带由第七十四军第五十八师冯圣法部负责，江宁镇一带由第七十二军孙元良部负责。各部之间相互衔接呼应，部分地区有友军派出前进部队。

从外围阵地部署看，整个防守正面阵地过宽、整体纵深战线过长，而纵深配置又明显不足。参加外围阵地部署的第五十一师师长王耀武曾向军长俞济时表示了他的担忧："要守南京城，必须守住城郊的要点，地区大，兵力单，难以形成纵深，易被突破。"❷ 而且，对于南京卫戍军司令部最高长官唐生智来说，他的防守重点本来也不在外围阵地。据参与作战计划起草的南京卫戍军司令部参谋谭道平回忆，"当时，南京防御军仅有第八十八师、第三十六师和教导总队，而这些部队，又都是在上海激战后新撤到南京补充整理未完的，因之，我们决定以固守南京复廓据点及城垣为目的"❸ 策定防御部署。因此，实际调集用于防御外围的军队数量很少，这些可调度的军队又都是参加过淞沪会战后陆续撤退下来的，有一小部分部队因在撤退途中还继续参加地方作战，且人员伤亡过重。故此，最后防守东南主阵地的部队，只有第六十六军6000余人、第七十四军17000余人、第八十三军5500人，共计约28500人。而当南京外围城防保卫战真正打响之后，第八十三军第一五六师实际上还在丹阳、镇江间作战，南京卫戍司令部又派了第一五四师前往接应，导致用于东南阵地防守的军队就更加不足了。

---

❶ 《蒋介石颁布首都卫戍部队战斗序列代电》，中国第二历史档案馆藏档案；中国第二历史档案馆编：《抗日战争正面战场》，上册，江苏古籍出版社1987年版，第415页。

❷ 王耀武：《第七十四军参加南京保卫战经过》，唐生智、刘斐：《南京保卫战》，第161页。

❸ 谭道平：《南京卫戍战》，唐生智、刘斐：《南京保卫战》，第18页。

第二章 外围战：疲弱之师，奋勇应战

叶肇率领的第六十六军，是由第一五九师（师长谭邃）和第一六〇师（叶肇兼任师长）组成的非蒋介石嫡系的广东部队。1937年"八一三"淞沪会战爆发后，第六十六军编入上海保卫战左翼军陈诚麾下的第十九集团军（该军总司令薛岳，广东人）参加战役，经过2个月的激战，第六十六军伤亡很大。11月11日，遵照第三战区左翼军发布命令撤退，但因支援友军撤退不力，"以致在安亭之徐公桥附近受敌袭击，损失奇重"❶，其中第六十六军第一六〇师因受到日军攻击，再次遭受极大伤亡，到11月18日，该师的全部战斗兵力不足3000人。11月20日，在南京卫戍司令部成立时，第六十六军奉命参加南京保卫战，负责外围句容一带的防守，成为东南阵地防御的主力。该军自11月11日晚从前线撤退后，日夜赶路，不敢停歇，所以"绝无整理与补充的机会"，导致部队战斗力极大降低，实力大减。上海一战使该军元气大伤，上级"命一五九师缩编为两团"❷。实际上，第六十六军徒有"军"之名，只有"师"之实。一个军却只配备了相当于一个师的兵力。

俞济时的第七十四军的兵力状况也具有相似特征，虽经数次补充，但新兵大都为匆忙强征上来的，战斗力弱是为自然。第七十四军是由军部直属部队、第五十一师（师长王耀武）和第五十八师（师长冯圣法）组成，装备相对比较精良。俞济时是黄埔军校第一期学生，出生于浙江奉化县，和蒋介石是同乡，因而得到蒋介石的信任，自军官学校时起就一直给蒋介石当贴身警卫。毕业后历任蒋介石的侍卫队、警卫团、警卫第一师的指挥官。1932年"一·二八"淞沪抗战期间，他任第八十八师师长，奔赴战场，在战斗中腹部受了重伤，由孙元良接替担任师长。此后，他另任浙江省保安队长，从事浙江省保安团的组建、训练和组织特务机构等方面工作。1937年七七事变后，他被任命为第七十四军军长。"八一三"淞沪会战爆发时，他正在陕南靠近四川的地区征兵，并对新兵进行集中训练。8月20日，奉命率第七十四军加入淞沪会战战斗序列，经过三天三夜的紧急运输，于8月24日夜里抵达上海，沿途曾多次受到日军飞机的轰炸。在苏州火车站

---

❶ 《陆军第一六〇师锡澄南京两役战斗详报》，中国第二历史档案馆馆藏档案；马振犊等编：《南京保卫战》，张宪文主编：《南京大屠杀史料集》，第二册，第166页。

❷ 《陆军第六十六军南京突围战斗详报》，中国第二历史档案馆馆藏档案；马振犊等编：《南京保卫战》，张宪文主编：《南京大屠杀史料集》，第二册，第164页。

南京城防保卫战

停留时，上级给全体兵士配发了新式武器和装备。

"八一三"淞沪会战期间，第七十四军隶属左翼军总司令陈诚麾下第十五集团军第十六军团（集团军总司令和军团长均为罗卓英），在以上海市西北的罗店、嘉定、安亭的阵地为中心的区域同日军展开激战。其中，第五十一师接替守备罗店亘刘行一线，与日军恶战了2个月。上阵之后立即利用夜间赶挖了3道防线，即前进阵地、主阵地和预备阵地，在前进阵地上只布置了少数侦察兵、通讯兵，利用近战、白刃战方式，使日军飞机、大炮难以发挥其应有威力和作用。为消灭日军在阵地上设置的气球观测站，第五十一师便在夜间挖通一道交通壕到日军观测站附近，将站内日军一一扑杀。他们还派出多支突击队，不断深入日军炮兵阵地和步兵联队部，先后击毙炮兵联队长川子大佐、步兵联队长田中大佐，破坏大炮4门。带队营长詹文、尹元之等身先士卒，忠勇殉国，得到上级嘉奖。总计该师9月份先后击退了日军的3次大规模进攻，但自身也损失严重，官兵伤亡过半。

从河南赶赴上海的第五十八师在第五十一师左翼任守备，根据战场调整需要，第五十八师先后打了几次运动战。先在川沙河口、浒浦镇出色完成了阻敌登陆任务，后来又在荔村、王家村、蕴藻浜、八字桥、东西陶滨、屈家桥、姚家宅等处同第一七一师、第一七三师、第一七四师、第一七六师（均系两广部队）和教导总队一道与日军展开血战，视死如归。

至此，由这两支部队组成的第七十四军，"在上海一带作战牺牲甚众，缺额很多，军长俞济时及一般军官都希望撤至一个较安全的地点，整训一个月再行作战"。❶

第五十一师自上海撤退到南京时，又同时担负掩护友军任务，"孤军苦斗，精锐尽失，中间虽经数度补充，然皆来自田间之新兵，故战斗工作力量均感不足"❷。整支部队撤到南京时已经疲惫不堪。但是，俞济时依旧充分利用在南京郊外驻扎期间的间隙，一面设防，一面补充新兵。这样，在被列入南京战斗序列时，已经勉强补齐2个师，每个师有2个旅、4个团，全军官兵共计17000人。接到在南京外围阵地防守的命令后，第七十四军

---

❶ 王耀武：《第七十四军参加南京保卫战经过》，唐生智、刘斐：《南京保卫战》，第160页。

❷ 《陆军第五十一师战斗详报》，中国第二历史档案馆馆藏档案；马振犊等编：《南京保卫战》，张宪文主编：《南京大屠杀史料集》，第二册，第178页。

第二章 外围战：疲弱之师，奋勇应战

立即投入到战斗中去，负责防卫从淳化镇到牛首山广阔地区的南京外围阵地线，军司令部设在通济门外一个村庄里。

参与守卫南京的徐源泉的第二军团由第四十一师（师长丁治磐）和第四十八师（师长徐继武）组成。第四十八师原是由奉系军阀张宗昌的军队改编而成的部队，官兵均为北方人，是非蒋介石嫡系的地方军队。

徐源泉原籍湖北省，在张宗昌到南京时，投到张宗昌的麾下，后来做了张宗昌的心腹，1928年北伐战争最后阶段，被国民革命军第一集团军参谋长何成浚策反加入国民革命军。在何成浚任湖北省政府主席后，徐源泉被任命为第十军军长，下辖第四十一师、第四十四师、第四十八师，驻扎在湖北。1937年七七事变后，徐源泉部隶属于第八战区，负责从安徽到太湖一带的部分防卫任务。"八一三"淞沪会战爆发后，第四十一、四十八师中有一部分下级军官和士兵万余人被抽调参加上海战役。随后，部队补充新兵，在船上发给军服和武器，匆忙教导武器装备的用法，训练还不到一个月，又奉命参加河北保定地区的战斗。11月29日，又奉命转移，改为紧急赶往南京参加城防保卫战斗。如此仓促程度，其部队战斗力可以想象。12月2日，部队离开汉口港，到了12月4日才陆续抵达南京。其中，第四十一师于12月5日拂晓前，奉令占领龙王山、栖霞山一线，立即构筑工事，进入备战状态。第四十八师"行至安庆、芜湖间亦受空袭，至八日先后登陆完毕"❶。更有甚者，这2个师因为较晚才分配到南京卫戍阵地，几乎未能和南京卫戍司令长官部取得联系，电话已经打不通，对城内战况和友军状况全然不知，只能独自战斗。因此，当南京卫戍司令部发出要第四十八师开往杨坊山、乌龙山一线占领阵地的命令后，等其部全部到达南京时，卫戍司令部已经下令放弃外围战线的防守。在如此混乱之指挥下，第一〇三师和第一一二师，原来奉命在镇江防守，到了12月8日，又接到"在镇江之一〇三师、一一二师向南京急进"的命令，12月10日才到达南京。而原来负责守卫小金山、甘家巷、仙鹤观一线的第八十三军，又奉令增援到丹阳、句容一线作战。如此造成的后果是南京守军部队在外围阵地作战期间，一面要抵抗作战，一面由忙于转移布置新的防守阵地，首尾难顾。

---

❶ 《第二军团京东战役战斗详报》，中国第二历史档案馆馆藏档案；马振犊等编：《南京保卫战》，张宪文主编：《南京大屠杀史料集》，第二册，第151页。

南京城防保卫战

　　南京城防保卫战的外围主要作战区域为栖霞山、龙潭—汤水、句容—湖熟、淳化—秣陵关、江宁镇等区域，在12月4日至5日渐次展开，到12月8日晚上重新调整部署就基本结束了。总的来说，南京城防保卫战的外围战斗，最终形成了疲惫不堪的守军部队在撤退、应战、转进、占领阵地、赶筑工事等多重任务之间来回兜转的局面，导致在南京外围的作战整体上来说是仓促应战，与敌军接触抵抗一阵就撤出阵地。虽然在战斗中，守军部队都已进行了英勇顽强的抵抗，但因整体兵力不足，防守区域又过宽过大，难以形成持久有效的抵抗作战。

第三节 龙潭、孟塘的较量

位于汤水镇以北的孟塘、大胡山至龙潭一带，由中国多支部队联合守备，包括第八十三军邓龙光部、第六十六军叶肇部、第二军团徐源泉部，以及第七十八军第三十六师宋希濂部。

一、孟塘、大胡山遭遇战

12月6日上午10时，日军从句容向牧马场前进的部队，抽调一部由九华山北麓侵入孟塘，守军部队及时对其进行截击，试图将其歼灭，但日军一面抵抗，一面又充分利用凹地继续西进。到下午2时，日军的先头部队已经到了高家庄、大胡山附近。如日军继续前进，金汤大道和第六十六军后方联络线就有被截断的危险。

南京卫戍司令长官部根据情势判断，随即命令第七十八军第三十六师抽出一个团，配备战车防御炮进行紧急增援。同时又命令第二军团第四十一师由北向南、第六十六军由南向北，同时向孟塘、大胡山之间的凹地对日军发起围攻。12月6日晚，各支部队相继部署完毕，准备于12月7日拂晓发起总攻，将日军一举歼灭。同时，固守镇江的第七十一军和第一五六师，也以主力向南京方向转移，攻击孟塘地区日军的侧背。第六十六军第一六〇师第四七八旅第九五六团在珠山、青龙山、多子山之线占领阵地进行布防，准备阻击日军。

12月7日拂晓，日军向汤水阵地展开猛攻。早上7时许，孟塘的日军2000余人已经推进到复兴桥附近，第九五六团随即向日军侧面发起进攻，歼灭日军一部，使其不敢再向前推进。12月8时，日军主力转向大胡山、岘山、龙山阵地发起攻击，企图进出白家场，断绝中方守军与后方的联络。第六十六军第九五六团拼死抵抗，日军一直没有得逞。但其后续部队仍旧

南京城防保卫战

源源不断地向孟塘方面移动。中午12时，中方部队增调3个连参与堵截孟塘的日军。同时，第七十八军补充第二团划归司令长官部直接指挥，奉令开到葛家边、复兴桥、北冈之线向东攻击。该团由麒麟门出发，午后2时左右，"以步兵先头到达东流镇西端"，得知许巷、复兴桥已经被日军占领，于是就近在眼前庙南北高地一线与日军展开搏斗，向许巷、复兴桥的日军进行攻击。下午6时，守军部队占领许巷。但是复兴桥附近的日军仍在猛烈顽抗，而且在数量和火力上更占优势，中国军队左右又没有依托，刚补充的新兵也大多有畏战心理，无法再主动发起进攻，于是形成双方僵持不下的局面，这种状态一直持续了一整夜。

12月8日凌晨2时，第六十六军命令第一六〇师协同第三十六师补充团和第四十一师，于8日拂晓，向侵入复兴桥之敌，包围攻击而歼灭之。❶此时，第一六〇师能够使用的兵力只有第九五六团不到1000人，经过12月7日与日军激战一整天，损失巨大，而第九五五团、第九五九团刚从句容突围出来，残破不堪，难以形成有效的战斗力。第一六〇师随即决定以第九五六团担任第一线，其余编配完毕后作为预备队。随后下达作战命令，具体如下：

（一）侵入复兴桥方面之敌，约千余人，现与我军对峙中。我三十六师补充团及四十一师，现已进出东流镇狮山之线。我炮兵连现在东西流之间地区占领阵地。

（二）师以先行歼灭该敌之目的，拟即协同友军包围敌之左侧背而歼灭之，攻击重点，指向复兴桥东南地区。

（三）九五六团第一营（附一连）应固守孟塘原阵地，截断敌之后方联络。

（四）九五六团（欠第一营又一连）应在原线，于拂晓前完成攻击准备。

（五）四七八旅（欠九五六团）附九五九团应即迅速整理补充，限拂晓前编配完毕，控置于大胡山、岘山之间以南地区，为预备

---

❶《陆军第一六〇师锡澄南京两役战斗详报》，中国第二历史档案馆馆藏档案；中国第二历史档案馆编：《南京保卫战档案》，第8册，第283页。

队。……❶

12月8日拂晓，复兴桥一带的战斗全线展开，到9时左右，大胡山方面战况略有进展，但由于汤山失守，第一五九师在汤山、半边山等处与日军激战。防守孟塘的第九五六团一营已经被日军包围，陷入浴血抗战中。第一六〇师认为，必须先行扑灭复兴桥方面的日军，然后才能为孟塘守军解围。但因为缺少友军协助，没有达到目的，到了下午2时左右，防守孟塘的一个营已经全部殉国，营长阵亡。

二、龙潭、杨坊山恶战

第二军团徐源泉部的先头部队第四十一师于12月5日抵达南京后，立即编入南京卫戍军战斗序列，奉命防卫栖霞山、中山陵一线，构筑第二线预备阵地。12月6日，因汤山以北的孟塘地区，发现日军数千人向中国守军阵地挺进，第二军团随即推进到龙潭、拜经台、射乌山、孟塘之线。

第二军团徐源泉部下辖第四十一师和第四十八师，每个师下辖2个旅，每个旅下辖2个团，总计8个团的兵力。具体为：第四十一师师长丁治磐中将，下辖第一二一旅（含第二四一团、第二四二团）和第一二三旅（含第二四五团、第二四六团）；第四十八师师长徐继武，下辖第一四二旅（含第二八三团、第二八四团）和第一四四旅（含第二八七团、第二八八团）。其中，第四十一师丁治磐部先行抵达南京，进至石洞山附近阵地，与日军发生了激战。

12月6日，第四十一师第二四六团部队行进至石洞山附近时，与日军发生遭遇，并与之发生激烈的肉搏战。经过激战后，占领石洞山。同时，第二四一团占领拜经台、龙潭一带后，也与日军发生了交火。第二四六团被日军围困，正与之进行顽强抵抗。于是，该军命令第二四二团于12月7日拂晓前向石洞山左翼增援，给日军以沉痛打击。经反复多次主动向前发

---

❶ 《陆军第一六〇师锡澄南京两役战斗详报》，中国第二历史档案馆馆藏档案；中国第二历史档案馆编：《南京保卫战档案》，第8册，第284页。

南京城防保卫战

起冲锋后，"其乌山、丁家山、鸡笼山、东山头等处为我所夺，毙敌甚多"❶。但同时，中国守军第二军团第二四六团、第二四二团也伤亡过半。

12月8日，第四十一师第二四五团由左翼出击，在东门山、丁家山一带与日军激烈争夺阵地。据档案资料记载，守军在此地与敌"终日肉搏，旋失旋得，该师官兵伤亡甚多，迄至十八时仍固守原地"❷。汤山失守后，中方守军奉命向后撤退，第四十一师负责守备的多处要塞，即将暴露在日军面前。同时，另有一股日军千余人，突破石洞山、丁家山之间，占领漳桥等附近阵地，切断了守军与友军之间的联络。此时，恰逢第四十八师徐继武部第一四二旅赶到，立即进占龙王山，以一部驱逐漳桥的日军并重新占领了该阵地。晚上，第四十八师第一四四旅也赶到阵地，并随机占领栖霞山、中山墓之线进行驰援。当晚，第二军团接到上级命令，要求撤至左自乌龙山到曹庄赶经和尚庄至杨坊山北麓薛氏坟一带，并以第一四二旅（欠二八三团）专门负责乌龙山要塞守备，并与右方教导总队联动。

12月9日拂晓，该军奉命撤退到指定防线，但该防线不仅没有预筑的阵地，连要塞区的工事也没有完成。考虑到杨坊山阵地需要留守部队，而教导总队也没来得及占领该阵地。徐源泉考虑，杨坊山的位置位于两军结合部附近，关系十分重要，若不对其进行严防死守，则后果非常严重。第二军团立即抽调第一四四旅第二八七团第三营占领杨坊山。

12月10日下午2时左右，日军向和尚庄方面发起猛攻，中国守军奋起抗击。12月11日早，日军以大炮30余门、飞机10余架不断向杨坊山一带阵地发起攻击，将工事炸毁后，在16辆坦克车的掩护下，日军步兵2000余人围攻了杨坊山。第二军团第四十八师第一四四旅第二八七团第三营营长秦慎符指挥全营官兵反复争夺阵地，终因日军炮火猛烈，加上飞机连续轰炸，全营官兵全部壮烈牺牲。❸

第二军团的2个师在外围战斗的对手是日军第十六师团一部和第十三师团山田支队，双方进行了激战。第二军团的这2个师都是新兵占较大比

---

❶ 《徐源泉致蒋介石密电》（1937年12月23日），中国第二历史档案馆馆藏档案；中国第二历史档案馆编：《南京保卫战档案》，第8册，第131页。

❷ 《淞沪会战史稿》，中国第二历史档案馆馆藏档案。

❸ 《徐源泉致蒋介石密电》（1937年12月23日），中国第二历史档案馆馆藏档案；中国第二历史档案馆编：《南京保卫战档案》，第8册，第131页。

第二章　外围战：疲弱之师，奋勇应战

重的部队，出现了很多新兵不会扔手榴弹而使其原地爆炸，以及有的新兵因为害怕盲目开枪乱射一通的情况，战斗力整体比较差。但是第二军团的官兵在外围阵地防守中尽了最大的努力。12月12日午后，因为战况恶化，第二军团不得已从乌龙山一带防御阵地向乌龙山后山山麓撤退，部队的弹药和食品供应也已经到了山穷水尽的地步。有从南京方面逃出的散兵告知他们，日军已经侵入南京城内。徐源泉便决定撤出阵地，命令部队自当日晚到夜里，进行正面突破。12月13日早晨，从周家沙、黄泥荡码头渡江。12月17日，部队半数到达集结地集合。

根据第二军团的战役情况报告，参加南京城防保卫战斗而伤亡的官兵有5000余名。其中，第四十一师死亡1782名、负伤619名，第四十八师死亡2137名、负伤480名。按照在战场上死亡者占负伤者三分之一的一般比例来看，第二军团的死亡者数量非常高，这也说明第二军团在南京外围的城防保卫战斗是极为惨烈的。到12月23日，第二军团幸存官兵情况是：第四十一师官兵6250名，第四十八师官兵5453名，特务连官兵141名。❶

---

❶ 《徐源泉致蒋介石密电》（1937年12月23日），中国第二历史档案馆馆藏档案；中国第二历史档案馆编：《南京保卫战档案》，第8册，第131页；《徐源泉电蒋中正先头部队于五日先后抵京编入卫戍部队及担任栖霞山中山墓之线构筑阵地并而六日与汤水镇日军的战况及损失详情等》（1937年12月23日），台北"国史馆"馆藏档案，数位典藏号：002-090200-00032-126。

第四节 句容、汤山的激战

句容是南京的东南门户，位置优越，交通便捷，是接近南京外围防线最重要的据点之一。南京城外围阵地的战斗最早在句容打响。

一、丹阳、句容保卫战

根据日本华中方面军司令部"第二期作战计划大纲"和"中方作命第25号"命令，日本上海派遣军主力部队的进攻路线是从丹阳、句容方面向南京发起进攻。该军下辖的第十六师团在占领常州后与第九师团会合，沿常州—金坛大道向南京方向开进。第九师团自常州—金坛—天王寺一线向南京发起进攻，第十六师团沿丹阳—句容—汤水向南京发起进攻。

日军第二十联队自长江岸边登陆后向东行进，到达未经防守就已沦陷的常州。他们在城内看到了一道又一道刷在墙上的同一条消息——"在丹阳集合"。显然，这是淞沪战场上一路撤退下来的中国守军部队留下来的痕迹，通过墙上刷标语的方式告知后面撤退的部队此后的行进方向。这种过于写实的留言，在日军看来，实际上已经透露出这样一个消息，即中国的指挥系统已经相当混乱，军官们已经落到了通过在墙上刷标语的方式与部队取得联系的地步。不仅部队联系已经原始化，连干部的任命也已经特殊时期特殊办理了。据参加南京外围作战的第八十七师副师长陈颐鼎回忆，当他接到第七十一军军长王敬久转交的蒋介石用红铅笔写给他"兼任镇江警备司令"的任命手令时，王敬久表示：对陈颐鼎的"这一任命我事先一点都不知道……以后怎样办再说"❶，这说明此刻对上级的安排，也颇有

---

❶ 陈颐鼎：《第八十七师在南京保卫战中》，唐生智、刘斐：《南京保卫战》，第171—172页。

走一步看一步的意思了。

有城墙环绕的丹阳城位于常州西北约 25 英里处，两座城市之间的道路几乎是笔直的，与上海至南京的铁路平行。因此，日军第二十联队的行进速度十分快捷。

11 月 30 日下午 2 时，留守丹阳的第六十六军第一六〇师第九五九团遭到日军攻击。日军分别以 4 门大炮、500 多个步兵，分两路攻击该团两营阵地。经过官兵奋勇抗战，"毙敌七十余人"，守军部队"伤亡连排长共四员，士兵百一十余名"后，丹阳阵地仍固守在该团手中。然而，丹阳之战并没有比常州之战打得更激烈。12 月 2 日，丹阳也宣告失守。日军第十六师团前往句容途中的"主要障碍"被清除了一个，这也意味着，保卫南京的外围屏障又少了一个。松井石根在这一天的日记中写道："到目前为止，敌人的整个防线已经被突破，敌军的士气急剧下降。我相信未来在我们前进的道路上将不会有很多的抵抗。"12 月 3 日，日军"先头部队已经抵达磨盘山顶一带"，12 月 4 日抵达"句容及其南部一带"。❶

第十六师团的任务是负责"攻占句容后，沿句容—汤水镇—南京的公路，向南京东部进攻"，参加围攻句容地区阵地的是该师团主力部队第十九旅团草场辰己部和第三十旅团佐佐木到一部。

中国军队负责防守句容、汤山一线阵地的是广东部队第六十六军叶肇部。第六十六军下辖第一五九师第四七五旅、第四七七旅和第一六〇师第四七八旅、第四八〇旅，共计 8 个团。自上海战场撤退后，第一六〇师除留有第四八〇旅第九五九团留守丹阳候命撤退、第四七八旅第九五五团留守句容候命撤退外，其余部队继续向西行进，于 12 月 1 日到达南京外围防御战阵地线的麒麟门、白家场附近，进行收容休整。第一六〇师在麒麟门设置了野战医院和兵站分所，在白家场设立了师部战斗指挥所。第一五九师在汤山布防。第六十六军担负着阻止日军沿"句容—汤山—麒麟门"干线进犯的任务。

12 月 2 日，南京守城部队已按部署进入各自阵地，第一五四师、第一五六师、第三十六师、第五十一师、第五十八师、第四十一师、第

---

❶ 《日军官兵日记、书信》之华中方面军司令部《松井石根阵中日记（节录）》（1937 年 10 月 25 日—1938 年 2 月 28 日），1937 年 12 月 4 日，张宪文、吕晶编：《见证与记录：南京大屠杀史料精选（日方史料）》，第 46—47 页。

南京城防保卫战

四十八师等部队及教导总队与宪兵两团承担南京城垣及龙潭、保国山、汤山、半边山、淳化镇等国防工事阵地的防守。第六十六军第一六〇师除了留守丹阳、句容的两个团之外，其他部队占据珠山、多子山、青龙山的第二线阵地。中午12时，第一六〇师奉令将留守丹阳阵地的第九五九团划归第八十三军邓龙光指挥。两天后，该团也奉令由丹阳绕道经镇江到达句容城，并重归第六十六军第一六〇师指挥，此后赶至汤山镇。

日军逼近南京时，尚未离开南京的作家王文杰对汤山一位周姓乡长组织民众竭力配合守军进行布防的情况做了记录，"一方面，忙于调遣村上的壮丁，协助驻军守哨；另一方面，绘画村庄附近的地形，指示给那位姓刘的连长做作战参考"❶。家国破碎之际，普通乡民也体现了抗敌意志，并付诸实际行动。王文杰还借用"周乡长"之口，道出了"若无政府有效组织，民众不得其用只是散沙"的道理。

12月4日，守城部队侦察到在句容以东40里处及天王寺西北上葛村附近分别发现便衣日军，已与守军派往前方的部队发生交火。同时，在南渡、溧阳间及丹阳以西公路，发现日军步炮联合纵队和机械化部队。南京卫戍司令部获此情报后，随即命令各部继续加强敌情侦查，并严加戒备。下午2时，第六十六军命令第一六〇师立即布防，阻击日军。具体如下：

（一）着四七八旅（欠九五六团）附九五九团，迅即占领句容西端已设阵地，为前进部队极力拒止敌之前进，无令不得撤退。

（二）着九五六团即在珠山、青龙山、多子山之线占领阵地。❷

随即，第一六〇师下达命令如下：

（一）敌之先头部队三四百人，现已到达天王寺附近。我一五九师现占领汤水镇、仙澜桥南北之线已设阵地。

（二）师以协同友军固守南京之目的，决以主力占领句容西端已设阵地，以一部占领珠山、多子山、青龙山已设阵地。

---

❶ 王文杰：《闭城之前》，《文艺月刊·战时特刊》第一卷第五期，1938年1月。

❷ 《陆军第一六〇师锡澄南京两役战斗详报》，中国第二历史档案馆馆藏档案；中国第二历史档案馆编：《南京保卫战档案》，第8册，第279页。

（三）四七八旅（欠九五六团）附九五九团，应即占领句容西端已设阵地，为前进部队，无命不得撤退。

（四）九五六团应即占领珠山、多子山、青龙山第二线已设阵地，归本部直接指挥。

（五）通讯连应即以师部为基点，向军部及各旅团架设电话专线。

（六）野战病院，即在麒麟门附近地区开设。

（七）弹药交付所设坟头村。

（八）本师兵站分站设麒麟门。

（九）余在白家场师战斗指挥所。❶

随后，这些尚未来得及完成休整的部队，急行军快速向句容、汤山阵地前进。部队就地休息的短暂空档里，第六十六军军长兼第一六〇师师长叶肇，不忘给军官们鼓舞士气，阐明句容、汤山阻击战的重要性，接着讨论作战战术，向各师下达阻击任务。此时，天公不作美，下起了瓢泼大雨。时至初冬时节，官兵们冒着寒风冷雨急行军，赶到阵地后，立即展开构筑工事，组织防御阵形。

12月5日拂晓，第六十六军派驻句容占领前进阵地的第九五五团和第九五九团与日军发生了接触，经过短暂射击交火后，日军即向后撤退。守军部队留下一个营继续驻守句容城内，主力部队则依旧在句容西北栗子里附近占据防守阵地。中午过后，土桥镇、牧马场等地也都发现了日军部队的踪迹。从部队动向可以看出，日军伺机绕到句容西侧，企图从两翼对中国守军进行包围。下午4时左右，根据第一六〇师第四七八旅旅长邓志才报告：日军方面有一支3000余人的步兵、炮兵联合部队先行到达土桥镇，并有向新塘市前进的动向。同时，另有一支1000余人的部队经牧马场向汤水镇前进。第一六〇师立即将情况上报军部并通报第一五九师。南京卫戍司令部获悉报告后，随即命令第六十六军严加防范，并命令前进部队"于不得已时，可相机归还建制"。❷

---

❶ 《陆军第一六〇师锡澄南京两役战斗详报》，中国第二历史档案馆藏档案；中国第二历史档案馆编：《南京保卫战档案》，第8册，第279—280页。

❷ 《南京卫戍军战斗详报》（1937年12月），中国第二历史档案馆藏档案；中国第二历史档案馆编：《南京保卫战档案》，第8册，第398页。

南京城防保卫战

　　到了 12 月 5 日晚上，日军第十六师团大约 3 个联队，兵分两路对中国军队的防守阵地展开了进攻：其中一部向中方守军前进阵地正面攻击，主力分两路向土桥镇、牧马场前进包围；另外一部由土桥镇转向新塘市迂回，企图截断句容守军的退路。第六十六军随即派兵一个团向新塘市的日军发起攻击，并命令在东昌街的第八十三军第一四五师向句容前进辅助作战。但是新塘市的日军陆续有后续部队增援，致使中国守军陷入恶战，难以尽快击退日军。

　　12 月 6 日凌晨 3 时，守军部队的 2 辆弹药车行进到新塘市附近，遭到日军的截击。拂晓时分，日军步炮联合部队五六千人，对新塘阵地形成四面包围态势。20 余架飞机不断轰炸，大炮不停地轰击，步兵则轮番向新塘阵地后方发起冲击。6 时，守军所在阵地通讯中断，守军陷入重围，依然顽强守卫阵地，遭受了严重损失。中午 12 时，上级下达了撤退命令。由于通讯已断，导致命令无法送达一线守军手中。师部决定由副师长华振中率领九五六团的 2 个营前往阵地递送命令并策应部队。下午 3 时左右，部队到达汤水，日军已与第一五九师遭遇，从公路方面赶来的日军已经占领炮兵营房，副师长华振中当即率领部队分两路冲出，将撤退命令送达。

　　此时，负责防守句容的第四七八旅没有接到撤退命令，也没有擅自转移，始终坚守阵地，与日军进行着顽强抵抗，一直坚持到下午 4 时左右。汤水方面的战斗也非常激烈，旅长邓志才判断，日军已经向中方守军主阵地发起了进攻。为保存战斗实力，邓志才决定带领全旅官兵于黄昏时分部突围，部署如下：

　　1.以中校团附刘栋材率兵一营向土桥方面佯攻，俟主力突出重围时，即随队尾跟进。

　　2.九五五团应于黄昏前完成攻击准备，黄昏后，即由京杭国道以南地区，向汤山方面之敌攻击前进。

　　3.九五九团缺一营为预备队，随旅部行进。❶

---

❶ 《陆军第一六〇师锡澄南京两役战斗详报》，中国第二历史档案馆馆藏档案；中国第二历史档案馆编：《南京保卫战档案》，第 8 册，第 282 页。

12月6日晚7时，第四七八旅按照既定部署开始突围。此时，日军在京杭国道以南地区的兵力较为薄弱，全旅官兵奋勇冲击，日军阵线被冲击得凌乱不堪，纷纷溃退。炮兵营房附近的日军赶来向第四七八旅右翼攻击。邓志才旅长命令第九五九团一部阻击敌人，其他部队边战边突围。到了12月7日凌晨2时，该旅部队到达白家场附近。经过激战后，"毙敌三百余名"，第四七八旅"伤亡官兵十余人，士兵三百余人"。❶

二、汤山血战

句容失守后，日军迅速推进至距离南京城约30公里的汤山镇。这里也是中国守军在外围防线中的重点设防地区之一。其后数日，汤山一线发生了悲壮的血战。

西方媒体记者深入前线采访报道南京保卫战实况，冒险获得了大量第一手真实的战地报道。

12月5日，美联社记者查尔斯·叶兹·麦克丹尼尔自行驾车，从南京城出发到"南京城以东地区"的最前线采访，出没在战火中。他在一篇题为《战地记者的日记描绘恐怖的南京》的报道中写道：

> 我开车到南京城以东地区采访战事的发展，相互矛盾的报道使我吃惊。一发炮弹在车前方200码处爆炸并将我的车子掀起来之际，我寻获了战争的进程，并发现已开车穿越了离南京城28英里远的日军防线。❷

12月6日，美国《纽约时报》记者弗兰克·蒂尔曼·德丁与1位中国助手、3位美国新闻电影摄影师，自行驾车冒险深入汤山最前线。他们也经历了

---

❶ 《陆军第一六〇师锡澄南京两役战斗详报》，中国第二历史档案馆馆藏档案；中国第二历史档案馆编：《南京保卫战档案》，第8册，第282页。

❷ 《战地记者的日记描绘恐怖的南京》（《芝加哥每日论坛报》，1937年12月18日），张生编：《外国媒体报道与德国使馆报告》，张宪文主编：《南京大屠杀史料集》，第六册，江苏人民出版社2005年版，第115—116页。

南京城防保卫战

血与火的生死考验,采访了大量可贵的战地新闻。他在《中国人为减缓侵略者推进而继续战斗》一文中写道:

> 昨天,记者近距离观察了前线战斗……记者于正午驱车前往句容,未曾想到刚驶出南京城仅16英里就到达了前线阵地。蒋介石委员长近年来在汤山温泉大修军事设施和夏季军事总部。在距汤山2英里开外的一座石桥前,我们被迫停车,因为桥上设置了地雷……绕过一座山脚,我们来到一个可以将战线一览无遗的地方。在前方1英里远的地方,中国和日本的机关枪手正隔着一条狭窄的山谷进行激烈的枪战。在左侧,双方的炮兵部队隔着一道有三座山峰的山梁互相炮击。在右侧,我们可以听见日军大炮正在从远处炮轰汤山附近阵地的中国军队……❶

12月7日,大胡山附近的日军仍盘踞在这一地区,攻势十分猛烈。而中国军队因通讯困难,加上日军利用空中优势不断骚扰轰炸,致使南京守军无法有效集结附近几个部队合力消灭日军。这时,汤水镇前面第一线阵地,因不断受到已占据炮兵营房获得优势日军的猛烈攻击,各处陆续被敌军突破。不得已,守军部队在黄昏后,撤退到了第二线阵地,固守汤山及汤水镇。

12月8日,日军以主力及炮兵机械化部队对汤山第二道防线发起了猛攻,中国守军与日军发生混战。到上午8时左右,汤山镇的激战依然持续,中国方面始终牢牢守住汤山及两侧高地,后面的珠山、青龙山之线,有了第八十三军第一五六师派遣部队接防,阵地也逐渐稳固。但在大胡山、高家庄阵地,该处的日军不断有后续增援,在12月8日拂晓对中国守卫部队进行了猛烈反攻,并调主力向栖霞山方向实施包围,第四十一师和第三十六师的一团,反复冲击,击毙大量敌人,但日军有飞机轰炸做掩护,而且炮兵火力有优势,中国军队只能靠拼死肉搏,却无法击退日军,导致自身伤亡巨大。

---

❶《中国人为减缓侵略者推进而继续战斗》(《纽约时报》,1937年12月7日),杨夏鸣等编:《国际检察局文件与美国主流媒体报道》,张宪文主编:《南京大屠杀史料集》,第二十九册,江苏人民出版社2007年版,第417—419页。

第二章 外围战：疲弱之师，奋勇应战

12月7日，美国《纽约时报》记者弗兰克·蒂尔曼·德丁在报道中，描述了他看到的中国官兵在极其艰苦条件下无畏战斗、浴血沙场的情景：

> 广东军的两个师因为睡眠不足已经疲惫不堪，但为了阻止敌军的进攻仍拼死一战……他们在不休不眠、几乎粒米未进的状态下，持续战斗了三天之后，终于在这个村子里休息了一夜。❶

在句容、汤山一带的恶战中，中国守军中涌现了许多不顾个人生命拼死作战的官兵。

句容失陷以后，第一六〇师第九五五团奉命固守步兵学校附近阵地，因为兵力薄弱，陷入日军重重包围，该团团附廖俊一中弹受伤，经过简单包扎伤口后，继续在一线指挥，随后他们与日军展开肉搏战。但终因众寡悬殊，该团士兵几乎伤亡殆尽，廖俊一也因为伤势过重难以动弹。士兵多次尝试背着他一起撤退，眼看尾随的日军就要追上来了，廖俊一大声说："余不惧死，誓与敌不两立，我虽伤不能动，但手枪犹在，如能博取三五倭寇，死亦无憾。你可速随部队走，不可以我个人为累！"❷ 随后，廖俊一用手枪击毙2个日军，饮弹而亡。

在12月7日汤山一带的战斗中，第一五九师第九五〇团官兵苦战多日，疲惫不堪。营长房仲庄率领士兵，反复与日军冲杀搏斗。战斗中，房仲庄受了重伤，倒卧在地不能动弹，但是仍旧声嘶力竭指挥全营士兵继续冲锋杀敌。日军攻势猛烈，属下士兵力图将他背离战场，房仲庄依然坚守阵地，士兵试图将他手中的手枪夺走，"使免资敌"，房仲庄大声说："余尚有最后一颗子弹，敌人其能不饮我弹而越我阵乎！"❸ 在与日军的最后拼杀中，

---

❶ 《为拖延敌军的进攻中国军队正在抗战》之《南京外围保卫军苦战——目击者说 感慨缺乏飞机 承认遭受敌军突然袭击——烧毁有利于敌军的建筑物》（《纽约时报》，1937年12月7日），张生编：《外国媒体报道与德国使馆报告》，张宪文主编：《南京大屠杀史料集》，第六册，第43—45页。

❷ 胥兆梅选辑：《南京保卫战第六十六军阵亡将士殉国事略》，《民国档案》2007年第4期，第42页。

❸ 胥兆梅选辑：《南京保卫战第六十六军阵亡将士殉国事略》，《民国档案》2007年第4期，第42页。

南京城防保卫战

房仲庄壮烈殉国，时年33岁。

德丁发往《纽约时报》特讯，以《火焰蔓延威逼　机枪扫射兵士》为题，描述了汤山附近战斗场景。在汤山附近，第八十三军第一五四师和第一五六师残部"三百名中国军人被日军围困在离南京十二英里的汤山公路边的锥形山峰上，经昨天一整天的激战，伤亡殆尽，几乎只剩一个人"❶。

12月9日，弗兰克·德丁在《纽约时报》上以《日军放火烧山，300名中国人山顶阵亡》为标题，对这一场悲壮的血战进行了详细报道：

> 300名中国军人被日军围困在离南京20英里的汤山公路边一座锥形山的山顶……他们遭三面袭击后，往山上撤退，迅即被占优势的敌军包围。中国军队竭尽全力反击。他们只有自动手枪，弹药很快打完。激战数小时后，日军用轻型炮对准山头轰击。之后，日军放火把树木、灌木丛草点着，火焰渐渐迫使受困的中国军队退到山顶，汤山公路边密集的炮火、机枪火力将每个人置于死地。❷

西方记者认为，中日两方在句容、汤山的血战是一场实力悬殊的战斗。"毫无疑问，中国军队在句容和溧水拼命阻止日军的进攻。但是防御工事不合要求，中国军队的装备也不可能使他们坚强顶住。日军飞机可以随心所欲地找到并轰炸中国军队，将他们所处的位置通知他们的野战炮兵。坦克、装甲车引导着步兵进攻，中国军队的机枪和毛瑟枪无法与之抗衡。"❸

经过12月6日至8日与日军第十六师团的激战，第六十六军遭受了很大损伤。第一六〇师第九五五团和第九五九团已丧失了战斗能力，全师能

---

❶ 《山头四周敌军放火　三百官兵均遭屠戮》（《纽约时报》，1937年12月9日），张生编：《外国媒体报道与德国使馆报告》，张宪文主编：《南京大屠杀史料集》，第六册，第56页。

❷ 《山头四周敌军放火　三百官兵均遭屠戮》（《纽约时报》，1937年12月9日），张生编：《外国媒体报道与德国使馆报告》，张宪文主编：《南京大屠杀史料集》，第六册，第56页。

❸ 《为拖延敌军的进攻中国军队正在抗战》之《南京外围保卫军苦战——目击者说　感慨缺乏飞机　承认遭受敌军突然袭击——烧毁有利于敌军的建筑物》（《纽约时报》，1937年12月7日），张生编：《外国媒体报道与德国使馆报告》，张宪文主编：《南京大屠杀史料集》，第六册，第43—45页。

够战斗的兵力，只剩下第九五六团的不足 1000 人。

12 月 8 日午后，南京卫戍司令部为了整顿补充部队，紧急命令第六十六军向大水关、燕子矶附近撤退集结。

12 月 10 日夜，第六十六军进入南京城，驻扎在中央党部、中央大学进行整编，将第一五九师和第一六〇师分别缩编为 2 个团。自参加"八一三"淞沪会战以来，由于长期在一线战斗，兵力伤亡很大，又因战时需要转战行军而没能充分补充新兵，致使参加完南京外围防御作战后的第六十六军的全部兵力，已经剩下不到一个师的编制。

自 12 月 12 日开始，第六十六军在城内沿着从玄武门到水西门一线，修筑准备巷战的障碍物，到了傍晚 6 时，部队接到南京卫戍司令部下达的突围撤退命令。至此，第六十六军完成了保卫南京的使命。

第五节　湖熟、淳化的拼搏

日军沿着沪宁一线向南京快速推进，以丹阳、句容为正面进攻重点，在占领句容后，又分兵一路从南京的东南方向前进，企图直插南京的心脏地区。从此方向进攻的是日军第九师团下辖的第十八旅团。该旅团的 2 个联队从句容方向突破索墅镇，渐次推进至淳化镇一带，企图实现对南京东南方向的围击。而湖熟、淳化一线的防守则是整个南京外围战线中打得最激烈的战斗。

一、湖熟、淳化的守备

负责湖熟、淳化镇一带守备任务的是第七十四军俞济时部。该军参加了淞沪会战，撤退时担任掩护主力部队撤退任务。后经苏州、武进、句容向南京撤退，11 月 28 日到达南京时，军部驻扎在通济门淳化镇中间地区。第七十四军在上海一带作战牺牲很大，兵员缺额很多，军长俞济时和官兵都希望撤至一个比较安全的地点，休整一段时期，再行作战。但因南京保卫需要，蒋介石命令他们加入战斗序列。该军下辖第五十一师王耀武部和第五十八师冯圣法部，每个师各有 2 个旅、4 个团，全军官兵约有 17000 多人，轻重机枪、迫击炮齐全，是国民党军队中装备较好的一个军。

第五十一师奉命于 11 月 28 日由句容开抵上方镇附近待命。为弥补有战斗经验但已经伤亡的老兵，部队补充了一些新鲜力量，其中包括一些甚至缺乏基本训练的青年人。

南京卫戍司令部命令第五十一师部署如下：

着以主力担任方山至淳化镇之守备，以国防工事为主，构筑野战阵地，尽量联系加强之，以一部位置于高桥门、河定桥（不含）之线，

第二章 外围战：疲弱之师，奋勇应战

构筑预备阵地，于湖熟镇派出警戒部队，严密监视，左与66A右与58D切取联络。❶

第五十一师于12月初赶到淳化时，失望地发现碉堡和防御工事的状况很差。有的地堡深埋进地里，起不到防御工事该有的作用。有的地堡射击孔又太大，而对敌人的火力无法压制或只能提供有限的打击。第五十一师及时将卫戍司令部命令下达到各旅和团，并着手布置加强工事。该军奉命对所辖各团做出如下部署：

以三〇一团占领右由宋墅（含）经淳化镇迄上庄（不含）之线，左与66A切取联络，以三〇二团占领右由方山（含）左迄宋墅（不含）之线，右与58D切取联络，并在三日内完成。再以三〇六团为师预备队，位置于宋墅附近，策应第一线部队的战斗，重点保持于左翼，以三〇五团位置于高桥门至河定桥（不含）之线，构筑预备阵地，师部位置于上方镇湖熟镇。又由三〇一团派步兵一连，担任警戒句容、汤水、秣陵关一带，均派有严密之斥候幕监视敌情，并与各友军保持联络。❷

第五十一师的前进部队按部署驻防湖熟镇，并立即开展工事构筑。其中，在淳化附近的国防工事，早期建造得比较粗糙，工事之间距离很大，而且机关枪掩体等工事目标十分明显，极容易被日军发现并摧毁。然而，要重新构筑坚固，又是具有纵深的阵地和工事，一时无法办到。就连构筑工事用的各项材料，也无法得到保障。担任外线作战的部队的输送力量非常薄弱，构筑工事所用的防爆破材料和障碍物材料也都极为缺乏。他们想方设法从当地征集到少量材料，日夜赶工来整修阵地、赶筑工事，尽快完成了湖熟、淳化一带的防御准备：以碉堡群为中心，在淳化镇前建立了3

---

❶ 《陆军第五十一师战斗详报》，中国第二历史档案馆馆藏档案；《陆军第五十一师卫戍南京战斗经过》，中国第二历史档案馆编：《南京保卫战档案》，第8册，第255页。

❷ 《陆军第五十一师战斗详报》，中国第二历史档案馆馆藏档案；《陆军第五十一师卫戍南京战斗经过》，中国第二历史档案馆编：《南京保卫战档案》，第8册，第255页。

南京城防保卫战

道防线；两道铁丝网和一道反坦克壕，还有一些隐秘的机枪掩体，初步完成了应战的准备。

二、湖熟、淳化阻击战

根据以往作战经验，第五十一师仔细侦察了淳化一带的防御阵地，派出一个连的兵力到淳化镇前几英里的湖熟村去建立了一个前哨阵地，提供日军动向的预警。

12月4日下午2时，由土桥、索墅向西进犯的日军第三师团先遣部队约500人，携带大炮4门，与第五十一师向淳化方向前进的部队发生交火。同时，由天王寺向西进犯的日军骑兵100余人，后续步兵500余人，则径直向湖熟方向快速推进，与该地区的中国警戒部队发生战斗。到12月5日下午，淳化正面的日军已经增加到2000多人，大炮增加到10门。当日，日军利用飞机、大炮的绝对优势装备，对防守淳化镇的第五十一师的正面阵地进行了狂轰滥炸，日军第一一四师团步兵"又复猛烈攻击，战况异常惨烈"。

12月5日，日军骑兵部队到达湖熟镇，与第五十一师发生交火，"当场被击毙数名"[1]。索墅镇和禄口镇也发现有日军的骑兵出没，且行踪不定。12月6日，由天王寺经上葛村前进的日军，约一个联队，向湖熟镇守军的前进阵地发起了猛烈攻击。第五十一师奋力抵抗，但由于兵力和装备悬殊，激战后不得已撤回。

12月6日一早，由土桥镇前进的日军进入索墅镇，并向淳化镇阵地守军进行"威力搜索"。同时，日军大批飞机继续对淳化镇阵地进行轮番轰炸。守军沉着应战，同时派队向索墅镇驱逐日军，"得敌旗数面，枪十余只，斩获颇多"。下午，湖熟一带守军的一个连仅剩下20余人，随后突围出去，其余官兵全部壮烈殉国。

12月7日早上，由湖熟北进的日军约500人，由咸墅、李墅攻击宋墅、

---

[1]《南京卫戍军战斗详报》，中国第二历史档案馆馆藏档案；中国第二历史档案馆编：《南京保卫战档案》，第8册，第399页。

下王墅阵地，并向方山方向迂回。日军与第五十一师第三〇二团接触后，以一部约200余人向上庄攻击，企图从左翼窜入，威胁淳化的侧背。在淳化的正面，日军则继续以大炮、飞机持续不断地实施轰炸，"机枪掩体亦被击毁十余座"，日军步兵继续在飞机与炮火掩护下猛烈攻击守军阵地，战况异常激烈。

连日来，坚守淳化镇的第五十一师在师长的带领下，与日军展开了奋勇抗战。自12月5日以来，双方连续激战3天，日军倾其全力，发起猛烈攻击10余次，均被守军顽强击退。经过连日战斗，守军给日军造成一定的伤亡，"毙敌二百余，伤三百余名"，同时缴获"敌步枪三十余支，战旗十三面，地图两幅"。❶第五十一师官兵伤亡也很大，经过12月5日至7日的持续激战，"官兵伤亡达九百余人"，然而部队士气依然旺盛，阵地也依旧稳固。最终，来势凶猛的日军在猛攻淳化阵地10多次，并付出较大伤亡之后，最终都没有得逞。

12月8日，日军进攻更加凶猛，并分兵向东樵村、西庄附近包围。清早，日军由湖熟赶来的生力部队约2000多人，携带战炮10余门，加入下王墅至淳化方面的战斗中，同时以主力部队由上庄抄袭破口山，企图截断中方守军归路。日军正面部队在飞机、炮兵和坦克的掩护下，向淳化阵地再次发起猛攻。日本军用飞机投下大批炸弹，爆炸产生的浓烟挡住了守军的视线，日军趁机从散兵坑中逃出来，双方展开了白刃战。战况之激烈程度、炮火之密集程度，都是前所未有的。

硝烟弹雨中，宋墅、淳化一带的守军部队拼死坚守阵地，与日军展开了肉搏战，杀声震天。第五十一师官兵奋勇杀敌，"杀敌甚多，阵地屡失屡得"，但同时自身伤亡也很大。其中，第三〇一团代团长纪鸿儒身负重伤，连长伤亡9人，排长以下伤亡1400余名。第三〇五团团长张灵甫负伤，连长伤亡5人，排长以下伤亡600余名。根据战报资料记载，"我五十一师部队奋勇抗战，伤亡累累，其中五营官兵几全部壮烈牺牲"❷。日军部

---

❶ 《陆军第五十一师战斗详报》，中国第二历史档案馆藏档案；《陆军第五十一师卫戍南京战斗经过》，中国第二历史档案馆编：《南京保卫战档案》，第8册，第257页。

❷ 《南京卫戍军战斗详报》，中国第二历史档案馆馆藏档案；马振犊等编：《南京保卫战》，张宪文主编：《南京大屠杀史料集》，第二册，第143页。

南京城防保卫战

队也伤亡极重，尸横遍野。战况进行得愈发激烈之时，第五十一师不得不紧急调派该师预备队迅速增援，巩固阵地。因为官兵伤亡过重，守军左翼出现空档，日军见机再次以精锐部队向淳化一带阵地猛烈攻击。守军以第三〇一团一部对左翼实施掩护，以第三〇六团一部增援宋墅一带，对下王墅的日军进行猛烈攻击。经过彻夜激战，日军最终被迫退出下王墅阵地。

第五十一师部队连日奋勇抗战，伤亡累累。12月8日至9日，第七十四军防卫阵地线展开了激烈战斗。因为防卫区域广，第七十四军拼尽全力抗击日军第九师团、第一一四师团和第六师团的进攻。延伸宽广的阵地线，恰好成为日军飞机攻击的重点目标。由于没有后援兵力，到了12月8日下午4时左右，淳化镇失守。晚上，守军奉南京卫戍司令长官唐生智命令，放弃淳化、方山阵地后撤。

据指挥此次战斗的第五十一师师长王耀武回忆，12月9日，日军以步兵、炮兵和航空兵联合向淳化镇、牛首山一带阵地攻击，尤以淳化镇的战斗最为激烈，到上午10时，日军战车6辆也投入淳化镇的战斗，平射炮也持续有增加，集中火力，向守军开着大口的钢筋水泥的机关枪掩体中射击，守军的重机关枪被打坏了很多挺。"炮火连天，血肉横飞"，守军官兵"有的被打断腿、臂，有的被炸出脑浆"❶，伤亡惨重，战场形势急转直下。

---

❶ 王耀武：《第七十四军参加南京保卫战经过》，唐生智、刘斐：《南京保卫战》，第162页。

第六节　秣陵关、牛首山的鏖战

在南京的西南方向，秣陵关、牛首山一带也发生了激烈战斗。从溧水方向沿此线进攻南京的是日本第十军第一一四师团第一二七旅团的千叶和山田部队。他们突破秣陵关的险阻，与牛首山的中国军队展开了激烈的山地战。

牛首山位于淳化、方山防线右侧，形势十分险要。此处防御阵地线也是由第七十四军俞济时部负责。遵照南京卫戍司令部命令，第七十四军奉命占据淳化镇、牛首山一带的既设阵地，加强工事，严密警戒，拒敌来犯。其中，以第五十一师担任方山至淳化镇之守备，以第五十八师占领牛首山。军部设于通济门外村庄中。❶ 牛首山守军左翼与第五十一师阵地相接，右翼与第八十八师阵地毗连。

负责守卫牛首山阵地的是第五十八师冯圣法部，该部曾在淞沪会战中参加了罗店的战斗，后又担任掩护主力撤退等任务，后经苏州、常州、句容一路撤至南京城郊。该师在近4个月的抗战中，牺牲很大，兵员严重缺额，官兵急需休整。然而，保卫首都南京的重任义不容辞。在蒋介石的命令下，俞济时率领全体官兵又投入南京外围的阵地守备战中。

牛首山一带的国防工事虽然早有构筑，但因为疏于管理，且战情紧急，交接仓促，许多工事无法立即充分利用。在师长冯圣法的带领下，第五十八师官兵首先抓紧时间构筑临战所需的工事。

12月7日，日军借助以飞机投弹、大炮轰击联合交叉空袭的优势，掩护部队向牛首山发起了持续猛攻。第五十八师借助居高临下的地理优势，以手榴弹和钢炮弹阻截日军的机械化部队。战斗十分激烈，守军官兵伤亡很大。《大公报》有报道说："我某一营死守山前高地，为敌射击之的，

---

❶ 王耀武：《第七十四军参加南京保卫战经过》，唐生智、刘斐：《南京保卫战》，第162页。

南京城防保卫战

牺牲殆尽，另一营立即挺至，继续奋战。敌机二三十架在殷巷镇与高井巷间滥事投弹，终日未息。我营长阵亡两员，伤一员，团长轻重伤各一，士兵死亡数百；同时敌亦死伤三百余人，遗坦克车五辆。"❶

12月8日一早，日军以40余辆坦克为先导，向将军山附近猛扑过来。守军毫不示弱，迎敌向前，经战车防御炮射击，击毁敌方战车6辆，逼迫日军迅速向后撤退。

此时，牛首山阵地右翼的守军部队受到了日军的猛烈攻击，战况惨烈。团长石补天身受重伤，2位营长张介夫、姚永发先后阵亡，官兵伤亡800余人，战线已经渐呈不支状态。下午，守军部队由江宁镇向板桥镇方向后撤。

12月8日晚，根据南京卫戍司令部收缩阵地要求，第七十四军的防御正面由淳化—牛首山一线，收缩至河定桥—牛首山一线。牛首山阵地继续由第五十八师坚守。

12月9日，第五十八师与日军继续激战，但因为第八十八师派出的右侧支援部队过早撤退，日军一部进占大胜关，且有沿江北犯的企图。固守牛首山阵地的第五十八师成了孤军，如不及时撤退，必将陷入日军的四面包围之中。晚上，南京卫戍司令部命令该师撤退，与第五十一师联合担任第八十八师右翼延伸线双涧镇至宋家凹的守备。

第五十八师在牛首山阵地的防守作战，对延缓日军推进起到了一定的作用。根据日方资料记载，"日军竹下、冈本部队，在这天（8日）晚上，经过三十余次反复冲杀，方占领了将军山西侧的高地，并沿将军山侧翼主公路迅速推进，至十日拂晓前，已进抵离南京城墙一日里半的河渠阵地前线"。❷ 南京卫戍军司令部对该师作战也表示了肯定："第五十八师担任牛首山一带阵地之守备，得俞济时军长之部署谨慎，执法严厉，虽遇锐众之敌，而固守不拔。"❸

牛首山阵地失守后，南京南面的雨花台阵地便直接暴露在日军面前。

在南京外围的战斗中，有一支特殊的部队在南京城防保卫战中发挥了重要的作用，这就是江宁要塞部队。根据中国第二历史档案馆所藏《澄镇

---

❶ 汉口《大公报》，1937年12月9日，第4版。
❷ 日本陆军画报社编：《支那事变战迹之刊》，中卷，第112页。
❸ 秦孝仪主编：《中华民国重要史料初编·对日抗战时期》，第二编《作战经过（二）》，中国国民党中央委员会党史史料编纂委员会1981年编印，第224页。

宁各要塞区作战经过及心得概要》记载，江宁要塞部队作为南京卫戍战斗序列之一，包括江防守备第二大队（海炮6门），守备步兵二营，野山炮、工兵、通信各一个连，以及要塞备炮51门（内有八八式新炮8门）；要塞部队的配备情况为：除了原有的乌龙山、乌龙庙、幕府山、老虎山、狮子山、马家山、雨花台、清凉山各一个炮台以外，海炮6门在划子口装备4门，在小金庄装备2门。江宁要塞部队司令为邵百昌。

江宁要塞部队官兵经受了血与火的考验，在外围阵地防御过程中发挥了重要作用，尤以雨花台炮台、乌龙山炮台战斗力最强。12月9日早晨，雨花台炮台首先向侵入花神庙和安德门的日军射击。12月10日，日军飞机向尧化门、甘家巷的守军阵地狂轰滥炸，被位于乌龙山乌龙庙甲一台的4门八八式高射炮击退。12月11日上午10时，日军再次发动了猛烈进攻，乌龙山炮台备炮向日军密集部队猛射，造成敌人大量伤亡。到了下午6时，乌龙山炮台已经被日军包围，形势紧迫。这一天，甲一台的高射炮击落日军飞机1架。

战斗至12月12日，日军突然加强了炮火攻击，包括七八门重炮在内，向乌龙山炮台和甲一台射击。上午11点半，乌龙山炮台和划子口海炮击毁日本海军驱逐舰一艘。到了中午12时许，乌龙山炮台火炮4门和甲一台火炮3门先后被击毁。傍晚5时左右，南京卫戍军司令长官唐生智召集会议，并宣布撤退计划，同时命令要塞部队射击掩护，必要时毁炮撤退。

在南京保卫战中，江宁要塞部队击毁日军驱逐舰1艘、飞机1架、战车3辆和重炮2门。江宁要塞部队官兵伤亡以及下落不明者超过半数，撤退途中收容400多人，撤到武汉的官兵仅100多人。

第七节　外围阵地的收缩

在南京城外围一线的各处战斗中，守军均伤亡惨重。到了 12 月 9 日前后，位于南京城东、南两面的外廓弧形阵地，已有多处被日军突破，整体战斗形势不容乐观。东北面，日军第十三师团山田支队由龙潭沿长江南岸进占栖霞山。东面，日军占领了大胡山。东南面，日军第十六师团攻占汤水（汤山）镇，第九师团攻占淳化镇。西南面，日军第一一四师团、第六师团攻占秣陵关、牛首山和江宁镇一线。南京卫戍司令部根据形势发展，决定收缩阵地，放弃外围阵地，退守复廓一线阵地与南京城内。

一、蒋介石撤离南京

蒋介石自决定"短期固守"南京之后，就一直留在南京城内指挥着这场战斗。唐生智于 12 月 4 日打电话给侍从室主任钱大钧，问及蒋介石何时离开南京时，钱大钧如实相告"他还没有走的意思"，坦言"委员长不愿离京，我又不敢向他进言……"❶

12 月 4 日，日军已经逐次推进到南京以东句容、镇江一带。南京郊外的炮声日益频繁、密集，而对南京城施行的不间断轰炸也有增无减，形势已经越发严峻。为安全起见，蒋介石不得不从南京城东郊陵园的四方城官邸搬到了城内的清凉山林蔚文的别墅居住。❷ 然而，这不过是短暂的停留。作为党政军最高首领和战时最高司令长官，蒋介石毕竟不能"偏于一隅"，在众亲信的苦劝下，他也开始考虑先行撤离南京事宜。他的夫人宋美龄已经开始为离开南京做准备了，她把那些贵重又无法带走的东西都送了人，

---

　❶　王正元：《南京保卫战中的军话专线台》，唐生智、刘斐：《南京保卫战》，第 54 页。

　❷　俞洁民：《警卫蒋介石飞离南京》，唐生智、刘斐：《南京保卫战》，第 56 页。

其中就把一架钢琴送给了金陵女子文理学院。❶

当天晚上，蒋介石找来卫士队区队长俞洁民，要求他率领2个班的卫士，自即日起划归南京卫戍司令部统领，负责看守2只停泊在下关码头的小兵舰，意在稳住军心民心，向守城部队官兵说明有蒋介石的卫士看守着兵舰，蒋介石就没有离开南京。蒋介石的目的是打算利用显眼的卫士来平息到处传播的他已离开南京的谣言。

12月6日清晨，蒋介石率唐生智、罗卓英、桂永清、钱大钧及侍从室部分人员，连同送行者分乘十数辆小轿车，从黄埔路官邸出发，前往中山陵晋谒孙中山先生陵墓。一路上只有荷枪实弹的武装部队，没有行人。这时候的南京正值秋冬之交，梧桐落叶铺满街道，使人顿生凄凉之感。车队出了中山门，没有直驱中山陵，而是绕经陵园新村、灵谷寺，车辆行走得非常缓慢。在中山门外绵延的山坡上，有几十幢国民党高级军政要员的郊外别墅，此时都已经人去楼空。绿树掩映下的美龄宫，显得十分凄清。据蒋介石的随从副官蒋恒德描述，这时候的蒋介石"神情怅惘，满面郁悒"。紫金山一带地区，是扼守南京的要冲，又是孙中山的陵寝所在。在最高军事会议上，蒋介石已将守备这一地区的任务交给了教导总队。

蒋介石考虑到，南京形势严峻，而大部分守城部队对守卫南京都有些信心不足。自己临走之前，还需要再做一次思想工作，以鼓励各位将领，提振部队士气。这也是蒋介石准备离开南京时压在心头最重的一块石头。

蒋介石认为，他做出的留在南京直到最后一刻的决定，"不仅于军事布置能强勉完成，而且于军心民心亦有裨益"。他在日记中这样写道："应迁移之物品皆能如数运完，南京幸免兵难。若早十日离京，则败局更不堪问矣。"❷

12月6日晚，蒋介石、宋美龄与侍从室主任钱大钧来到南京铁道部一个不大的会议室里，召开离开南京前的最后一次军事会议。参加会议的，包括所有列入南京保卫战战斗序列的部队少将以上的守军将领，如唐生智、罗卓英、王敬久、桂永清、俞济时、宋希濂、孙元良、叶肇、邓龙光、王耀武、冯圣法等人。会场气氛沉闷，悲观情绪笼罩着整个会议室。

---

❶ ［丹］何铭生：《南京1937：血战危城》，第155页。

❷ 姜良芹：《从淞沪到南京：蒋介石政战略选择之失误及其转向》，《南京大学学报》2011年第1期，第109页。

南京城防保卫战

会上，蒋介石做了离开南京前的最后训话，希望大家抱定决心，努力固守。大意是：

一、南京是中国的首都，为了国际声誉，不能弃之不守。

二、南京是总理的陵墓所在地，全国的至诚瞻仰在这里！全世界翘首切盼付与最大的注意力，也是在这里！我们不能轻易地放弃！我们如不守南京，总理不能瞑目于九泉之下。

三、大家要有破釜沉舟的勇气和不成功便成仁的决心。

四、南京郊区有预先做好的国防工事可以利用，兵力部署要纵深有重点，紫金山、雨花台等要点不能放弃，必须坚守。❶

蒋介石坦言："首都已是一个危城，我愿意和大家共同负起守卫的责任。"然而，"现在各方面的战争形势，都在继续发展，我不能偏于一隅。所以，责任逼着我离开，这在我内心是感到异常的沉痛"。接着，他勉励大家服从唐生智的领导，为守土抗敌尽责。他说："今天我把保卫首都的责任交给唐生智将军，唐将军是身经百战、智勇兼备的将领，他必定能秉承我的意旨负起责任。诸君服从唐将军，正像服从我一样。"

蒋介石特意强调："已调云南卢汉等生力军集中武汉，以备解南京之围"，"我在外面，自当调动部队前来策应首都，万一有什么不幸，那也是成了保卫国家的民族英雄！人谁不死？我们要看死的价值和意义，在这伟大的时代中，能做这件不平凡的工作，是何等光荣！"❷

唐生智即席做了发言，他以悲壮的语气，再次表示了对国家和民族的忠诚，决心以死报国。他说："本人受国家厚恩，受委员长的殊遇、培植，感激到无以为报。加之，首都的工事，又为我一手设计督造。本人自当敬遵委座命令，与诸君共负守城的责任。即使万一有什么，那也是神圣使命的完成。我们能够做一个无愧天人、无愧党国的军人，那正是我自己创造光荣历史，创造伟大的民族历史！诸君，今日正是我们勠力用命的日子！只要我们能以一死报国家，一死报委员长，什么愿望，我们也都建成了。"

---

❶ 王耀武：《第七十四军参加南京保卫战经过》，唐生智、刘斐：《南京保卫战》，第161页。

❷ 谭道平：《南京卫戍战》，唐生智、刘斐：《南京保卫战》，第23—24页。

唐生智送蒋介石和宋美龄夫妇上汽车时，蒋介石对唐生智说："孟潇兄，你的身体还没有恢复，有劳你守南京，我很难过。"称唐生智这是"患难见交情"。

唐生智继续表态说："这是军人应该干的事嘛！我还是重复以前对你说的话，我可以做到临危不乱，临难不苟，没有你的命令，我决不撤退。"❶

蒋介石在离开南京之前，还同时向第五战区司令长官李宗仁、第一战区司令长官程潜及阎锡山等人发去电报，告知"中拟暂移南昌，军委会迁衡阳"。❷

12月7日早5时，趁日军飞机还未出动，蒋介石携夫人宋美龄乘飞机离开南京，经江西庐山，转武汉统帅部。

二、唐生智重新布阵

自12月1日开始，南京城外的丹阳、镇江等地都发生了连日对敌战斗。与南京临近的镇江，自12月7日起受到了从西南方向进犯的日军的猛烈进攻，县城和镇江要塞阵地都受到了冲击。仅仅一天之后，守军便被迫从象山炮台后撤。

自12月4日开始，南京的外围阵地自东向南再向西，中日双方部队在持续进行着激烈的战斗。在短短的五六天时间里，南京的外围阵地相继被日军突破，守军部队或是因兵力不足且战且退，或是陷入苦斗恶战之中，节节抵抗。南京城东北部龙潭、栖霞山一带，"栖霞山附近，本（8）日拂晓以来，敌我激战甚烈。午后七时以后，亦入于混战状态"❸。位于京杭国道上的句容、汤水一线，是日军的进攻重点。12月6日句容陷落，12月8日午后第六十六军"已放弃汤水"，孟塘一带的守军在苦苦支撑。东南方向的湖熟、淳化一线，自12月6日以来与日军连续激战3天，淳化镇

---

❶ 唐生智：《卫戍南京之经过》，唐生智、刘斐：《南京保卫战》，第6页。
❷ 秦孝仪主编：《中华民国重要史料初编·对日抗战时期》，第二编《作战经过（二）》，第219页。
❸ 《陆军第七十八军南京之役战斗详报》，中国第二历史档案馆馆藏档案；中国第二历史档案馆编：《南京保卫战档案》，第8册，第187页。

南京城防保卫战

附近 12 月 8 日午后"入于混战状态"❶。西南方向的秣陵关、牛首山一带，也自 12 月 8 日起持续受到了日军的猛烈攻击。至此，南京城的外围阵地多已被突破，日军推进到南京郊外，东北面占领栖霞山，东南面进占汤山镇、大胡山，南面攻至大胜关、牛首山、淳化镇。

唐生智设置的外围阵地面积大、战线长，目的是尽可能多地迟滞日军的推进速度，为复廓阵地的城垣决战尽可能多地争取准备时间。据美国《纽约时报》记者弗兰克·蒂尔曼·德丁观察："中国军队所谓的外围防卫，实质上是在延缓日军攻击首都城门的进程，争取时间，严防死守南京城的准备工作。"❷

在阵地战线较长、守军部队整体兵力不足且兵员多已疲惫的客观条件下，整个外围阵地的战斗持续了四五天，守军已经委实不易，外围防守战也基本达到了战斗目的，那就是一定程度上迟滞了日军的推进速度，为复廓阵地城垣的决战争取了一定的准备时间。

根据句容、汤山、牛首山等外围战况，结合后续部队转进实际情况，为"集中兵力，固守南京"起见，南京卫戍司令部决定对战局进行调整部署。12 月 8 日晚，唐生智发布"卫参作字第二十八号"命令，下令各部退守复廓阵地，即南京城的第二道防线，其部署要旨如下：

> 右侧支队固守板桥镇大（戴）山之线。
> 第七十四军固守牛首山一带据点至河定桥之线。
> 第八十八师固守雨花台。
> 第七十一军之八十七师固守河定桥至孩子里［江南（宁芜）铁路北］之线，右与八十八师及五十一师、左与教导总队连系。
> 教导总队固守紫金山。
> 第二军团固守杨坊山、乌龙山之线及乌龙山要塞。
> 第三十六师固守红山、幕府山一带。

---

❶ 《陆军第七十八军南京之役战斗详报》，中国第二历史档案馆馆藏档案；中国第二历史档案馆编：《南京保卫战档案》，第 8 册，第 187 页。

❷ 《为拖延敌军的进攻中国军队正在抗战》之《承认"打败仗"》（《纽约时报》，1937 年 12 月 7 日），张生编：《外国媒体报道与德国使馆报告》，张宪文主编：《南京大屠杀史料集》，第六册，第 44—45 页。

第六十六军至大水关附近集结整理待命。

第八十三军之一五六及三十六师之一团（预备二团），在青龙山、龙王山线掩护撤退。

在镇江之一〇三、一一二师向南京急进。❶

同时，还令宪兵教导第二团防守水西门至汉中门城垣阵地及城外上新河河堤阵地，令宪兵第二团防守城内清凉山，令宪兵第十团防守城内明故宫飞机场。

根据全线阵地收缩的部署，第五十一师向西撤退，让出淳化—上坊—光华门公路，但在换防间隙，第八十七师部队还没有完全接防，而撤退部队也没有来得及破坏沿线桥梁。这让日军钻了空子，一举推进到了光华门外的大校场和通光营房。

在日军的急速推进和围攻下，首都南京已经成了一座孤城、一处绝地。而随着作为最高指挥官的蒋介石的离开，临危受命的国民党一级上将唐生智，成为留在这座城市的最高军事指挥官，继续率领众官兵坚守石头城。

---

❶ 《南京卫戍军战斗详报》，中国第二历史档案馆馆藏档案；中国第二历史档案馆编：《南京保卫战档案》，第 8 册，第 407—408 页。

第三章　城垣战：无路可退，背水一战

　　南京外围一线阵地被日军相继突破后，守军缺乏有效掩护，仓促撤退，日军乘势尾随，跟踪追击，迅速突至复廓阵地。

　　在中国守军既定的南京城防御计划中，守卫南京的第二道防线是以城垣为依托的弧形防御阵线，按顺时针方向，东北起自长江边的乌龙山、杨坊山，向南依次延伸至紫金山、河定桥，再向西经牛首山至长江边的板桥镇，并由外而内渐次推进至紫金山、光华门、通济门、雨花台、中华门等城垣附近。1937年12月8日晚，南京卫戍司令部做出了收缩防御阵地的部署。守军部队奉命到各自阵地守备，布置好防御工事，埋好地雷严阵以待，以阻止日军的进攻。

第一节　日军炮轰危城

在南京进行复廓防御战斗前，中方已经先期安排警察部队把南京城周围的妨碍物一一清除，因为这障碍物，包括大树、居民的房子，是可能会妨碍到守军射击的建筑，有可能给日军用以埋伏或成为掩护日军的屏障。警察安排居民离开后，烧毁了部分民居。首都警察战报记载："由警察护送近郊人民渡江，然后纵火焚居，实行坚壁清野之计。"❶同样的记载在参加过南京城防战斗守军的文章里也有回忆，参加光华门一带战斗的第八十七师第二六一旅在从镇江撤往南京的集结途中，步行路过尧化门至孝陵卫的村庄，据该师副师长陈颐鼎回忆，看到沿路"到处是坍塌的房屋，到处是断墙残垣，到处是刺鼻的焦烟味，没有鸡叫，没有人流。……上了京杭国道（宁杭公路），昔日的孝陵卫的营房不见了，农科所的房子烧掉了，只有卫岗高坡上的孔祥熙公馆还是老样子……"❷当然，这其中也有日军炮轰引起火灾或炸毁的房屋在内。为了迎击日军，孝陵卫南侧教导总队所住的营房，"已自行烧毁，以扫清射界，显示我'焦土抗战'之决心"❸。

当时，执行的"焦土抗战"政策，给百姓带来了巨大的财产损失。守军不得已出此下策，是为了创造条件抵御日军的进攻。在靠近城墙地区，士兵们在准备防卫工事，在道路和桥梁上埋好地雷，建造堡垒，运输枪炮和武器弹药。

大敌当前，南京已经实行完全戒严，所有城门都已加封或完全封死，最重要的城门则留了很窄的通道以供必需，城门内堆放了 20 英尺厚的几

---

❶　《南京警察抗战实况》，中国第二历史档案馆馆藏档案；马振犊等编：《南京保卫战》，张宪文主编：《南京大屠杀史料集》，第二册，第 236 页。

❷　陈颐鼎：《第八十七师在南京保卫战中》，唐生智、刘斐：《南京保卫战》，第 172 页。

❸　谢耀华：《南京保卫战亲历记》，马振犊等编：《南京保卫战》，张宪文主编：《南京大屠杀史料集》，第二册，第 446 页。

层沙袋，再以混凝土加固。

南京城内也是一片备战景象，守军在全城各区域修建了路障，几乎每个十字路口都竖起带刺的铁丝网。街道上满是臂上佩着黄圈带写有"卫戍"标记的宪兵们。在南京的城墙与闹市区，处处可见悬挂着的抗日标语。

12月9日，日军开始炮击南京城内，炮弹在市中心的新街口广场爆炸开来。爆炸产生的冲击波威力强大，"使得好几个街区外的窗台上的花盆都掉了下来"。南京普通民众开始向国际安全区转移。在南京的美国传教士欧内斯特·H.福斯特在给妻子的信中写道："我真希望你能来看看这么些人从城市的各个方向涌进这一地区的情景。所有的道路上都挤满了一群群的人，他们拖的拖，拉的拉，尽可能地多带些家当——不倦的人力车，有的甚至是学生在推，手推车、卡车、小马车，有轮子的不管是什么车，当然人们手上也绝不空闲，尽可能地拎着包。"❶

12月9日拂晓，日军各师团开始向南京复廓阵地发起猛攻。其中，日军第十三师团山田支队从栖霞山向乌龙山、幕府山进攻；第十六师团推进至麒麟门、沧波门一线，直逼紫金山与孝陵卫；第九师团第十八旅团第三十六联队推进至高桥门、七桥瓮、中和桥一线，前锋部队逼近光华门、通济门；第十军第一一四师团与第六师团则进抵雨花台、中华门、水西门、江东门一线附近，其中第一一四师团进至雨花台南，第六师团进至雨花台西，其左翼一部占领大胜关。在江北，国崎支队攻占安徽太平后，立即渡过长江，沿长江北岸，向东进攻江浦；第十一师团天谷支队从镇江渡江后进攻扬州。

经过一天的激战，战事已经逐渐推进到雨花台、通济门、光华门、紫金山等东南城垣一带。日军按照既定计划已经将南京城四面包围。南京城陷入重围之中。

12月10日正午以后，日军以炮兵全力轰击，配以空中飞机的辅助轰炸，对南京城内外的中国守军部队及南京附近的机场，实施了狂轰滥炸。在飞机的持续轰炸掩护下，步兵全线出击，开始向雨花台、光华门、紫金山等阵地发起进攻，战况进入白热化。

---

❶ 《美国传教士的日记与书信》之《福斯特致妻子函》（1937年12月9日），张宪文、吕晶编：《见证与记录：南京大屠杀史料精选（西方史料）》，江苏人民出版社2014年版，第47页。

南京城防保卫战

美国《芝加哥每日新闻报》记者阿奇巴尔德·特洛伊·司迪尔在《大炮集中攻击南京，防卫已放弃》一文中，报道了日军在12月10日猛烈炮轰南京城、中国守军英勇抵抗和南京城内军民死伤的景况：

>　　这个处于包围下的首都，由于日军的重炮袭击，受到了严重的损害。今天我在一个易于眺望的地方观察到炮弹一个接一个地落在南京的中央以及南部地区，继而纷纷爆炸，平均一分钟四回这样的比例。整个城市都弥漫着浓重的烟雾，很难判断战况。日军好像是想把城南部的城墙炸出个孔，从那里突入市内，所以全力地在攻那个地方。据我的判断，现在还没有突入市内。由蒋介石委员长最好的部队和最差的部队混合而成的，还包括数千名新兵的中国部队的官兵们，只要有城墙在他们和日军之间存在，就顽强抵抗着。中国军队的炮口，炮弹一个接一个地打出。南京最艰难的时刻来临了……夜幕低垂时，充满持续不断的轰炸、机枪扫射的一天终于落下了帷幕。一天的轰炸、扫射，将数以百计血肉模糊、肢体破碎的人送进医院，将其他残缺不全、失去生命的躯体奇形怪状地散落在弹坑四周。❶

12月11日，南京被日军几乎完全包围，战斗更加激烈。美联社记者查尔斯·叶兹·麦克丹尼尔从上海发出报道《南京四面战火迭起，给中国人设下陷阱》，文中指出："南京已经处在日军除西北长江正面以外全方位的猛烈的攻击之下。今晚，南京已经完全被包围了。中国军队誓死抵抗，阻止了日军进一步扩大上周星期五开始在城内准备的落脚之处的范围。但是，卫戍军的撤退路线正在被完全地、一点点地切断。"❷南京内廓防线即将被日军突破。当日午后，蒋介石从武汉两次致电唐生智，指示"如情势不能久持，可相机撤退，以图整理，而期反攻"，但中国守军仍在各自阵地上坚守。12月12日，中国守军利用城墙阵地进行最后的、也是最顽强的抵抗。美国《纽约时报》记者哈立德·爱德华·阿本德当日从上海发出

---

❶《大炮集中攻击南京　防卫已放弃》，张生编：《外国媒体报道与德国使馆报告》，张宪文主编：《南京大屠杀史料集》，第六册，第55—61页。

❷《南京四面战火迭起　给中国人设下陷阱》，张生编：《外国媒体报道与德国使馆报告》，张宪文主编：《南京大屠杀史料集》，第六册，第68页。

电讯《城墙阻挡止日军》，对此进行了报道：日军对南京的进攻继续进行，但毫无结果。这是因为高 45 英尺、厚 30 英尺的南京古老城墙上，中国军队星罗棋布地建起了强化水泥砌制的机关枪座、炮座和各种掩体战壕。❶

"我们用血肉和钢铁作战。"南京卫戍司令长官唐生智在从南京发往汉口的一份引人注目的报告中这样写道。在这份报告中，他强调，虽然中国军队损失惨重，但依旧保持着昂扬的士气。❷

1937 年 12 月 12 日，《洛杉矶时报》电讯《南京筑起血肉城墙阻止日军进攻》中报道：震耳欲聋的日军炮火今天清晨震撼着南京城，步兵则在 18 座城门上短兵相接，进行着中国历史上空前惨烈的血腥攻防战。火焰映红了首都四周 32 英里长的城墙。炮弹在城中央和城南地区爆炸，日军猛烈的炮火估计以每分钟 4 发炮弹的频率持续着。中国的大炮进行反击，隆隆之声震耳欲聋。显然，日军正努力炸开南京的城墙，然后攻击城内人口稠密的地区。❸

1937 年 12 月初冬的南京守军，面对着生与死的抉择，他们已然知道危险来临，没有退路可走。只有勇敢地全力与敌厮战，才是唯一的选择。他们用鲜血和生命，在南京的内廓阵地与来犯的日军进行了勇敢顽强的战斗。

---

❶ 《侵略者受阻于南京城墙上的众多工事》之《城墙阻挡住日军》（《纽约时报》，1937 年 12 月 12 日），杨夏鸣等编：《国际检察局文件与美国主流媒体报道》，张宪文主编：《南京大屠杀史料集》，第二十九册，第 459 页。

❷ 《侵略者受阻于南京城墙上的众多工事》之《城墙阻挡住日军》（《纽约时报》，1937 年 12 月 12 日），杨夏鸣等编：《国际检察局文件与美国主流媒体报道》，张宪文主编：《南京大屠杀史料集》，第二十九册，第 459 页。

❸ 《南京筑起血肉城墙阻止日军进攻》（《洛杉矶时报》，1937 年 12 月 12 日），张生编：《外国媒体报道与德国使馆报告》，张宪文主编：《南京大屠杀史料集》，第六册，第 70—71 页。

第二节　教导总队死守紫金山

紫金山，又名钟山，位于南京东北郊。紫金山山势巍峨，林海浩瀚，风景如画。从军事上讲，紫金山为南京城东侧制高点，是拱卫南京的天然屏障。山势雄伟、陡峭，为南京地区群山之首；紫金山由屹立于西部的海拔488.5米的最高峰，自西南向东北逐次降低，山脊北侧是悬崖峭壁；山岭呈马鞍型，为东西走向，东西长约7公里，南北宽约3公里。在保卫首都南京的作战计划中，紫金山的得失关系全局。

紫金山之所以如此重要，还有另外一个重要原因。山上有中山陵，孙中山先生长眠于此。孙中山对南京怀有深厚的感情，临终前特意叮嘱："吾死之后，可葬于南京紫金山，因南京为临时政府成立之地，所以不可忘辛亥革命也。"❶孙中山先生或许没有想到，紧紧10余年之后，他的安息之所竟成为日军炮火袭扰之地。

在南京保卫战期间，中国军队在紫金山、中山陵一带英勇抗击日军，阵亡者达5000余人。紫金山、中山陵成为中国军民奋勇抗战的历史见证。

一、"铁卫队"驻防紫金山

南京国民政府高度重视紫金山一带的防御建设工作。据日军文件记载："在△227.5高地上，面向东及东北方向，从山底到山顶附近都修建了配备着碉堡的机枪地堡，将该高地连向西边。△382.5高地东西一带的山脊主要面向北方及南方，有建好的阵地。另外，山脊上面向东方的地方虽然有仓促修建的由简易铁丝网围着的数道阵地，但配备方面存有薄弱环节。顶峰东麓及东侧环形曲线高地顶峰南麓附近有数条配备了坚固的碉堡及机

---

❶ 王鹏善主编：《中山陵志》，南京出版社2013年版，第53页。

枪地堡的散兵壕，其四周围着铁丝网。另外，连接顶峰北麓及岔路口的高地上修建了数条坚固的阵地。这样在我攻击顶峰附近时，从后方及侧面就会陆续出现敌军的援兵。"❶

负责守卫紫金山的是桂永清指挥的教导总队。教导总队于1933年在南京中山门外孝陵卫营房建队，并在此驻防训练数年之久。

这支部队是根据德国军事总顾问塞克特将军的主张和建议，按照德国步兵团的编制编成训练的精锐之师。它的前身是中央军官学校教导总队，开始只有2个团，加上直属分队，共有官兵9000人。经过扩编之后，作为德式步兵团营连战术的示范部队，由曾在德国步校毕业的桂永清任总队长，由15名德国顾问分别担任步兵、骑兵、炮兵、工兵、辎重后勤等专科的指导，完全按德式方法进行训练。

当1937年"八一三"淞沪会战爆发时，桂永清还在英国皇家军校读书。惊闻日本侵略者已经大规模入侵中国的消息，他立即赶赴国内，向蒋介石主动请缨，坚决要求参加抗战。蒋介石命令他担任中央教导总队总队长，随即开赴上海前线作战。清一色德式装备的教导总队是当时中国军队中的翘楚，可惜在淞沪会战中损失惨重。淞沪会战结束时，国民党军队从上海撤退，教导总队一部撤回南京，继续参加保卫首都的战斗。

教导总队是南京保卫战中装备精良、战斗力强、兵员足额的主力部队之一，共辖有步兵3个旅（计6个团，另有3个新兵团在湖南训练），加上直属部队有炮兵营、骑兵营、工兵营、通信兵营、军士营、特务营、输送营等，总兵力达3万多人。后来，直属部队各营均奉命改称为团，但因为没有足够新兵补充，也没有装备补给，名义上虽然是团，实际上仍旧是营的规模。步兵旅的第一团、第三团、第五团的装备和编制，均仿效德国步兵团的编制，每团各有16个连，即每个团下辖步兵3个营，每个营下辖3个步兵连、1个重机枪连、1个八二迫击炮排，团的第十三连为榴弹炮连、第十四连为战车防御炮连、第十五连为通信连、第十六连为输送连。❷论部队装备和编制，教导总队在南京卫戍军序列中算是名副其实的主力部队。

11月底，教导总队接到南京卫戍司令部防御命令后，随即下达了防御

---

❶ 《步兵第三十三联队南京附近战斗详报》，王卫星编：《日本军方文件》，张宪文主编：《南京大屠杀史料集》，第十一册，江苏人民出版社2006年版，第76页。

❷ 李西开：《紫金山战斗》，唐生智、刘斐：《南京保卫战》，第191页。

南京城防保卫战

作战命令。具体如下：

> 总队以协同友军固守南京为目的，决定于工兵学校、西山、紫金山、岔路口、中山门、太平门附近地区，固守阵地，加强防御工事，阻击歼灭沿京杭公路来犯之敌。
>
> 骑兵营设置于青龙山、汤水镇（汤山）、麒麟门一带地区，搜索敌情。受敌压迫后，沿京杭公路退回预备队位置。
>
> 步兵第一旅，附工兵一连，担任工兵学校左侧、孝陵卫、西山、中山门一带地区之守备。右与工兵学校之第八十七师，左与第二旅联系。
>
> 步兵第二旅，附工兵一连，担任陵园新村、中山陵西侧，灵谷寺至老虎洞南侧一带地区之守备。右与第一旅，左与第三旅联系。
>
> 步兵第三旅，担任紫金山第二峰、老虎洞至岔路口一带地区之守备。右与第二旅，左与第三十六师联系。
>
> 炮兵营阵地置于富贵山地区。
>
> 特务营、军士营、工兵营、通信营、输送营为预备队，驻兵于太平门、富贵山一带地区。总队部置于富贵山隧道内。[1]

教导总队因原本就在南京建队并驻防训练，因而对南京附近的地形比较熟悉，阵地构筑也比较坚固。官兵大都抱有极大的爱国热情，士气比较旺盛，大多数中下级官兵，均作战勇敢，被称为"铁卫队"。

蒋介石离开南京时，专门来到富贵山的桂永清指挥所，对他说："局势不容乐观，但最后我们能打胜的，我们抗战的战术必须以攻为守，以近为远，以积极进取之行动，达到消灭敌人之目的。开战几个月来，敌军之利器与其海陆空已全力、全部使用，充其量也不过利用其数量很多的飞机、大炮、坦克之威力，以期威胁我军精神。战场主要靠步兵，敌军步兵的勇敢精神不如我们，数量不如我们，从长远战略而言，我们经过数十次战斗较量，消耗其锐气和数量，最后胜利的是中国人，你一定要有信心，要沉着。眼前要吃些苦，还要有牺牲。望你能在保卫首都，在抗战史上留下一笔。"

---

[1] 李西开：《紫金山战斗》，唐生智、刘斐：《南京保卫战》，第192页。

二、弃守老虎洞

12月7日晚，负责在汤山、青龙山之间占领警戒阵地的骑兵团报告，日军的便衣队穿着第八十七师士兵的军衣，混在该师撤退的队伍中，并袭击了该团驻汤山担任警戒的第一营，导致该营伤亡很大。但骑兵团仍奉命坚守阵线，极力阻止日军向紫金山方向前进。

进攻紫金山阵地的是日军陆军中将中岛今朝吾的第十六师团。该师团作为日军东线的先锋，在依次攻占句容、汤山一带后，开始向紫金山方向行进。中岛今朝吾的作战目的，是扫除紫金山地区的中国军队，杀开一条通向南京中山门或太平门的血路。摆在第十六师团进入南京道路上的第一个障碍，便是紫金山南边一个不高的山头——红毛山。

红毛山位于孝陵卫营房东南，是南京中山门外京杭道路上的前哨阵地，同时也是紫金山的外围阵地。红毛山原本是第八十七师的防区，由于该师没有到达，暂时由教导总队第一旅第一团第三营周石泉部代为防守。

12月8日拂晓，日军升起观测气球，大批日军飞机向紫金山主阵地轰炸。日军炮兵集中火力向中方麒麟门前哨阵地射击，步兵向守军阵地攻击，其先遣装甲部队突进到通济门外红毛山附近，对红毛山之线发起了猛烈进攻。

周石泉率领该营第九连和第十连随即给予日军有力的还击，并组织狙击手炸毁了敌军装甲车一辆。日军不断有后续增援部队跟进，战况越来越激烈。该营兵力薄弱，伤亡巨大。教导总队副队长兼第一旅旅长周振强见到这种情况，立即调派军士营营长吴曙青率领本营附战车防御炮增援，并报告总指挥部，建议由第八十三军邓龙光部接替红毛山的防务。在激烈的战斗与顽强的抵抗下，守军暂时遏止了日军的进攻，保住了阵地。随后，日军仅留下少数兵力，转而集中兵力直逼光华门的工兵学校。

在麒麟门一带，经过12月8日激战，阵地最终被日军占领。另有2个旅团的日军继续向前推进，对中山陵附近的守军发起进攻，企图向中山门逼近。

日军占领麒麟门后，就向天空投放了一个巨大的氢气球，高约500米，可以眺望中国军队东线整个阵地。紫金山的最高处称为第一峰，次高处称为第二峰。山的东麓突起的小高地，俗称老虎洞。老虎洞的战略位置颇为重要，是紫金山前的主要防御阵地。要控制南京城，必须要占领第一峰、第二峰。而要夺取第一峰、第二峰，必须先攻下老虎洞。负责防守老虎洞阵地的是教导总队第五团第三营罗雨丰部。日军为夺取老虎洞阵地，共发起了 3 次猛烈冲锋。

12 月 8 日午后，日军集中炮兵火力猛轰老虎洞阵地，步兵也随即发起了冲击。当日军接近阵地时，守军罗雨丰营利用构筑好的阵地，以密集的火力向日军猛烈射击。因为守军居高临下，日军目标明显，处于劣势，这一天日军伤亡惨重，进攻没有取得任何进展。

12 月 9 日拂晓，日军启动陆空联合作战优势，增加了一倍的兵力来攻击老虎洞阵地。一方面，出动飞机空袭，投掷炸弹；另一方面，配以大炮轰击，发射烧夷弹和烟幕弹。一时间，紫金山阵地东麓弹声震耳欲聋、烟火冲天。日军借助烟幕掩护，再次发起了冲锋。罗雨丰营坚持抵抗，同时又得到左翼第三旅第五团的侧翼支援，使日军的进攻没有得逞，邻近的友军部队对日军右翼也发起了反攻。

12 月 9 日下午，日军利用风向优势，又向中国守军阵地发射了更多的炮弹和烧夷弹，再次发起猛攻。激战过后，守军全营伤亡过半，营长罗雨丰也英勇殉国。因为老虎洞阵地过于突出，毫无遮掩且不易增援，教导总队的指挥官艰难地决定放弃这个阵地，退守紫金山第二峰的主阵地，老虎洞遂告失守。

对教导总队来说，放弃老虎洞阵地是一个挫败，但也是为了下一步防守中更好地发挥优势，他们退到了一条准备充分的防线，那就是在此驻守四年之久的孝陵卫及其西山阵地。

三、西山争夺战

日军占领老虎洞阵地后，于 12 月 10 日拂晓开始集中优势兵力向位于紫金山南麓的第二峰、孝陵卫的西山阵地发动攻击。

西山，又名沟山，位于中山门外约 2 公里处。日军探测的情报是："公路夹在山峦之间，在公路的西侧，有一个高地，这就是西山。西山是一个易守难攻的地方。"负责防守西山一带的守军为教导总队第一旅步兵第一团、第二团、军士营、附工兵一营。从防御部署和兵力配备来看，西山阵

第三章　城垣战：无路可退，背水一战

地位置极为险要，是拱卫南京的天然屏障之一。

12月10日上午，日军第二十联队到达孝陵卫附近后，配属的炮兵首先向西山阵地猛烈轰击，约半小时后，步兵发起攻击。中方守军则以重迫击炮、机枪等进行猛烈反击，战斗异常激烈。参加此地战斗的日军上等兵牧原信夫在日记中如此记载："自前天以来，已经往西山的敌人阵地一处倾泻了近千发炮弹。"❶此后，又向西山阵地发射了约2000多发子弹。虽然日军第二十联队有8挺重机枪同时向驻守在西山的教导总队重火力开火，守军的掩体都被打掀掉了，但教导总队仍然顽强抵抗，用步枪、机关枪朝日军射击，坚持到最后一刻。

当天，日军炮兵在空中观测气球的指引下，逐段猛烈炮击西山、陵园新村和第二峰主阵地，飞机也不断前来轰炸扫射。一阵炮击过后，日军坦克部队兵分两路引导步兵向前猛冲。一路由孝陵卫街公路向守卫西山的第一团进攻，另一路则由灵谷寺向守卫中山陵、陵园新村的第三团发起攻击。

教导总队原本就在孝陵卫建队，对地形十分熟悉，加之构筑阵地坚固，官兵作战勇敢，守军在第二峰和西山与日军展开了激烈反复的争夺战。

教导总队第一团、第二团的战车防御炮连奋勇迎击，一连击毁日军坦克2辆，日军不敢贸然再进。在这一天的战斗中，第一团战车防御炮连全体官兵全部壮烈牺牲。

12月11日，日军第十六师团猛攻紫金山南北的中国军队阵地。同时，从镇江抽调第十三师团的山田支队从右翼加入战斗。日军第二十联队也发起了对西山阵地的总攻击。面对强敌，训练有素的教导总队守军们奋勇作战，视死如归，使得日军第二十联队的进攻连连受挫，他们的拼死抵抗也让敌军为之叹服。牧原信夫在日记里这样夸赞了他的对手教导总队官兵："敌人的抵抗也很顽强，所以突击队冲到半山腰时一度不得不停下……敌人受到如此强大的炮击还仍然顽强地抵抗到最后，实在令人佩服。"❷

---

❶ 《牧原信夫日记》，王卫星：《日军官兵日记》，张宪文主编：《南京大屠杀史料集》，第八册，江苏人民出版社2005年版，第601页；《日军官兵日记、书信》之《牧原信夫日记》（1937年12月11日），张宪文、吕晶编：《见证与记录：南京大屠杀史料精选（日方史料）》，第179—180页。

❷ 《牧原信夫日记》，王卫星：《日军官兵日记》，张宪文主编：《南京大屠杀史料集》，第八册，第602页；《日军官兵日记、书信》之《牧原信夫日记》（1937年

南京城防保卫战

　　教导总队官兵在紫金山第二峰和孝陵卫西山主阵地一带与日军进行反复拼杀、争夺，战斗惨烈，歼敌无数，包括"击毙了第二十联队第四中队的高仓准尉、福岛伍长以及大队炮兵小队长梅川曹长"❶。在将士们的浴血奋战下，这一区域阵地始终控制在教导总队的手中，日军仅占领了西山的一角。

　　12月12日，教导总队第一旅第一团奉命放弃西山阵地，后撤至卫岗、中山门一带继续战斗；第二旅第三团放弃中山陵东侧阵地，退守天堡城、明孝陵东侧高地、梅花山高地及其以南地区；而据守紫金山第二峰的第三旅第五团，撤离南京以前一直在峰顶固守。

（接上页）12月11日》，张宪文、吕晶编：《见证与记录：南京大屠杀史料精选（日方史料）》，第180页。

❶ 《步兵第二十联队第四中队阵中日志第5号》，王卫星编：《日本军方文件》，张宪文主编：《南京大屠杀史料集》，第十一册，第94页。

第三节 光华门前寸土必争

日军炮兵部队在占领麒麟门、马群、沧波门、高桥门等阵地后，开始猛烈炮击北极阁、明故宫、富贵山，以封锁太平门、中山门、光华门等中国军队进出要道。进攻光华门的是沿淳化镇、高桥门而来的日军第九师团第十八旅团井出宣时部，下辖步兵第十九联队人见秀三部和第三十六联队胁坂次郎部。

一、工兵学校失守

光华门外的东南方向设有一所工兵学校，位于紫金山脚下，这里丘陵起伏、依山傍水，是工兵训练架桥铺路的较好场所。工兵学校于1930年中原大战后在南京成立，1935年起由蒋介石担任校长。学校曾在这一年协助中央陆军军官学校（黄埔军校）教育长张治中指导修建了吴福、锡澄、苏嘉等线国防工事，为此几乎是全校倾巢出动并且配合进行教学。淞沪会战开始后，该学校迁移到湖南，此后又迁到四川重庆。

在南京保卫战中，负责守备工兵学校的部队是第七十一军第八十七师王敬久部。此前，卫戍司令部原计划以第八十七师守卫西山、红毛山、工兵学校和通济门，但第八十七师自淞沪会战以后，伤亡极大。该师由江北淮安补充的新兵连在西山前的前哨阵地与日军展开激战，日军的几次冲锋都被击退。一个新兵连能有这样的战绩，实属难能可贵。后来，因为部队牺牲太大，没有在规定时间到达红毛山阵地，便改由教导总队第一旅派队接防。同样，该师防卫孝陵卫和红毛山前哨阵地的一部，也因阵地过大，连长慈巨圣又负了重伤，不得不退下，将阵地交由教导总队第一旅第一团第三营周石泉部接防，遏止了日军的进攻，保住了阵地。日军在红毛山等阵地受到重创后，开始改变战斗策略，以少数部队牵制教导总队防御的正

南京城防保卫战

面，而以主力部队猛扑第八十七师第二六〇旅防守的工兵学校。

日军在攻击工兵学校的战斗中，用尽各种攻击手段。校内有一座三层小楼，第二六〇旅部分官兵用几挺"捷克"式轻机枪顽强抵抗敌军，死守不退，日军便使用烟熏的方式企图把楼里的官兵熏出来，但没有成功。

第二六〇旅战斗到最后，只剩下不到一个营的兵力，虽然竭尽全力抵抗，但是因为兵力少又没有后续增援部队，12月9日开始撤退进城，并加入光华门一带的战斗。12月10日，日军大量集结，向雨花台、通济门、光华门、紫金山第三峰同时攻击，战斗比12月9日更为激烈。12月10日上午10时左右，工兵学校失守。

工兵学校失守后，卫戍司令部很受震动，唐生智打电话给第七十一军军长兼第八十七师师长王敬久，对其大加斥责了一番。此时，王敬久已经把师部搬到了富贵山地下室。工兵学校失守后，王敬久立即打电话把第二六〇旅旅长刘启雄喊到地下室，责问他："为什么把工兵学校丢了？"这名旅长没有推卸责任，如实汇报说："我们自上海撤退下来，人没有收容一半，加之这几天的苦战，许多官兵不死即伤，守工兵学校时只有一连多人了，所以……"

工兵学校位于光华门的前方，它的失守使光华门失去了东南方面的保护屏障，光华门、通济门的处境便更加危险了。

作为南京卫戍司令部最高长官，唐生智非常清楚，光华门是南京复廓城防战的关键阵地，经慎重考虑，他把重任交给第八十七师一部，并派教导总队步兵第一团谢承瑞部、工兵营钮先铭部同时协守，后又命令装甲车向光华门地带靠近，炮兵也开到光华门边以便提供近距离支援。随着战况的急剧变化，宪兵教导团又奉令前来支援。时任首都警卫军参谋程奎朗回忆："据守光华门的战斗是南京保卫战中最壮烈的战斗。"[1] 据战报记载："光华门自佳（9日）至真（11日）被敌突破三次，先赖教导总队支持，继赖一五六师苦战，歼敌获械，幸告无恙。"[2]

---

[1] 程奎朗：《南京复廓阵地的构筑及守城战斗》，唐生智、刘斐：《南京保卫战》，第48页。

[2] 《唐生智、罗卓英等人致钱大钧的密电》（1937年12月13日），中国第二历史档案馆馆藏档案。

第三章 城垣战：无路可退，背水一战

二、教导总队的据守

12月8日晚，南京城外围的多处阵地已经被日军突破。卫戍司令部根据战况发展，当晚做出了收缩阵地的部署。此时，南京城外围的激战尚未完全结束，部分守军边战斗边撤退，部队之间的换防工作正在进行中，而日军冲着部队撤退、接防布阵的空档又发起了进攻。

淳化镇失守后，日军攻势猛烈，一路追击守军第五十一师。12月8日晚，第五十一师奉令放弃淳化、方山阵地，向河定桥、蔴田之线转移。该师第三〇五团奉命掩护主力部队转移，在管头上方镇附近与日军激战，"团长张灵甫负伤，连长伤亡五员，排长以下伤亡六百余名"❶。

此时，第五十一师撤退至河定桥，奉命负责固守河定桥至孩子里（江南铁路北）一线的第八十七师仅到了2个团，防守阵地尚未稳固。日军乘此空隙，跟踪中方守军部队到达高桥门阵地。因为守军部队还没有来得及破坏高桥门、七桥瓮和中和桥等交通设施，给日军突进提供了便利。

七桥瓮位于光华门外，修建于1440年（明正统五年），是南京地区规模最大的砖石构筑拱桥，也是中国唯一一个用"瓮"而不是"桥"来命名的古桥。七桥瓮是一座不等跨半圆石拱桥，共有7个桥孔，全长达99.84米、宽13米，桥身酷似弯弓，全部使用青石花岗岩叠砌，桥身质地坚固。中间桥瓮为最大，其余两两相对，依次缩小。桥墩、桥瓮和兽头等均为明朝修建时原物。桥瓮上方桥耳两侧还有16只精雕的螭首兽头，堪称中国古代拱桥中的杰作。

12月9日拂晓，在第五十一师进入新线阵地时，一部分日军也已经到达光华门的城墙外，迅速占领大校场和通光营房，日军约有步兵2000人，坦克车10余辆。

光华门前有护城河，宽约500英尺、深约15英尺，而城墙本身约有40英尺高。1条反坦克壕和5道拒马木架，封住了通往城门的道路。从城门到护城河的道路两旁各设置了5道带刺铁丝网。依日军的侦察看，要攻入城门是比较困难的。

---

❶ 《陆军第五十一师战斗详报》（1938年1月），中国第二历史档案馆藏档案；《陆军第五十一师卫戍南京战斗经过》，中国第二历史档案馆编：《南京保卫战档案》，第8册，第258页。

南京城防保卫战

　　此时，在光华门的守军仅有教导总队的少数官兵，情势紧急，守军立即将城门紧闭阻塞，以堵截日军的攻击。这时，日军10余架飞机分别向光华门、通济门等处狂轰滥炸，同时将野山炮推进高桥门附近，向光华门轰击，厚重的木门上被大炮轰出了大洞，"不一时，洞穿二穴"，堵门沙袋内的泥沙通过门洞向外倾泻出来。日军很快明白城门已经严密堵塞，甚至"连一串蚂蚁都无法通过"❶，于是派工兵前往设法清除障碍并炸毁城门。当日下午，日军坦克及炮兵火力曾三次攻击城门，并有少数日军通过破了洞的沙袋冲进光华门内，"当时即有日军百余人在沙泥间爬入"，不过很快被守军全部歼灭，此后城门是"随堵随破，几频于危者凡三数次"❷。

　　12月9日，光华门一带的战斗状况极为激烈。日军飞机轰炸、野山炮轰击、坦克车发起攻击，中国守军的装备和兵力完全在日军炮火攻击之下。据目击者叙述："步枪的射击当地在车身上响了一下，即就完了，仿佛小孩子拾起一块小石子，去掷击牛背。"❸城门的守卫依然坚挺，但实际上也已经接近他们所能承受的最大限度。日军飞机轮番空袭，加上野山炮频繁的威力炮击，已经造成城门周围守军100多人的伤亡。南京卫戍司令部急忙电令守备在清凉山的宪兵教导二团预备队一部增援光华门。

　　宪兵部队的清凉山守备队奉命派2个连的兵力，前去光华门、通济门两处增援，由宪兵第二团周团长亲自前往部署，向鸿远中尉率领的一个排也加入增援的队伍中，他们配备有6挺捷克轻机枪，到达光华门城垣后，立刻登上了城墙。然而，城墙的位置非常危险，每当有人稍微探出身去，就被日军射击，"士兵只要从城垛口伸出头来，敌人的枪马上就响，枪响后我方士兵非死即伤"❹。增援部队根本无法知道城墙外面的战况到底是什么样的情况。守军后来想出来一个办法，用两面镜子和两把步枪通条绑在一起做了个很原始的潜望镜。通过这个镜子，看到护城河外边有日军的

---

❶ 平井茂一郎：《从军回忆录》，王卫星：《日军官兵日记与回忆》，张宪文主编：《南京大屠杀史料集》，第六十册，江苏人民出版社2010年版，第176页。

❷ 《南京卫戍军战斗详报》，中国第二历史档案馆藏档案；《南京保卫战战斗详报（1937年12月）》，中国第二历史档案馆编：《南京保卫战档案》，第8册，第409页。

❸ 谭道平：《南京卫戍战史话》，东南文化事业出版社1946年版，第63页。

❹ 向鸿远：《增援光华门侧记》，唐生智、刘斐：《南京保卫战》，第229页。

第三章　城垣战：无路可退，背水一战

9辆坦克，排着队好像是在阅兵场上一样。

双方在下午陷入了紧张的僵持状态。守军们冒着极大的危险到城外实施了一次突袭，成功地烧毁了一个面粉厂。这个面粉厂的厂房比城墙还要高，如果被日军占领，就会成为他们一个绝佳的观测点。然而，这段冲击的路途实在太艰难了。当士兵们拿着油桶和木材冲向面粉厂的时候，大多成了日军的射击目标，半途就不幸牺牲了。

当时，前往光华门阵地的卫戍司令部参谋处处长廖肯对该处第一科的谭道平说："我亲携电话机到光华门去看看，每十分钟和你通电话一次，要是摇不通了，那大势也就完了，你们即可做其他的准备。"❶ 说完，便径直去了光华门。不久，廖肯打电话给参谋处，告知进城的日军已经被全部歼灭。

原来，日军坦克车列队在大校场上，时常来冲击城门的守军部队，后来守军想方设法在城内调去4门小钢炮，轰击日军的坦克车。上午，坦克车被守军击毁了一辆，余下十数辆坦克车便退回桥对岸。后来，第八十七师的后续部队赶到光华门，直属特务队也赶来增援。几支部队彼此相互配合，对日军发起了猛烈的反攻。宪兵第二团排长向鸿远组织了全排的火力攻击，"命令六挺轻机枪都必须打三夹子子弹，其他人员要集中力量把手榴弹投下去"，由于宪兵部队位居高处，对日军进行一阵猛烈射击和投弹后，日军开始动摇了，"以我增援部队之沉着射击及友军教导总队之迫击炮命中精确，遂将已突进至光华门外护城河之敌击退"❷。

到了下午4时，守军已经击退了大校场的日军，但盘踞通光营房内及城门洞内的少数日军一直负隅顽抗。这时，教导总队的后续部队已经到达，宪兵部队增援任务完成，奉命归还清凉山阵地。此时，守卫明故宫的部队也遭到了从中山门外进攻的日军的猛攻，不得已奉命放弃原来阵地，占领淮清河、逸仙桥至竺桥之线，以阻止日军的进一步推进。

在坚守光华门的战斗中，有这样一位中国军官，不仅身先士卒英勇作战，还独创了一种杀招，让日军死伤惨重，闻风丧胆。他就是时任中央军校教导总队第一旅第二团上校团长谢承瑞。

❶ 谭道平：《南京卫戍战》，唐生智、刘斐：《南京保卫战》，第27页。
❷ 《宪兵司令部在京抗战部队之战斗详报》，中国第二历史档案馆馆藏档案；中国第二历史档案馆编：《南京保卫战档案》，第8册，第446页。

南京城防保卫战

谢承瑞，字苍荪，1904年生，江西南康人。1920年11月赴法留学，先后进入枫丹白露炮兵学校、法国兵工大学和法国炮兵大学等学习。1932年"一·二八"淞沪抗战期间，他以绥远傅作义部第三十五军联络官身份赴上海慰问第十九路军，学习考察对日作战经验。6月，赴任南京炮兵学校教官。1933年10月至1934年9月，随陆军大学校长杨杰率领的军事考察团赴欧洲考察。1935年，任中央军校教导总队教官，经他训练后的学员在后来的抗战中都勇敢有为。

1937年七七事变爆发，国难当头，谢承瑞罢教别妻，投入抗战，赴任教导总队第一旅二团上校团长。教导总队在南京建队并在此训练，熟悉地况，自然成为保卫南京的主力。在保卫光华门的战斗中，为歼灭藏在门洞里的日军，谢承瑞一方面安排官兵在外五龙桥至光华门的御道上垒起5道沙包，准备与敌巷战；另一方面，经请示桂永清总队长同意，采取了汽油火烧城门洞的方式来赶杀日军。据作战参谋刘庸诚叙述："谢团长亲率战士背着汽油桶放到城墙箭楼处。半夜，把汽油桶的口松开丢在城门洞口，立即投下火种，摔破的汽油桶里溢出的油，迅速燃烧起来……拂晓……谢团长亲自率一排英勇的战士，突然把城门打开，十几挺机关枪一齐向敌兵射击，多数均立遭击毙。"❶

12月11日拂晓，谢承瑞命令官兵利用居高临下优势，以密集火力压制敌人，亲率敢死队以浓烈火势做掩护，打开城门冲杀出去，给日军以重创，而他自己因冲锋在前，也被汽油灼伤。据教导总队小炮连代理连长严开运回忆："守卫光华门的那个团，团长谢承瑞是法国兵工大学毕业的学生，平时书生气十足，但在战斗中勇猛异常。全团官兵个个勇敢，曾和冲进城门的鬼子展开肉搏，使光华门一再地失而复得。直到奉命撤退时，光华门仍在他们顽强的固守中。"❷ 谢承瑞部在坚守光华门的战斗中因防守得力、表现优异，受到教导总队嘉奖，记大功一次。

值得一提的是，谢承瑞施用的这种火攻日军的奇招，让日军身心均受到沉重打击，苦不堪言。据参加光华门战斗的日军回忆："凌晨1时左右，敌人从城门上扔下木头，并浇上煤油点火焚烧，整夜燃烧的大火让我官兵

---

❶ 刘庸诚：《南京抗战纪要》，廖利明编：《南京保卫战文史资料》，南京出版社2019年版，第433—434页。

❷ 严开运：《难忘的战斗》，唐生智、刘斐：《南京保卫战》，第218页。

第三章　城垣战：无路可退，背水一战

吃尽了苦头。"

三、一五六师的反攻得手

12月10日凌晨，光华门附近地区的战斗依然难解难分。日军第九师团周围已经全部都是中国官兵，第三十六联队恰好在城门前，已被切断了与师团其他部队的联系。早上8时，日军第十八旅团副旅团长在七桥瓮跳进了一辆装甲车，给城门前的第三十六联队送来了补给，并接通了电话线。这样，日军又用山炮对着光华门打了一个早上。

这一天，日军对中方守军实施了报复性猛攻，光华门附近的战斗尤为激烈，"光华门复被敌突破二次，但冲入城内之敌百余人，悉被歼灭"。❶

这一天，日军在护城河南岸以炮火向光华门一带猛烈轰炸。连续几个小时不间断的炮击，使日军炮兵都暂时失去了听觉，只能靠小纸条交换、传递信息。到了下午4时，光华门城门的外门被轰出了一个大洞。

这一天，一股日军在坦克车的掩护下，突破了光华门右翼第八十七师第二五九旅的阵地；另一部日军组成敢死队，在密集火力的掩护下，冲过中和桥，突入光华门正面阵地约百米，占据桥南街道两侧房屋作为据点，掩护后续部队继续进攻；另有一股日军从城墙缺口处猛冲爬墙，企图攻入城内。

战斗愈演愈烈。教导总队总队长桂永清回到富贵山地下室，要求参谋处写了一纸临时命令，调炮兵团入城。上午，第八十三军第一五六师赶来增援通济门和光华门的城垣守备，到达阵地后立即开始赶筑工事。同时，第六十六军第一五九师控制住明故宫附近阵地，策应第一五六师作战。另外，从镇江撤回南京的第一〇三师担任中山门附近的城垣守备，也归教导总队桂永清指挥。自此，中山门、光华门、通济门一带的防守兵力得到迅速增强。

黄昏后，第八十七师部队组织了有力的反攻。由第二五九旅旅长易安

---

❶ 《南京卫戍军战斗详报》，中国第二历史档案馆馆藏档案；《南京保卫战战斗详报（1937年12月）》，中国第二历史档案馆编：《南京保卫战档案》，第8册，第410页。

南京城防保卫战

华率领一个加强团，在通济门外自西至东方向向日军侧背攻击；副师长兼第二六一旅旅长陈颐鼎率领 2 个加强营，在光华门外的清凉巷、天堂村从东向西，与易安华部共同夹击侵占光华门外面的日军。❶ 这 2 支部队借着夜色掩护，奋力突袭，激战约数小时，经多次肉搏，终将突入光华门阵地的日军全部消灭，暂时稳定了局势。但已突入城中的少数日军，仍潜伏于光华门城门洞中。

对于这次战斗的详情，可以从时任南京卫戍司令长官部参谋处科长谭道平的叙述中一窥究竟："当时日军组成了一支小的敢死队，队长是一个四十余岁的瘦小的家伙。他野兽般疯狂地率领了他的十几个部下猛冲过来，即在光华门附近，被教导总队的工兵排坚强地阻挡住了。于是在耀眼的阳光下就展开了白刃的肉搏。我们英勇的弟兄们受伤了，倒了下去，而他们，这十数个可怜的无名侵略小卒，也就一个个完毕了他们的生命。"❷

经过教导总队第二团及军士营、战车防御炮连的努力反攻和奋勇拼搏，打死了日军第十八旅团第三十六联队的伊藤善光大队长，并俘获俘虏 3 个，剩下的日军被击退。

在这场激烈的反攻战斗中，第二五九旅旅长易安华、第二六一旅参谋主任倪国鼎、营长 2 人、连长及以下官兵 30 余人，都英勇地牺牲在了光华门外的阵地上。

易安华，1900 年 4 月生，字福如，号济臣，江西省宜春县人。1925 年进入黄埔陆军军官学校第三期宪兵科。次年毕业，任军校宪兵教练所见习少尉队长，后调任中央宪兵团排长，参加北伐战争。1927 年升任浙江警备司令部第三补充团上尉连长。1928 年入南京中央陆军军官学校，次年入中央教导队。毕业后任教导第一师第一团上尉连长。1930 年升任少校营长。次年，教导师改编为陆军第八十七师，遂任该师第二六一旅第五二二团中校团附。1932 年赴上海增援第十九路军抗日，1933 年底升任上校团长。1937 年参加"八一三"淞沪会战，随第八十七师围攻上海市区日军阵地，毙伤大量日军，遂升任该师第二五九旅旅长。在南京保卫战中，率部负责防守中华门右翼阵地。12 月 10 日午后，第九师团部分日军冲入光华门，占

---

❶ 陈颐鼎：《第八十七师在南京保卫战中》，唐生智、刘斐：《南京保卫战》，第 174 页。

❷ 谭道平：《南京卫戍战史话》，第 64—65 页。

第三章 城垣战：无路可退，背水一战

据沿街房屋。易安华率部拼力反击，在头部、右臂中弹后仍带伤督战，经过8个多小时血战，战至深夜，突入的日军终被全部消灭。而易安华与第二六一旅参谋主任倪国鼎等30余名官兵在此次战斗中壮烈牺牲，后被中华人民共和国民政部追认为革命烈士。

《大公报》记者对光华门一带的战斗进行了专题报道："10日傍晚光华门一带城垣被敌攻城炮击毁数处，敌军一部虽冲入城内，当即被我包围歼灭，敌遗尸五百余具，仅十余人生还。城垣被毁之缺口，均经我工程队赶堵，并添置防御工事。我军士气悲壮，人人抱必死之决心。"❶

经过激战，光华门阵地的日军已经被击退，但少数潜入城门洞圈里的日军仍旧在做垂死抵抗。守军观察后判断，藏在门洞圈内的这些日军是打算等天黑后再从门洞中出来偷袭。

晚上，第一五六师组织了敢死队，挑选了数十名队员，带上机枪、手榴弹等，用绳索坠城而下，将潜伏在城门洞内的一小股日军全部消灭。敢死队员完成任务后并没有沿着绳索爬上去，而是又奔向通光营房，将盘踞在通光营房内的日军一道歼灭。而这数十位敢死队员们，也没有一个生还，全部壮烈牺牲。

在南京保卫战中，光华门是城垣攻防战中的重要关口之一，是日军首先要突破的城门。发生在光华门一带的战斗是南京保卫战中最为惊心动魄的战斗。在12月9日凌晨至11日拂晓，日军数次猛攻光华门，小股日军冲入城门洞内，教导总队多次组织歼灭，才使日军退却。作战参谋刘庸诚这样回忆这场战斗："光华门的战斗，我们遭到的伤亡不小，但战绩卓著，是非常称道的。"❷ 宪兵教导第二团第二营营长马崇兴也对光华门增援战有这样的描述："南京复廓战打响后，敌猛攻光华门，教导第二团第三营第九连向斌排长率加强排增援教导总队谢承瑞团……奋力杀敌，击退日军进犯，并掩护谢承瑞团坠城烧毁日面粉厂高楼据点。"❸

光华门的战斗是由南京卫戍司令部副长官刘兴亲自指挥的，这一次激战，也使日军为之叹服。据参加进攻光华门的日军第十九联队士兵宫部

---

❶ 《首都附郭仍激战中》，汉口《大公报》，1937年12月12日，第1张第2版。

❷ 刘庸诚：《南京抗战纪要》，廖利明编：《南京保卫战文史资料》，第434页。

❸ 马崇兴：《伤亡殆尽的宪兵教导第二团》，唐生智、刘斐：《南京保卫战》，第225页。

南京城防保卫战

一三回忆，光华门的争夺战异常激烈："虽然一度占领了城门，但是我军炮击停止后，敌军又大举反攻，我奋勇迎击，弹药很快消耗殆尽，官兵们挥动出鞘的刀刃准备肉搏战。敌人一边向我军投掷手榴弹，一边围住我军，进行猛烈射击。我士兵死伤大半。"❶日军步兵第三十六联队战史这样描述光华门战斗："在这次战斗中，联队的损失为：伊藤善光少佐等275人死亡；小川清大尉等546人负伤。"❷

经过12月9日、10日的激战，日军伤亡惨重，12月11日便将主力攻击目标转向雨花台、中华门一带，光华门和通济门方面暂时转危为安。

---

❶ 宫部一三：《风云南京城》，王卫星编：《日军官兵回忆》，张宪文主编：《南京大屠杀史料集》，第三十三册，江苏人民出版社2007年版，第43页。

❷ 《鲭江步兵第三十六联队史》，王卫星编：《日军文献》（上），张宪文主编：《南京大屠杀史料集》，第五十六册，江苏人民出版社2010年版，第143页。

第四节　数千壮士血染雨花台

地处城南中华门外的雨花台，拱卫着南京的南大门。在南京保卫战期间，中国军队第七十二军第八十八师官兵在这里与来犯的日军进行了英勇悲壮的浴血奋战，旅长朱赤、高致嵩两名将军光荣殉国，全师官兵损失数千人。中国军人的鲜血染红了雨花台的山岗土地。

一、扼守南京"南大门"

雨花台是南京南线正面的重要防御阵地。台高100米，长约3500米，由西向东，分有石子岗、凤台岗、梅岗三处主要山岗。因该处为南京城南面的制高点，被称为南京的南大门，历来是兵家必争之地。太平天国时期、辛亥革命时期，这里都曾经发生过为争夺城池的激战。

在南京保卫战中，雨花台因其独特的地理位置，成为中日两军交火的主要战场之一。负责守卫雨花台阵地的是第七十二军第八十八师孙元良部，下辖第二六二旅和第二六四旅，孙元良兼任军长和师长，旅长分别是朱赤和高致嵩。参加攻击这一阵地的日军为第十军所属的第六师团和第一一四师团各一部。

战前，军长孙元良按照蒋介石的嘱咐，将朱赤、高致嵩叫到军部指挥所，向两人分析了战前形势和雨花台的地形，下达了作战任务，朱旅、高旅分别负责防守雨花台阵地的右翼、左翼。两位旅长返回旅部后便带着官兵，勘察地形并加强守备工事。

在备战时期，南京军民就在雨花台阵地修筑了由铁丝网、堑壕、火力点和混凝土碉堡等构成的防御工事网。较小的正面，纵横、交叉的战壕，以及复杂的地形，使这一阵地易守难攻。但是，日军比中国守军占有绝对优势的是由飞机、火炮形成的立体进攻，这使得纯粹依赖地形的阵地防御

南京城防保卫战

失去了优势。

12月9日上午，雨花台的战斗打响。日军以一个联队向雨花台阵地发起攻击，中国守军奋起还击，将其击退。下午，日军又增加了一个联队，再次发起进攻，守军第二六四旅旅长高致嵩亲率第五二八团两个营增援。一场恶战下来，"敌人横尸六七百具，被打退"❶，而第二六四旅也付出了很大的伤亡代价。

12月10日，日军向雨花台、通济门、光华门、紫金山第三峰同时攻击。其中，第六师团第十一旅团旅团长坂井德太郎亲自指挥部队猛攻雨花台阵地。这一天的战斗较12月9日更为激烈。据时任第八十八师师部参谋卢畏三叙述："十日，从早晨七时起敌机和大炮轰炸扫射之后，即以两大队分由两侧猛攻雨花台，双方死伤惨重，我军仍然坚守不动。"❷不过，由于守军炮兵阵地在山腹后面，没有很好地发挥威力，没有能够给日军以破坏性的打击。据《南京卫戍军战斗详报》记载：12月10日，雨花台第八十八师阵地右翼"稍形动摇，失去阵地前要点三数处"❸。

战斗进行到12月11日，更加惨烈。第二六四旅将预备队第五二八团与所附工兵一营都调上第一线参加战斗，与日军反复冲杀，一次又一次击退了敌人的进攻。日军一次次地冲上了山顶，又一次次地被打了下去。旅长高致嵩"率部凭借坚强工事，沉着抵抗，痛击敌于阵地前，寇尸遍野，其骄横之气稍挫"❹。高致嵩多次率领官兵奋勇逆袭，与冲入守军阵地的日军白刃格斗，杀得日军胆战心惊，败退而归。

与此同时，第二六二旅也不甘示弱，与第二六四旅并肩战斗，打退了日军的多次集体冲锋，使日军伤亡惨重，遗尸累累。第二六二旅负责防守的是光华门—中华门一线的城垣，以该旅下辖的第五二三团和第五二四团

---

❶ 卢畏三：《第八十八师扼守雨花台、中华门片断》，唐生智、刘斐：《南京保卫战》，第185页。

❷ 卢畏三：《第八十八师扼守雨花台、中华门片断》，唐生智、刘斐：《南京保卫战》，第185页。

❸《南京卫戍军战斗详报》，中国第二历史档案馆馆藏档案；《南京保卫战战斗详报（1937年12月）》，中国第二历史档案馆编：《南京保卫战档案》，第8册，第411页。

❹ 秦孝仪主编：《中华民国重要史料初编·对日抗战时期》，第二编《作战经过（二）》，第239页。

第三章　城垣战：无路可退，背水一战

为主力。在12月9日的光华门一带战斗中，第五二四团损失巨大，雨花台一线在日军的狂攻之下全面陷入恶战。旅长朱赤以两个团扼守离雨花台4公里的平堰，以一个团固守雨花台，旅指挥部设在雨花台山上。日军用飞机、大炮向雨花台阵地猛烈轰炸，工事大部分都被炸毁。朱赤率部顽强抗击，不让日军前进一步，后来，在第二六四旅高致嵩部两个营的连续增援下，方才保住了阵地。

当时，《申报》以"我扼守雨花台炮台"为题，在显著位置报道了该日发生在雨花台的战斗，报道这样写道："日军籍飞机大炮及坦克车之助，猛攻中国守军，决欲占领南京，故首都五门均有激战，其中以中华门（即南门）外之战事为最烈，闻该处华军坚守雨花台山顶之炮台，猛烈抵御。雨花台山顶之上，共有炮台三座，保障南门之入口。"❶

面对凶悍的日军，中国守军进行了坚决果敢的抵抗。南京卫戍司令长官唐生智表示："吾军以血肉之躯，与钢铁相争，伤亡之数，当然重大。目下南京全城已处猛烈轰炸之下，雨花台及紫金山附近仍在激战中。我军现正扼守雨花台山顶之炮台，猛力抵御。首都局势，仍在我军控制之下，现正坚决抵抗，我军之士气，殊为激昂。"❷

12月11日午后2时，第八十八师右翼阵地被日军突破，中华门城门也被日军大炮击毁，有少数日军冲进城门内，但很快被中方守军歼灭。日军长谷川、冈本部队在安德门高地方面极力扩张战果，山本部队已迫近距离雨花台七八百米之线。当日晚，卫戍司令部下令第八十八师"缩短阵线，固守城外主要阵地，右与第七十四军左与第八十七师密切联系，其城垣防务（除中华门、雨花台附近外）由第一五六师和第七十四军分担"❸。第八十八师随后奉命收缩阵地，固守雨花台与中华门附近城垣。

12月12日，日军因为在光华门频频受挫，转而集中兵力朝雨花台、中华门方向发动总攻击。

---

❶《光华门争夺剧烈，我扼守雨花台炮台》，《申报》，1937年12月12日，第2版。
❷《光华门争夺剧烈，我扼守雨花台炮台》，《申报》，1937年12月12日，第2版。
❸《南京卫戍军战斗详报》，中国第二历史档案馆馆藏档案；《南京保卫战战斗详报（1937年12月）》，中国第二历史档案馆编：《南京保卫战档案》，第8册，第412页。

二、八十八师誓与阵地共存亡

12月12日拂晓，"敌于痛创之余，益逞其凶残野性"，"集中飞机百余架，大炮数十门"，❶配合数千步兵，以绝对优势兵力，分三路向雨花台阵地发起集体冲锋，战况比前几日都更为激烈和惊心动魄。

一时间，雨花台阵地浓烟四起，火光冲天，枪炮声震耳欲聋。据《陆军第八十八师南京之役战斗详报》记载，当天战况极为激烈："敌挟战车、飞机、大炮及精锐陆军不断施行猛攻，我二六二旅长朱赤、二六四旅长高致嵩，团长韩宪元、李杰、华品章，中校参谋赵寒星，营长黄琪、符仪廷、周鸿、苏天俊、王宏烈、李强华各率部反复肉搏，奋勇冲杀，屡进屡退，血肉横飞。"❷

第二六二旅长朱赤、第二六四旅旅长高致嵩在守卫雨花台的战斗中指挥若定，率部极力抵抗日军的猛攻，官兵们均勇往直前，誓与阵地共存亡。上午10时，雨花台已陷入激战，到中午时，第八十八师雨花台主阵地失守。

第八十八师的广大官兵，在坚守雨花台阵地的战斗中，发扬了崇高的爱国主义精神，付出了巨大的牺牲，大部分壮烈殉国。"上午团长韩宪元，营长黄琪、周鸿、符仪廷先后殉难；下午旅长朱赤、高致嵩，团长华品章，营长苏天俊、王宏烈、李强华亦已弹尽援绝，或自戕或阵亡，悲壮惨烈。"❸第五二七团团长李杰率部突围至飞机场，被日军击伤自杀。

朱赤，1903年生，字新民，江西省修水县人。黄埔陆军军官学校第三期步兵科学员，军校毕业后参加北伐战争，作战勇敢。后参加抗日战争，屡立战功。在南京保卫战雨花台的激战中，面对敌人密集疯狂的集体冲锋，朱赤沉着指挥，以步兵火力与日军相持，日军死伤惨重。阵地危急时，朱赤亲率敢死队，振臂高呼，杀入敌群。官兵们在旅长的带领下，勇气倍增，跟随旅长冲入敌群，不怕牺牲，以血肉之身与日军浴血拼搏。

当日军的进攻愈来愈猛烈时，第二六二旅友邻部队的阵地纷纷动摇。旅长朱赤深明大义，为救国救民，抱定一死决心。他督促士兵，只许前进，

---

❶ 秦孝仪主编：《中华民国重要史料初编·对日抗战时期》，第二编《作战经过（二）》，第239页。

❷ 《陆军第八十八师淞沪抗日战斗经过》，中国第二历史档案馆馆藏档案。

❸ 《陆军第八十八师淞沪抗日战斗经过》，中国第二历史档案馆馆藏档案。

第三章　城垣战：无路可退，背水一战

不能后退，一次又一次地打退了日军的进攻。由于所部新兵居多，缺乏充足的时间休整，加之连续作战，部队损失严重，最后只剩下一个特务连的兵力。日军仍如潮水般扑来，朱赤意识到突围已不可能，只有决一死战。他命令士兵把几十箱手榴弹的盖子全部打开，用绳子把导火索串联起来，摆在阵地前，等到日军进攻至阵地前沿时，几百枚手榴弹全部爆炸。日军血肉横飞，遗尸遍地。

12月12日早晨，屡次进攻失败的日军恼羞成怒，集中了百余架轰炸机和数十门重炮猛攻雨花台阵地，再以优势步兵进行冲锋。朱赤率领部队拼死抵抗，宁死不屈。日军再次发动组织进攻，由于部队弹尽力竭、守军阵地全毁，朱赤坚持战斗到了生命的最后一刻，与全旅官兵壮烈殉国，年仅33岁。2014年9月1日，中华人民共和国民政部公布了第一批300名著名抗日英烈和英雄群体名录，朱赤也位列其中。

高致嵩，1898年生，广西岑溪归义镇谢村人，毕业于黄埔军校第三期。为人诚恳，智勇双全。"八一三"淞沪会战期间，高致嵩任第八十八师团长，率领部队在闸北八字桥一带设防，抵抗强敌，屡建殊功，很快被任命为第八十八师第二六四旅少将旅长。在南京保卫战期间，他率部负责固守中华门外雨花台左翼阵地，星夜构筑坚固工事。他指挥部队对日军进行了殊死抵抗，左翼阵地寸土未失。12月11日，高致嵩所部面临后援断绝的艰难处境，战斗进行到12月12日凌晨，伤亡惨重的守军依然牢牢控制着雨花台，然而友邻部队朱赤的第二六二旅已经伤亡殆尽。如此艰难的情况下，高致嵩带领官兵们杀向敌阵，和日军拼起了刺刀。短兵相接中，高致嵩耳朵被咬掉一只，鲜血直流。他顾不上包扎，忍着剧痛迎接更激烈的战斗❶。日军凭借后续增援，第二六四旅全旅官兵数千人弹尽援绝，壮烈殉国。战后，国民政府追认晋升其为陆军中将。

雨花台失陷后，守军部队未能组织好撤退转移工作，致使官兵再次遭到不必要的牺牲。由于中华门早已堵塞，退下来的官兵无法入城，又无长梯、绳索等攀城工具，只好沿护城河两岸退却，被日军的战车肆意尾追和射击，伤亡惨重。据《南京卫戍军战斗详报》记载："（12日）至午后三时，

---

❶ 中国青年网.南京保卫战：8名国军将领殉国全过程解密．[2015-02-02]．http:// news.youth.cn/gn/201502/t20150202_6451634.htm.

南京城防保卫战

八十八、八十七两师各一部溃退部队，经中山路北走拟出挹江门，至铁道部附近为本部特务队及三十六师所阻，不听，秩序益紊。"❶

据战后统计，第八十八师原有6000名官兵坚守雨花台，经过连日血战，大部伤亡，后又有部分官兵因未能撤退江边，遭到日军屠杀，最后被收容的兵员只剩下四五百人。

日方现存档案文献中，也记载了日军在南京雨花台一带的血腥战斗场景和惨重损失状况。日军第六师团曹长长野喜诚在回忆攻击雨花台阵地的战斗时写道：日军一个由40个敢死队员组成的爆破队，"仅有3名伤员活下来，其余全部阵亡了"。❷ 在爆破成功后，一个步兵中队发起冲锋，"这个步兵中队，最后只剩下几十人，其余的都为国捐躯了"。❸ 由此可见，日军伤亡也很惨重。

---

❶ 《南京卫戍军战斗详报》，中国第二历史档案馆馆藏档案；《南京保卫战战斗详报（1937年12月）》，中国第二历史档案馆编：《南京保卫战档案》，第8册，第413页。

❷ ［日］长野喜诚：《遗憾与激动的交响乐》，曹大臣编：《日军第六师团官兵回忆》，张宪文主编：《南京大屠杀史料集》，第六十二册，江苏人民出版社2010年版，第331页。

❸ ［日］长野喜诚：《遗憾与激动的交响乐》，曹大臣编：《日军第六师团官兵回忆》，张宪文主编：《南京大屠杀史料集》，第六十二册，第332页。

第五节　中华门内外的拼杀

中华门城楼建于明代，是南京城门中最大的一座城楼，气势恢宏，刚劲雄伟，南北长128米，东西宽90米，前后共有四重城门，筑有23个藏兵洞，号称可藏兵三千，堪称世界之最。城墙之宽，可五马奔驰，状如长城，且登高望远，城内城外一览无余。门外的秦淮水，横贯城门前，更提高了它的军事价值。中华门城墙自建成后发生过近百次血战，1937年初冬，古老的中华门城堡再次遭遇劫难。与之毗邻的雨花台阵地陷入敌手后，中华门的激烈战斗也开始了。

一、凶残的谷寿夫

12月9日，南京卫戍司令长官唐生智得知牛首山、淳化镇战况告急时，他估计日军以一部兵力继续攻打这两处阵地的同时，很快就会以另一部兵力绕过牛首山、淳化镇而直奔雨花台、中华门而来。副司令罗卓英认为，日军进攻光华门、通济门、紫金山失败后，会集中精锐部队对中华门发起猛烈攻击。

果不其然，日军方面进攻中华门的是雨花台方向的第六师团和第一一四师团。其中，第六师团为主攻，第一一四师团为辅攻。第六师团师团长是陆军中将谷寿夫，此人在日军中以凶残著称。

谷寿夫，1882年出生于日本福冈县。1903年毕业于日本陆军士官学校步兵科。1905年参加日俄战争，因"作战勇敢"多次立功。1912年从日本陆军大学毕业后，任驻印度使馆武官。在此期间，他曾多次秘密谋杀反日的印度高官。后来，他担任步兵第六联队联队长，曾暗杀了影响他升迁的同事田攻二郎。在担任陆军第三师团参谋长期间，有一次喝醉酒，竟将一个毫不相识的人扔进河里活活淹死。这么一个凶残至极的人，在日本军国主义统制下官运极为亨通。1930年，48岁的谷寿夫晋升为陆军少将，4年之后又晋升为中将，侵华战争开始后担任第六师团师团长。

七七事变后，谷寿夫先是在华北地区率部参加永定河一带的战斗，11月初又转进淞沪战场，血洗金山卫、攻占松江镇。他纵兵施暴过的村庄有数十个，一路制造了无数血腥罪行。一位美国记者在文章中写道："谷寿夫以魔王般的疯狂暴怒，在大雾中向四面八方飞驰冲击，到处杀人放火，每个村庄男女老少被他杀的一个不剩。"日军攻占上海后，谷寿夫又奉命由松江沿嘉兴、平望镇、湖州、广德向南京前进，沿途到处都留下了第六师团烧杀淫掠的罪行。

谷寿夫对自己的部下也毫不留情。他曾在日记中记录，因为日本军官在全世界军官中的个子最矮，而他又是在日本军官中个子最矮的，他担心下属不听话，尤其在关键时刻不服从他的指挥，所以豢养了4条大狼狗，只要发现谁不服从他的命令，便唆使狼狗一哄而上，将他们一阵撕咬。部下多被吓得哭爹喊娘跪地求饶，因而对他言听计从，从来不敢说一个不字。

在中华门，谷寿夫依旧带着大狼狗，给他的下属下达命令。他要求佐藤联队长和岛田联队长，黄昏前一定要攻占中华门，冲不进去就是狼狗的盘中餐。

二、敢死队城内歼敌

负责坚守中华门的是第七十二军第八十八师孙元良部和第七十四军第五十一师王耀武部下辖的第三〇六团。南京卫戍军副司令长官罗卓英亲临中华门前线指挥。

12月9日，有一部日军突入到中华门城楼底下，并有少数日军冲到了城门下，占据了沙包掩体工事，用机关枪向中方守军部队扫射。情况十分危急，守军第八十八师官兵毫不畏惧，马上组织反攻，同时城楼上的士兵将集束手榴弹往下扔，把日军赶了出去。此后，恢复了中华门城楼下的阵地，暂时解除了日军对城内的威胁。

12月10日下午，在日军拼死攻击下，雨花台部分阵地失守，随后日军将炮兵阵地推进到雨花台，掩护坦克和步兵，向中华门城垣攻击。日军的炮弹如雨点般落在城墙上，守城官兵伤亡惨重。随即，两辆日军坦克车掩护步兵企图冲过中华门外秦淮河上临时架起的桥。正在中华门城楼上指挥作战的第五十一师第三〇六团团长邱维达，立即命令属下使用步兵炮数门，直接瞄准射击。日军两辆坦克均中弹掉入秦淮河里。步兵失去了坦克的掩护，纷纷后逃。邱维达又令一个加强连出击，击毙俘获数十人，极大地鼓舞了全团士气。

由于日军对光华门、通济门城垣一带一直久攻不下，且牵制过多兵力，伤亡较大，12月11日，他们改变了主攻方向，转而集结兵力和重武器，向雨花台、中华门一带发起猛烈攻击。日军飞机持续不断向中华门城门内外投弹轰炸，"城墙附近的街道、房屋，受到很大破坏"，日军炮兵借助轰炸掩护，趁中国军队猝不及防，集中火力向城门进行猛烈炮击。中华门外有一些建筑，"日军就利用这些民房构筑了工事，开了枪眼向城上射击，所以在城墙上运动很难"。❶

孙元良命令第八十八师官兵对冲入城内的日军进行围歼，双方开始了肉搏厮杀。据第五十一师第三〇六团团长邱维达回忆："当时，我带着部队跑到中华门，见到孙元良时，听到他的嗓子都喊哑了，满脸的汗水、泪水混在一起，我的心沉重起来，一切不用他交代就明白了，我命令部队协助八十八师围歼敌人。我先用一个营堵住城门，不让后续的敌人进城，再用两个营与敌人拼刺刀。双方都踩着尸体拼杀，就连双方的伤员都躺在地上翻滚厮杀，他们用手互相扯拉着对方的伤口，伤员们已无力呻吟，更无力呐喊，却用尽最后一点力气，在滑腻腻的血地上扭打在一起。"谭道平对此也有叙述，守军"躬身炮火，在中华门一带和敌人展开了壮烈的巷战，把攻入的敌军全部消灭"❷。

12月12日，自拂晓起，日军的飞机、大炮密集地向各城门轰炸，坚固的城墙被炸得石块乱飞，四周的房屋倒塌了，城墙洞开，使得城里的士兵可以看到城外的敌人。30余架敌机盘旋天空，不时扔下炸弹和宣传品，劝告守城将士们投降。日军一早便进入雨花台北端附近，加紧了对中华门的攻击。

---

❶ 王晏清：《南京保卫战片断》，唐生智、刘斐：《南京保卫战》，第38页。
❷ 谭道平：《南京卫戍战史话》，第66页。

南京城防保卫战

　　上午 9 时左右，第三〇六团第三营营长胡豪向团长邱维达电话报告说，中华门与水西门之间有一处城垣被日军炸开了，攻城的日军正在利用绳梯爬上城墙。邱维达立即命令第三营挑选百名精壮战士组织敢死队，并严令务必在一小时之内，将突入城墙的日军完全肃清。命令下达后，胡豪迅速组织了敢死队，并率队向城墙突破口冲杀过去。邱维达同时指挥全团火力给其掩护。一时间杀声震天动地，不到一小时，便将突入的日军全部歼灭，另又俘虏了 10 余人。敢死队自身也伤亡惨重，"营长胡豪、少校团附刘厉滋不幸中弹英勇牺牲"。❶

　　中午，中华门以西城垛被日军炸毁多处，不断有小股日军冲上城墙，日军还派出敢死队，用竹梯攀登城墙，企图将太阳旗插上中华门城顶。守军对爬上云梯的日军扫射，并掀翻了日军的云梯，与已经爬上城顶的日军展开了近身肉搏。日军借助后续部队增援，架起轻机枪，扩大了立足点，而中方守军部队的装备差了很多，只能端着旧式步枪、挥舞着大刀，与日军进行搏杀，短兵相接、刺刀见红。连珠般的机枪声、流弹的嗖嗖声和炮弹落地的巨响声混成一片，期间还夹杂着士兵掉进护城河中的飞溅声。

　　下午，防守雨花台阵地的第八十八师奉令向中华门方向撤退，但"退入城内之部队混乱异常，云梯、城门撤闭不及，为敌侵入约三百"。❷ 午后 2 时，爬墙登上中华门城顶的日军大约有 200 人，城顶上的守军只有第三〇六团，该团受制于"左翼守兵又不复不战而退，东段城垣翕无一人"，"虽奋力将该敌驱逐，然因受雨花台敌火之瞰制，兵力又极单薄，完全处于被动挨打地位"。❸

　　12 月 12 日晚 7 时，守卫该阵地的第三〇六团团长邱维达接到师长王耀武的电话，接受指令如下："南京全城战况混乱，要作有计划战斗已不可能。为了保持一部分实力作尔后长期作战计，部队完成当前任务后，应相机撤退，浦口以北为撤退方向。"❹

---

　　❶ 邱维达：《淳化阻击战》，唐生智、刘斐：《南京保卫战》，第 169 页。
　　❷ 《南京卫戍军战斗详报》，中国第二历史档案馆馆藏档案；《南京保卫战战斗详报（1937 年 12 月）》，中国第二历史档案馆编：《南京保卫战档案》，第 8 册，第 413 页。
　　❸ 邱维达：《淳化阻击战》，唐生智、刘斐：《南京保卫战》，第 169 页。
　　❹ 邱维达：《淳化阻击战》，唐生智、刘斐：《南京保卫战》，第 169—170 页。

第三章　城垣战：无路可退，背水一战

邱维达随即召集营长、连长一起，凭借微弱的手电筒光，在城墙上研究撤退路线。不料，日军看到城墙上的手电光，立即以机枪瞄准扫射，邱维达左腿中弹骨断，被救下火线，由团附继续指挥部队战斗。

中华门城垣附近的战斗是悲壮的。据日军步兵第四十七联队战史记载："被分散安排在城墙上的支那监视兵，大叫着从各个地方爬出来围向日本兵，互相投掷手榴弹，在浓浓的硝烟中，夹杂着刺刀穿透肉体的声音、殴打声和伤者的呻吟声。"他们称"这是一场惨烈的肉搏战"❶，有的日军还称这是一场"殊死的战斗"或"地狱图"。中国军队在中华门附近一带进行了英勇抵抗的战斗，"万千无秩序的士兵，自发地迎了上去，用自己的身躯阻遏敌人的长驱直入"❷。无奈日军攻势猛、火力足，"相持至晚七时，已阵亡营长万琼、胡豪二员，负伤团长邱维达一员，连长以下一千三百余名"。❸

当晚，守军奉令开始撤退，日军第六师团、第一一四师团最终占领了中华门。

---

❶ 《大分第四十七联队奋战记》，曹大臣编：《日军第六师团官兵回忆》，张宪文主编：《南京大屠杀史料集》，第六十二册，第114—115页。

❷ 谭道平：《南京卫戍战》，唐生智、刘斐：《南京保卫战》，第29页。

❸ 《陆军第五十一师战斗详报》，中国第二历史档案馆馆藏档案；《陆军第五十一师卫戍南京战斗经过》，中国第二历史档案馆编：《南京保卫战档案》，第8册，第260页。

第六节　战火、血雨中的古城

在光华门、中华门等地持续恶战的同时，位于南京城西南的水西门、赛公桥，以及南京城东北的乌龙山等一带阵地，也发生了激烈的战斗。

一、水西门外的抵抗

当时，水西门外设有上新河和棉花堤等阵地要点。外围阵地淳化镇、牛首山一线被先后突破后，守军第七十四军俞济时的两个师便奉命向水西门附近集结，以一个师担任守备、一个师为预备队。其中，第五十一师担任水西门一带的城墙及水西门外的防务，迅速构筑纵深工事并固守阵地。第五十八师在城内集结于水西门以东地区为预备队，左与第八十八师的战斗地连接，以中华门、水西门中间的城墙角及该城角以左100米处归第五十一师，左归第八十八师。且没有命令不准溃散，官兵进入防线以内。

第五十一师接到命令后，立即部署如下：第一五一旅周志道部担任水西门外的防务，第一五三旅李天霞部担任沿城墙的防务，进驻水西门、中华门间的城角及其以左100米处的城墙阵地，左与第八十八师密切联系，加强工事并固守。另外，在此地布防的中国军队还有宪兵教导团第二团第一营，任务是增援第五十八师右翼。宪兵部队萧山令部2个团的兵力部署防线较长，涉及南京城中西南和东南两个方位，较为分散。其中，宪兵第二团、教导团、特务营、第五团第一营及重机枪十连为清凉山守备队，守备清凉山至汉中门、水西门、棉花堤、上新河一线阵地，宪兵第十团为明故宫守备队，守备明故宫、复成桥、三十四标一线阵地。[1]

---

[1] 《宪兵司令部在京抗战部队之战斗详报》，中国第二历史档案馆馆藏档案；中国第二历史档案馆编：《南京保卫战档案》，第8册，第443—444页。

第三章 城垣战：无路可退，背水一战

12月10日，一股日军进抵水西门外上新河、棉花堤一带。时至中午12时，日军骑兵一个连队和便衣队约200人，向棉花堤阵地发起猛烈进攻。宪兵教导团第一营和宪兵第五团的重机枪连与日军发生接触，在第二连连长杨子光和排长凌光欧的指挥下，官兵沉着应战。日军以三、五点放射击，守军特等射手董学仁、苏显汉也以点放还击日军，使日军受创。战斗中，守军官兵伤亡30余人，特等射手董学仁不幸中弹壮烈牺牲。❶

12月11日，第五十一师在水西门外湖沼地带发现了日军的侦察部队，立即将其击退。而棉花堤的战斗比昨日更加激烈了。拂晓，日军联合步兵、骑兵、炮兵等多个兵种向阵地发起猛烈进攻。面对日军的凶猛进攻，守军宪兵部队全体官兵前仆后继，始终牢牢守住阵地。据参加此次战斗的宪兵教导团第二营营长马崇兴回忆：这一天从清晨起，日军就向该阵地发起了猛烈进攻，并以坦克掩护步兵前进。经宪兵部队顽强抵抗，终于阻止了敌人的攻势，日军没有得逞，但守军在激烈的战斗中，又伤亡了30余人。❷ 当日，友军第五十八师遭到了日军的猛烈袭击后向江东门一带撤退，宪兵部队的棉花堤阵地便显得突出，"不得已，乃退至棉花堤稍后之线，继续抵抗"❸。

12月12日上午7时左右，日军步兵自雨花台以右地区，在其炮兵及战车掩护下，向水西门外第一五一旅的阵地发起猛烈攻击。战斗正在激烈进行之际，日军再次利用3辆战车做掩护，派步兵向守军阵地冲击，企图一鼓作气突破第一五一旅的防线。第一五一旅立即组织了有力反击，集中炮火向日军射击，日军的战车慌张之下乱了方寸，横冲乱撞了起来，其中有一辆一头栽倒进河沟里，人亡车毁，其余两辆仓皇后退。这时，雨花台正面的战事也是十分激烈，第八十八师的受伤官兵也退下来了很多。

日军攻占雨花台后，继续在其坦克的掩护下，向中华门、水西门等地发起疯狂进攻。日军一部在中华门与守军战斗时，冈本保部队则向西继续

---

❶ 马崇兴：《伤亡殆尽的宪兵教导第二团》，唐生智、刘斐：《南京保卫战》，第226页。

❷ 马崇兴：《伤亡殆尽的宪兵教导第二团》，唐生智、刘斐：《南京保卫战》，第226页。

❸ 《宪兵司令部在京抗战部队之战斗详报》，中国第二历史档案馆藏档案；中国第二历史档案馆编：《南京保卫战档案》，第8册，第448页。

南京城防保卫战

行进强攻水西门阵地，第一五一旅阵地支撑不住，守军第一道阵地被突破。战斗持续到下午4时左右，日军占领城墙一角，第一五一旅伤亡惨重。

守卫水西门外棉花堤的战斗也十分激烈。连续多日浴血奋战的宪兵教导团第二团第一营部队，不顾伤亡严重，一连击退了日军的3次冲锋，到下午4时全营已经伤亡过半，但仍在做坚决抵抗。晚上7时，宪兵教导团第二团第一营部队接到撤退命令，后坚持到晚上8时，开始在黑暗中掩护撤退，此时，全营伤亡已达三分之二。❶

宪兵教导团第二团第二营守卫水西门、汉西门、清凉门，日军每天炮击清凉山要塞，加上飞机轮番轰炸，第二营官兵以炮还击，双方均有伤亡。第二营伤亡30余人。宪兵教导团在南京保卫战结束后撤退到长沙收容清理，一个团仅剩下4个连的兵力，损失和生死不明者总数有5个连800余人。❷

二、赛公桥上的肉搏战

赛公桥位于中华门与水西门之间，是南京西南方向城墙拐角处的重要通道。负责防守赛公桥的中国军队为第七十四军第五十一师王耀武部。

12月11日晚11时，第五十一师奉命换守赛公桥经沈家圩迄关帝庙以东之线，并以一部担任水西门以南800米处起迄西南城角之城垣守备，左与第八十八师、右与第五十八师切取联络。该师随即部署如下：

> 以一五一旅之程团全部及三〇五团之残余，扼守赛公桥至关帝庙以东之线。一五三旅邱团全部及三〇一团之残余，扼守水西门以南八百米处至西南城角之城垣构筑工事，掩护附廓阵地之战斗。❸

---

❶ 马崇兴：《伤亡殆尽的宪兵教导第二团》，唐生智、刘斐：《南京保卫战》，第226页。

❷ 马崇兴：《伤亡殆尽的宪兵教导第二团》，唐生智、刘斐：《南京保卫战》，第226页。

❸ 《陆军第五十一师战斗详报》，中国第二历史档案馆馆藏档案；《陆军第五十一师卫戍南京战斗经过》，中国第二历史档案馆编：《南京保卫战档案》，第8册，第259页。

第三章　城垣战：无路可退，背水一战

根据命令，第五十一师第一五一旅第三〇二团程智部及第三〇五团张灵甫部的残部，于12月11日夜开始接防赛公桥一带防守阵地，掩护复廓阵地的战斗。

12月12日拂晓，日军集中炮火轰击赛公桥及西南城角，迅速以坦克车10余辆、飞机20多架，掩护步兵进攻赛公桥，"战况之烈，空前未有"。赛公桥被日军突破数次，幸赖守军与日军英勇肉搏，经过3个小时的恶战，将赛公桥阵地完全恢复。在这次战斗中，"击毁敌战车四辆，毙敌五百余名，获轻重机枪十余挺，步枪四十余支"，守军也付出惨重代价，"三〇二团团长程智阵亡，营长曹恕初受伤，连长以下伤亡一千七百余名"。❶

程智，湖南醴陵人。早年读书时受进步思想影响投笔从戎，毕业于黄埔军校第五期。抗战初期，在王耀武部第五十一师第三〇二团任团长，率部参加淞沪会战。出征前，他给刚怀孕没几个月的妻子留下一封信："总算等到了与日寇交手的一天。此正是男儿报国之时，余决心以七尺之躯许国。惟盼吾妻能顺利分娩，所生勿论男女，望善抚之，以继余志。"❷

上海沦陷后，程智率领第三〇二团撤至南京，驻守南郊及水西门外一带。12月12日拂晓，日军集中炮火轰击中华门，程智坚守赛公桥阵地，右手3根手指被打断，血流不止，副官劝他退下，但他仅稍做包扎，便又回到阵地。

在日军飞机的隆隆轰炸声中，程智团长激励属下官兵："南京是我国首都，城内有我们的父母兄弟，决不能让鬼子前进一步，我们要与阵地共存亡。死在这里，死得其所！"话音才落，程智腹部被日军机枪击中9弹，壮烈牺牲，年仅30岁。当时已负伤的第三〇六团团长邱维达找了个大木盆，将他埋在了赛公桥旁。程智后来被国民政府追认为陆军少将。

程智团长的牺牲再次激起了全团官兵的英勇斗志。在此次战斗中，赛公桥数次被日军占领，但都被守军夺回，直到南京卫戍司令部下达撤退命令时，赛公桥阵地仍然掌握在守军手中。

---

❶ 《陆军第五十一师战斗详报》，中国第二历史档案馆馆藏档案；《陆军第五十一师卫戍南京战斗经过》，中国第二历史档案馆编：《南京保卫战档案》，第8册，第259页。

❷ 人民网.南京保卫战3位将军牺牲：程智腹部中9弹肠断而死．[2012-12-13]．http://culture.people.com.cn/BIG5/n/2012/1213/c172318-19884845.html.

三、乌龙山血战

位于南京东北方向的乌龙山一带也发生了一场规模不小的战斗。

负责守备乌龙山一带阵地的是从武汉开赴南京的第二军团徐源泉部。该部下辖的第四十一师于12月4日左右到达南京，负责南京外围栖霞山的守备作战任务。12月8日从栖霞山撤守乌龙山要塞，以第一四二旅（欠二七三团）专任乌龙山要塞守备，右与教导总队连系。❶ 第四十八师于12月8日左右到达南京，在南京煤炭港登陆，占领栖霞山、中山墓之线。

12月8日，南京卫戍司令部下达"卫参字第28号"命令：第二军团之第四八师（欠一团）占领杨坊山一二二点五高地北麓薛氏坟、曹村、和尚庄、杨家边、下西凤头、曹庄之线，左与乌龙山守备队，右与教导总队联络，务速构筑工事。❷

第二军团第四十八师第一四四旅奉命撤至左自乌龙山到曹庄赶经和尚庄至杨坊山北麓薛氏坟止，并抽调第二八七团第三营占领杨坊山，支撑重点，维持战局。12月7日，"敌以炮卅余门，飞机十余架，连合不断地向我杨坊山一带攻击，将工事毁平，随以唐克车十六辆掩护步兵二千余人围攻此山，我守该山秦营长慎符指挥全营反复混战，卒以敌炮火飞机轰炸过烈，全营壮烈牺牲。"❸

激战之际，第二军团军团长徐源泉恐怕杨坊山一旦丢失，后方连络就会被截断，立即命令"抽调第二八三团第一营进占银孔山抢筑工事，以为之备"。果不其然，日军占领杨坊山以后，随即以全力继续猛攻附近的银孔山，轰炸之惨烈程度，尤倍于前。

12月11日，负责防守该山的第二八三团第一营营长乔喆渊"身先士卒，血战半日，饮弹殉国，而全营亦壮烈随之而牺牲矣"❹。当第一营激战时，

---

❶ 《徐源泉致蒋介石密电》（1937年12月23日），中国第二历史档案馆馆藏档案；中国第二历史档案馆编：《南京保卫战档案》，第7册，第133页。

❷ 《第二军团京东战役战斗详报》，中国第二历史档案馆馆藏档案。

❸ 《徐源泉致蒋介石密电》（1937年12月23日），中国第二历史档案馆馆藏档案；中国第二历史档案馆编：《南京保卫战档案》，第7册，第133页。

❹ 《徐源泉致蒋介石密电》（1937年12月23日），中国第二历史档案馆馆藏档案；中国第二历史档案馆编：《南京保卫战档案》，第7册，第134页。

第三章　城垣战：无路可退，背水一战

第二八三团第二营、第三营也前往增援，但阻于日军的炮击与飞机轰炸，还没等赶到阵地，便已伤亡过半，银孔山也已经被日军占领。经过乌龙山一带的激战，第二军团损失已经达到三分之一以上，而预备队也已经使用无余。到了晚上6时左右，部队只好整理残部，缩小阵地，退入乌龙山要塞区内坚守。

12月12日，日军以飞机投弹、地面发射炮弹连合猛攻守军阵地，下游日舰也持续炮击守军炮台，"所有要塞重炮及配属高射炮均为炸毁，区内房屋多被烧焚"❶。至下午5时许，小金庄下游江面封锁线似已被敌破坏，日舰逐渐上移。同时，要塞区西南两面被日军冲破。守军粮弹都已断绝，不得已率残部由东面冲出，乘夜色渡江。

---

❶ 《徐源泉致蒋介石密电》（1937年12月23日），中国第二历史档案馆馆藏档案；中国第二历史档案馆编：《南京保卫战档案》，第7册，第134页。

第四章　血淹危城，人间地狱

在南京城防保卫战中，外围阵地作战持续了四五天，复廓阵地作战也仅持续了四五天。守城部队不畏强敌，浴血石头城，但因与日军对比力量悬殊，加之指挥失误，导致战斗惨烈、损失惨重。

与此同时，德国主导的战争调停由于日方毫无诚意，要价不断加码，中方不能接受而归于失败。眼看南京城将陷于战火，城中留下的部分国际友人积极奔走，筹设"国际安全区"，想为难民提供安全庇护之所。

第一节　战场之外的较量

1937年发生在远东的这场中日战事，牵动着多方利益，已经不单单是两个国家之间的战争，已经引发了世界关注。日本原本不愿意在战事中过于"拖沓"，料想中方能不战而降。德国为促成己方"攻苏"之计划按期进行，也希望日本能早日结束在中国的战事。此外，长居南京的国际友人出于人道主义考虑，纷纷伸出援手，努力保护难民。

一、德国调停未果

实际上，在国民党政府高层，从战前抗日战略设计开始，便抱定了"以打求和"的指导方针，蒋介石奉行"以夷制夷"的策略，在决心与日军一战的同时，仍在其作战计划中明确规定："中枢除积极准备发动全面抗战外，仍秉不求战而应战之一贯主张，准备彻底牺牲。若寇方能停止侵略，恢复7月8日前之状态，则犹可存最后一线希望。"[1]这就是说，只要日方同意恢复七七事变前的状态，中方的抗战也可停止。蒋介石决定在上海开战，除了军事战略上的原因，也有国际战略上的原因，就是把战火引向集中了英美各国在华利益的中心区，使列强们不能隔岸观火，最终如"一·二八"淞沪抗战时那样组织国际调停机构或由第三国出面干预，从而达成"以夷制夷"、阻止日本侵略以结束战争的目的。因此，战争开始后，国民政府亦在积极寻找外交渠道，请求国际联盟或第三国的出面调停。

但对于中方的这一请求，英、美、法等国家都报以冷淡态度，而苏联政府也因为当时苏日关系不佳，不愿意单独出面调停，只建议联络第四方

---

[1] 《孙良工编抗战史料"丛稿"战纪"第八、九、十册》，中国第二历史档案馆馆藏档案。

第四章 血淹危城，人间地狱

共同出面，从旁协助调停。如此，蒋介石转而将希望寄托在既是日本盟友，又与南京国民政府保持良好关系的德国身上。

日本政府方面，内阁在开战之初也想"以打促和"，通过战场与外交并举，从谈判桌上轻易得到在战场上要费力攻取才可能得到的东西，但由于日本陆海军中的"强硬派"好战且急于成功，准备"赖此一举解决多年悬案"，把战争"彻底地扩大下去"，❶ 在他们的策划行动下，日本内阁不得不同意并随之将侵华战争逐步升级扩大，最终演变成中日之间的一场生死大战。然而，自"八一三"淞沪会战打响后，中日战事渐入胶着状态。与此同时，日本侵华行径在国际上受到一致谴责，日方处境渐趋孤立，与"强硬派"对应的"慎重派"势力开始抬头，试图在保证日本获得较多侵略利益的前提下，通过和谈结束战争，迫使中方再次让步，达到"不战而胜"的目的。日本政府和军部都想通过谈判来巩固已有的侵略"成果"。考虑到英美等国家有可能会袒护中国，日本希望由德国出面调停。10月21日，日本外务大臣广田弘毅会见德国驻日大使赫伯特·冯·狄克逊，表示日本随时都准备与中国直接谈判，"假如有一个与中国友善的国家，如像德国和意大利，劝说南京国民政府觅取解决，日本也是欢迎的"❷。狄克逊立即将此消息电告了柏林。自此，算是日方正式发出了欢迎德国出面调停中日争端的信号。

德国政府方面，当时的纳粹德国一方面是日本法西斯的盟国，另一方面又与南京国民政府保持着"友好"关系，庞大的德国军事顾问团一直在支持、辅佐蒋介石的"剿共"与国防建设，德国政府与中国政府之间长期进行"以货易货"贸易，用德国的武器弹药换取中国的钨砂、桐油等战略原料。中日战争的爆发使德国人面临左右为难的境地。他们一方面希望日本对华侵略可以得利即止，日本应该集中力量准备配合德国大规模进攻苏联；另一方面，针对中国呼吁国际力量调解中日战争的请求，向中国卖一个人情；更重要的是，要配合日本的外交行动，抵制英美各国干涉中日战争的各种计划。因此，德国方面也乐于出面"调解"中日争端。

尽管各方葫芦里卖的药都不相同，不过，事态还是朝着蒋、日、德期

---

❶ 马振犊：《惨胜：抗战正面战场大写意》，九州出版社 2011 年版，第 57—58 页。
❷ 施子愉译：《抗战初期德日法西斯诱降的阴谋》（1937 年 10 月—1938 年 1 月），《近代史资料》1957 年第 3 期。

望的方向迈进了一小步。

在日本政府向狄克逊发出邀请调停的信号,而德国政府尚未发出正式的调停指令之前,两国的外交人员已经悄悄地进行了一次非正式的会面和沟通。10月22日,根据日本参谋本部的安排,德国驻日大使馆武官欧仁·奥特,在参谋本部代表马奈木敬信的陪同下,以非正式"调停官"的身份秘密抵达上海,会见了德国驻华大使陶德曼,并向其转交了一份日方的"停战条件备忘录",为日方假意同意中方停战以巩固侵略成果的主要条件,表面看起来似乎有"诚意",实质上是破坏了中国的内政外交主权。内容包括:日本并不想分裂华北,对日本而言,一个自治的经济特区就已足够;中国必须断绝与苏联的关系,缔结反共盟约;上海问题应该在地方层次上解决,日本军队并非要置蒋介石于死地,这关键取决于蒋介石的态度;禁止抗日运动,日本期待着"实在而友好"的合作,将尽力保全南京国民政府的颜面;日本愿意在上述基础上实现停战。马奈木敬信希望陶德曼通过德国驻华军事总顾问法肯豪森把"备忘录"转交蒋介石。10月28日,奥特返回日本赴任新职,临行前把外交调停重任交给了陶德曼。

陶德曼具有典型的日耳曼人有板有眼的行事风格,他认为,"在上海所谈条件尚很模糊……与我们从日本参谋本部第一次获悉的和平条件相差甚远……"[1]因此,他没有贸然把日方的"有价"停战条件转交中方,他打算再等等看德国政府的正式指示。

此前,在狄克逊向柏林报告了日本政府发出欢迎调停的信号之后,德国方面是欣然同意并接受的,并马不停蹄地安排了调停事宜。几天后,德国外交部回电陶德曼:"就目前来说,(中日)直接谈判比较有希望,如果有机会的话,我们并且愿意作联系的途径。"自此,"调解"工作正式开场了。

10月30日,陶德曼在南京会见了南京国民政府外交部次长陈介,正式转达了德国政府愿意为中日直接谈判进行斡旋的意向。他希望中国不要对九国公约会议抱有什么希望,也不要指望这个会议的一纸决议就能使日本从中国退兵。对中国来说,应立即改变其联合苏联抵抗日本的外交策略,

---

[1] 《陶德曼私人日记(1937—1938)》,1937年10月29日。转引自[德]聂有溪:《中日华北冲突的发展及德国的调停努力(1937—1938)》,《汉堡亚洲研究所研究报告(第33辑)》,汉堡亚洲研究所1970年编印,第145页。

以与日本开始直接谈判的方式来结束中日间的冲突。

10月31日，汪精卫、何应钦等"主和派"应邀与陶德曼共进晚餐。

11月2日，广田弘毅再次会见狄克逊，正式提出了日本政府的7项议和条件。具体包括：

（一）内蒙古在国际法下建立一个与外蒙古情形类似的自治政府。（二）在华北沿满洲国边境至平津铁路线以南一点建立一个非军事区，由中国的警察和官吏维持秩序。假如和约立即缔结，则华北的全部行政交给南京政府，只有一个条件，就是要委派一个亲日的首长。（三）上海建立一个比现在更大的非军事区，由国际警察管制。其他不变更。（四）停止反日政策，仅指履行1935年在南京谈判时所提出的那些要求，如修改学校教科书等。（五）共同反对布尔什维克主义。（六）减低对日本货物征收的关税。（七）尊重外侨权利。❶

11月3日，狄克逊如实向德国政府报告了上述内容，建议"向南京施加压力，使他接受这些条件"，并令德国军事顾问在向蒋介石报告战局时鼓吹和平谈判。同日，德国外交部长牛赖特电令陶德曼将日方条件通知蒋介石，称"那些条件可以接受作为开始谈判的基础"。

11月5日，蒋介石接见了陶德曼，感谢德国政府所做的努力，并要求陶德曼谈谈对推进调解一事的意见。陶德曼谨奉德方避免表达官方或私人意见的指示，只恳切地一再表示，要吸取德国在第一次世界大战中的不幸教训，既要避免落得无条件投降的可悲境地，也不要等到筋疲力尽时候再被动和谈。蒋介石也明确表示了自己的底线，就是和谈必须是在恢复战前状态这一前提下进行。在他的概念里，"和议"不等于"求和"。

然而，就在这一天，日本军队从杭州湾登陆成功，上海战局开始朝着不利于中国的方向发生变化。11月12日，上海失守，中国军队溃退南京。

此后10多天，陶德曼与国民政府德国军事顾问团总顾问亚历山大·冯·法肯豪森等人秉承德国政府旨意，在南京国民政府的军政界要员中开展了

---

❶ 《狄克逊致德国外交部电》（1937年11月3日），复旦大学历史系日本史组编译：《中国近代对外关系史资料选辑》，下卷第2分册，上海人民出版社1977年版，第34页。

南京城防保卫战

频繁而广泛的活动，散布"和谈"空气，鼓吹中方应适时结束抗战。法肯豪森向孔祥熙、白崇禧等人"指出战局的严重"，要他们注意"如果战争拖延下去，中国的经济崩溃"，"共产主义就会在中国发生"等。❶11月25日，广田弘毅约见狄克逊，继续表达了希望德国出面进行调停的愿望。然而，此时日方释放的所谓依旧"和谈"的信号已经悄然发生了变化。

对日方来说，所谓的"陶德曼调停"只不过是个"烟雾弹"，日本引诱以蒋介石为首的国民政府和谈只不过是其实现灭华的另一种手段，他们哪里是真的准备与中国"和谈"实现和平，只不过是想借诱降之计麻痹中国的抗战意志，影响中方作战部署，同时节节推进战事。日本当局打着调停的幌子，说动纳粹德国秘密调解进行威胁利诱的同时，持续对上海、南京发动疯狂的进攻，烧杀淫掠，无恶不作。

根据12月6日上午召开的国防最高会议常务委员第34次会议记录，蒋介石在12月2日接见陶德曼时，就调解事宜提出5项具体要求：一、日方无信，已签字之条约尚往往撕毁，我方相信德方，愿德方始终执调停之劳；二、华北行政主权应当完整，此为我方坚持之点；三、日方所提条件可作为讨论之基础，但不能作为如哀的美敦书❷中所列条件无可变更；四、日方不能以战胜者自居，因我方并未承认为战败者；五、日方不能将此条件片面地随意宣布。同时，他认为，在双方敌对行动还在继续进行的时候，是不可能进行任何谈判的。他希望德国元首希特勒亲自出面，要求中日两国军队首先停止敌对军事行动，即首先停战。蒋介石的目的，是要求日军首先停止对南京的军事进攻，以此作为缓兵之计。陶德曼听后追问："中国能否持容让态度？"蒋介石回答："要容让两方容让。"陶德曼又言："如两方能接近，我元首或请中日两方同时休战。"❸陶德曼转告日本方

---

❶ 施子愉译：《抗战初期德日法西斯诱降的阴谋》（1937年10月—1938年1月），《近代史资料》1957年第3期。

❷ "哀的美敦"为英文ultimatum的音译。"哀的美敦书"也叫"最后通牒"，是一国对另一国提出的必须接受其要求，否则将使用武力或采取其他强制措施的外交文书，限在一定时间内答复。见《现代汉语词典》第7版（商务印书馆，2016年），第2页"哀的美敦书"词条、第1753页"最后通牒"词条。

❸ 秦孝仪主编：《中华民国重要史料初编·对日抗战时期》，第六编《傀儡组织（三）》，中国国民党中央委员会党史史料编纂委员会1981年编印，第113页。

面提出的和谈条件，劝告中国政府迅速接受。

《大公报》总编辑张季鸾参与了调解谈判工作，撰写了两篇著名的社评——《德国调停之声》和《最低调的和战论》❶，以极为尖锐犀利的笔锋，揭露了日本当局所谓"调解"的险恶用意——"只是庆祝胜利后的纳降，其最毒者，乃希望我合法的正统政府肯接受他占领我首都后之所谓合议。因为如此则省得他制造傀儡，并且可藉我正统政府之力，以自消灭国内的抗战精神，同时使国际上无法说话，这于他太便利、太合算了。"❷

12月7日，正当南京保卫战尚在激烈进行之时，狄克逊把陶德曼的调停经过以备忘录形式交给日方，探询其是否仍按原来条件继续"调解"。但日本因战事的急促推进和战果的不断扩大，早已不再满足于过去提出的议和条件，进一步提出了新的要价。至此，秘密的调停已基本宣告失败。

12月11日，南京的形势已万分危急，张季鸾再发表社评《置之死地而后生》，指出："暴日军阀最大的特色是无止境。九一八以来，我们的经验太苦了，也太多了。暴日每次进攻中国，并不是一动手即有全部计划，其野心乃随其军事进展而不断高涨。军事一进步，野心大一分，得陇望蜀，得寸进尺……所以，与暴日讲让步，讲和平，是完全无用的。"❸一语道出了"调停"完全就是一个彻头彻尾的骗局。

1938年1月16日，广田弘毅向狄克逊宣布"日本政府决定放弃通过德国政府帮助而进行的日中之间的谈判"。至此，陶德曼的调停工作正式宣告结束。

综观调停的整个过程，德国一面劝说中国"不要不加考虑便拒绝日本的还算过得去的和平努力"，认为"中国就是尽最大的努力，也不可能再把日本的军事胜利扭转过来"，而且"中国政府推迟议和的时间越久，中

---

❶ 张季鸾：《德国调停之声》，汉口《大公报》，1937年12月5日，第2张第2版；《最低调的和战论》，汉口《大公报》，1937年12月8日，第1张第1版。

❷ 张季鸾：《最低调的和战论》，汉口《大公报》，1937年12月8日，第1张第1版。

❸ 张季鸾：《置之死地而后生》，汉口《大公报》，1937年12月11日，第1张第1版。

南京城防保卫战

国国家解体的危险性也就越大"[1]；另一方面，主张中日双方在日方所提第一次条件的基础上进行谈判。面对日方和谈条件的变化，德国也曾向日方发出"如果蒋同意则万事大吉，如其推翻或拒绝则将不利"的劝告；对日方的最终反悔，也指责其"日方是在玩弄我方，在中国政府面前，我们已丢尽颜面"。

陶德曼调停，最终无果而终，虽没有使中国的抗战"夭折"，但直接干扰了抗日战场中方的对敌作战计划和行动，耽误了有利战机，对于中国抗日大局的影响是十分有害的。

第一，调停只对侵略者日本有利。起初，它是作为日本抵挡国联压力的一种手段，引诱中国政府掉进与其直接谈判的圈套，一定程度上起到了掩盖日本野心的作用。其后，它成为日军利用谈判来达到军事侵略目的的另一种手段，企图诱使中国不战而降。

第二，调停暴露了国民政府内部"主战派"与"主和派"的分歧，加大了两者之间的矛盾和分裂，对最后汪精卫集团叛国投敌起到了催化剂作用。此次秘密调停，成了汪精卫要挟蒋介石的一块"污点材料"。

第三，调停对于抗战正面战场的作战，起到了十分恶劣的破坏作用。蒋介石因为顾及"调停"，对"和议"一直心存一线生机，也因而导致他在上海、南京等战役中做出了一系列脱离战争实际的错误决策。

二、日本诱降被拒

日本当局在利用盟国德国进行调停的同时，自己也上演了一出诱降的戏码。

正当南京外围打得正激烈之时，潜伏在南京的日本特工向日军司令部报告了蒋介石夫妇将于12月7日离开南京的消息。日方认为，主帅离开，是中国政府主动放弃南京城的信号，只要对守军稍加一番威逼恫吓，他们就会开城投降，南京城也就唾手可得了。为此，日军自导自演了一出"诱

---

[1] ［德］汉斯·洛特菲尔斯等主编：《德国外交政策文件（1918—1945）》，D辑，第一卷，第787页。转引自马振犊：《反法西斯战争时期的中国与世界研究》，第九卷《战时德国对华政策》，武汉大学出版社2010年版，第335页。

第四章 血淹危城，人间地狱

降"丑剧，自我标榜是对中方的恩惠，"如此对敌军尽情尽理，可谓已将光荣的日本武士道之精神，宣示于中外也"❶，试图瓦解守军心智。

12月8日，松井石根在位于苏州的日本华中方面军司令部里着手策划了一份《劝降书》，并发出了训令，要求"12月9日，由飞机散发劝降书"，"如不接受劝降，则于12月10日正午发动总攻"。❷

12月9日上午，日军飞机按计划投下《劝降书》。劝降书以"最后通牒"的口气，对南京军民进行了恐吓。具体如下：

> 百万皇军，业已席卷江南，南京城正处于包围之中。从整个战局大势看，今后的战斗有百害而无一利。南京是中国的古都，民国的首府。明孝陵、中山陵等古迹名胜猬集，实乃东亚文化荟萃之地。日本军对负隅顽抗的人格杀勿论，但对一般无辜之良民及没有敌意的中国军队将是宽大为怀，并保障其安全。特别是对于东亚文化，更将竭尽全力予以保护。然而，贵军如果继续抵抗的话，南京将无法免于战火，千年的文化精髓将会毁于一旦，十年的苦心经营将也化为乌有。本司令官代表日本军，希望根据下列手续，与贵军和平地接交南京城。
>
> 　　　　　　　　　　　　大日本军总司令官　松井石根

传单上还规定了中国军队代表与日军代表谈判投降的具体办法：

> 对本劝告的答复安排在12月10日中午，地点在中山路句容道的警戒线上。贵军派司令官代表和本司令官代表在该地进行接收南京城所必要的协定的准备。如在指定的时间内未得到任何答复，我军将断然开始进攻南京，杀个片甲不留！

据该《劝降书》的翻译冈田尚回忆，他经手翻译的文稿中，还对中日

---

❶ 《日本陆军步兵上校西垣新七记述之"中国事变史·陆军篇"译稿》，中国第二历史档案馆馆藏档案。

❷ ［日］田中正明：《"南京大屠杀"之虚构》，军事科学院外国军事研究部译，世界知识出版社1985年版，第120页。

南京城防保卫战

两军双方谈判的细节进行了规定。比如，"我日军最高指挥官劝告贵军派出三名负责军使，于10日正午持白旗前往中山门外，同我方派遣的军使就有关占领南京问题进行预备会谈。"❶

《劝降书》在南京上空，纷纷扬扬落下。

唐生智也收到了属下呈上来的《劝降书》。随后，他召集大家，重申全军与阵地共存亡的决定。当天晚上，唐生智下达了"卫参作字第36号"命令。具体如下：

> 1. 本军目下占领复廓阵地为固守南京之最后战斗，各部队应以与阵地共存亡之决心，尽力固守，决不许轻弃寸地，摇动全军，若有不遵命令擅自后移，定遵委座命令，按连坐法从严办理。
> 2. 各军所得船只，一律缴交运输司令部保管，不准私自扣留，着派第七十八军军长宋希濂负责指挥。沿江宪、警严禁部队散兵私自乘船渡江，违者即行拘捕严办。倘敢抗拒，以武力制止。❷

宋希濂遵照命令，出示布告，使各守军知照。布告内容如下：

> 1. 无司令长官公署通行证而渡江者，认为私行渡江。
> 2. 私行渡江不服制止者，准一律拘捕转送核办。❸

为了显示背水一战的决心，唐生智命令宋希濂将各部队船只收缴，宋希濂遵照命令发出布告并严格执行。而这为后来长江边的溃退混乱埋下了悲剧性的伏笔。

12月10日上午，日本华中方面军副参谋长武藤章、高级参谋公平、情报参谋中山和翻译冈田尚一行4人，从苏州乘坐吉普车，在接近中午的时候，到达南京中山门外。他们一直紧紧盯着中山门门洞，等待中国军队的

---

❶ [日]田中正明：《"南京大屠杀"之虚构》，第130页。
❷ 《陆军第七十八军南京之役战斗详报》，中国第二历史档案馆藏档案；中国第二历史档案馆编：《南京保卫战档案》，第8册，第190页。
❸ 《陆军第七十八军南京之役战斗详报》，中国第二历史档案馆藏档案；中国第二历史档案馆编：《南京保卫战档案》，第8册，第190—191页。

代表举着白旗出现，接受他们的劝降。

然而，中山门外，除了唐生智率领的卫戍部队的隆隆炮火声在南京上空回响，没有任何迹象显示中国守军会投降。

熬不住的武藤章一行人不得不悻悻然地回到车上。随行翻译冈田尚详细地还原了当时的情景：

> 上午11时40分抵达目的地，等候于12时前来谈判的敌军使。作为翻译的我，一直在默默祈祷，期望举着白旗的军使快快些到来。然而，已经12点5分了，仍不见军使的影子。
>
> 万事休矣。副参谋长说："没希望了，回去吧！"于是，大家默默地乘上汽车，急急忙忙地赶回司令部，精疲力竭的参谋们一上车便都酣然入睡了，只有我一直在揣测最高指挥官的下一步打算，考虑着自己的翻译，大脑始终处于兴奋状态而没有一丝的睡意。❶

松井石根很快得到了中方部队拒绝接受劝降的消息。

12月10日中午，日军按计划正式下达了对南京的总攻击命令。松井石根在当天日记中写道："直至此日正午中国军队仍无答复。故午后命两军进攻南京城。"❷他还表示，为中方军队的"冥顽而遗憾"，认为中方"此乃欲罢不能之事业。然此不过所谓垂死之挣扎，其无实效不言而喻"。

12月10日下午，日军以地面炮兵全力轰击，配以空中飞机轰炸辅助，对南京城内外的守军部队及南京附近的机场，实施了狂轰滥炸。在飞机轰炸掩护下，步兵随后全线出击，开始向雨花台、光华门、紫金山等阵地陆续发起全面进攻，战况进入白热化。

日本劝降一事引起了外国战地记者的关注。美国记者司迪尔在12月9日从南京发出电讯，报道了日军飞机向南京城内散发《劝降书》一事："今天日军飞机投下了最后通告，命令（明天）正午之前交出南京。如果不按

---

❶ [日] 田中正明：《"南京大屠杀"之虚构》，第130页。
❷ [日] 田中正明：《"南京大屠杀"之虚构》，第135—136页。

通告所说的办，将会引起无法控制的灾难。"❶但南京的守军对松井石根的《劝降书》不仅不予理睬，而且以顽强的战斗给日军诱降以有力地回击。松井石根恼羞成怒，于12月10日午后1时下达总攻命令。

松井石根等日军前线将领认为，困守南京危城的中国军队大多是从淞沪战场上撤退回来的，或是临时从各地抽调拼凑的新兵，部队装备简陋，官兵缺乏作战经验，在10多万装备精良日军的打击下，一定会不堪一击。因此，身为"中国通"的他，估计到南京守军在日军兵临城下之时，要么开城投降，要么弃城逃跑，进攻南京的战役将会在短时间内顺利结束。

日军毕竟也在淞沪战场耗了3个多月，又在南京外围受到中国军队的顽强阻击，士兵们也是叫苦不迭，有些也提出需要休整补充。松井石根自认为了解蒋介石，自认为其所谓"死守南京"的口号只是喊一喊，如果劝降迫使中国军民"畏服"，放弃抵抗，此将为"上上计"。

但是日军的劝降行为是对守城军民的侮辱。中方对劝降书不予理睬，松井石根决心要更疯狂地报复。

三、"国际安全区"的设立

1937年11月下旬，战火日益逼近南京，一块位于中山路附近的地区被人插上了一圈旗子，标明这块区域是非军事区。这块区域是由旅居中国30余年的德国人约翰·拉贝和其他留在南京的外国人士刻意组织的。

11月，国民政府组织南京各机关西迁重庆，大量平民由于经济等原因无力外迁而滞留南京。据南京市政府当月中旬的人口统计显示："……现有人口约五十余万。除一部分能自动离京，一部分事实上决不能离京者外，估计将来需要遣送难民约二十万人。"❷因沪宁沿线战局的迅速恶化，国

---

❶ 《是否投降 否则日军将踏平南京》之A.T.斯提尔：《城墙被炮弹破坏》（《每日邮件》，1937年12月10日），张生编：《外国媒体报道与德国使馆报告》，张宪文主编：《南京大屠杀史料集》，第六册，第67页。

❷ 《南京市政府关于难民遣送致军事委员会后方勤务部公函节录》（1937年11月23日），中国第二历史档案馆、南京市档案馆编：《侵华日军南京大屠杀档案》，江苏古籍出版社1997年版，第915页。

民政府最终也没有实施其遣送难民的计划,导致数十万难民滞留在城区。上海失守后,日军兵分三路直扑南京,在所经之路奸淫掳掠烧杀,无恶不作。来自沪宁沿线各城市的难民又如潮水般涌入南京,使得南京城的难民数量陡然增加了许多。

面对众多难民,部分留在南京的外籍人士,包括德国人约翰·拉贝先生、美国人明妮·魏特琳女士等人,本着人道主义精神,倡议借鉴法国耶稣会神父饶家驹在上海成功设立难民区的经验和做法,利用他们的外国公民身份,组织成立南京安全区国际委员会,筹设南京国际安全区(难民区),收容难民,使他们免受战火侵害,并给予临时救济。为此,他们积极奔走,呼吁中日两国政府批准。

国民政府对外籍人士所提出的设立南京安全区倡议态度积极,军政要员王世杰、唐生智、何应钦等对此计划均表示赞同。米尔斯请金陵大学校董会董事长杭立武向教育部长王世杰作了说明。王世杰在表示支持的同时,又与军事训练总监唐生智(后任南京卫戍司令长官)进行商讨,唐生智答应与蒋介石商量。❶ 教育部长王世杰在其日记中记述说:"在京外国人士,意欲组织团体,请求中日两方承认就京市划一区域,以为不能迁徙之市民,以作避难之地点,彼请托杭立武君向余言,盼余转达政府。余已将此意转告何敬之(何应钦)、唐孟潇(唐生智),彼等表示赞同,并以下关或为适宜地域。"❷

11月19日,旨在为南京非战斗人员建立中立区的国际委员会成立。

11月20日,唐生智作为卫戍南京的首席指挥官走马上任,南京保卫战开始部署。

11月21日,国际委员会向南京市长马超俊递交了《南京安全区筹备报告》,文中表达了对国民政府接受设立安全区倡议的感谢,并"对市长保证的将负责为安全区提供食物、饮用水、卫生服务、避难所及警卫等各项

---

❶ 美国国务院文件《(备忘录)关于暂定在南京设立安全区的提案》(1937年11月17日),张生等编:《英美文书·安全区文书·自治委员会文书》,张宪文主编:《南京大屠杀史料集》,第十二册,江苏人民出版社2006年版,第84—85页。

❷ "中央研究院"近代史研究所编:《王世杰日记手稿本》,第一册(民国二十二年五月—民国二十七年十二月),第142页。

南京城防保卫战

切实的管理工作再次表示感谢"。❶ 这份报告说明，中国政府对设立安全区的计划是支持的，南京市政府还做出了具体承诺。

11月22日，拉贝被推选为安全区国际委员会主席。

约翰·拉贝，1882年出生于德国汉堡，1908年来到中国北京，后供职于德国西门子公司，担任南京办事处代理人。他后来加入德国国家社会主义工人党，1935年起担任该党在南京的临时组织负责人。拉贝和家人住在中央大学一个独立的小房子里，屋外还有一个小花园。1937年是拉贝先生居住在中国的第30个年头，已算是一个中国通。他对南京的感情不亚于他对祖国德国的感情。

拉贝从小接受的是德国北部路德教的传统教养，它强调每个人必须履行对社会所承担的责任。对拉贝而言，"社会"就是他在南京所代表的西门子公司、公司的员工以及他们的家人。因此，当1937年7月的这场噩梦不可避免发生的时候，他明白自己作为公司领导人的职责，并且知道如果他离开了，一切将不可收拾。8月，南京的上空已有日军飞机不时来袭击、轰炸，他火速从避暑胜地北戴河赶回南京，改建其花园的防空洞，组织市民在住宅旁又建造防空洞，用来躲避空袭。他还配备了急救物资、装在篮子里食物和热水瓶里的饮用水，准备了泡在醋里的纱布绷带，万一遭到毒气攻击时，可当作口罩使用。整个秋季的几个月里，躲避空袭几乎成为南京人民每天生活的一部分。在拉贝家的防空洞里，他两只手各抓住一个颤抖着的中国孩子，一蹲就是好几个小时。日军的空袭异常迅速、残酷，"就在短短的20秒内，傲慢的轰炸机除了留下一些碎片和尸体外，其他什么都没有了"。这些类似的场景常常令拉贝震惊又心痛不已。每当他带领着难民从防空洞里安全地出来时，他又有了一种"当了英雄的感觉"。

11月23日，驻南京的美英等国使领馆人员陆续撤离，几百名外侨中，只有30名美国人和19名英国人留了下来。唐生智会见了留下来的外籍人士，向他们保证"即使在极端危险的时刻，也要保护他们的生命和财产安全"。

设立南京安全区的建议，也得到了蒋介石的支持。11月26日，金陵大学校董会董事长杭立武表示："不必为中国政府是否同意建立中立区一事

---

❶ Letter from Bates to the Mayor of Nanking（November 21, 1937）. Yale Divinity School Library, Special Collections, RG10: B102, F861. 转引自张国松：《中国官方与南京安全区的设立》，《南京社会科学》2017年第11期。

担心，最高统帅本人已表示赞同。"❶马超俊也证实："日军向南京威胁之际，承示旅京友邦人士以人道立场，倡筹设难民区之议，当经市府转向本国最高长官请示同意……"❷

唐生智在12月3日给拉贝的复函中，也明确表达了对设立南京安全区的支持："鉴于在上海已有设立这类区域的先例，考虑到这样一个区域能拯救许多穷苦人的生命并减轻他们的苦痛，我原则上完全赞同成立这么一个区域的想法。"❸

11月29日，马超俊宣布国际安全区成立。在此期间，南京国际委员会致电驻上海的日本大使，表明了"请日本当局出于人道主义的考虑，能尊重安全区的平民性质"的希望，并附上地图标记区域说明，声明此已得到了中方的保证，不让军事人员或武器装备进入安全区。当时，日本方面并未对设立安全区的倡议立即给予答复。

国际委员会划定的安全区范围是，以美国驻华大使馆所在地和金陵大学、金陵女子文理学院、金陵神学院、金陵中学、鼓楼医院等教会机构为中心，占地约3.86平方公里，四面以马路为界：东面以中山路为界，从新街口至山西路（南京）交叉路口；北面从山西路交叉路口向西划线至西康路；西面从上面提到的北界线向南至汉口路中段（呈拱形），再往东南划直线，直至上海路与汉中路交叉路口；界内分设交通部大厦、华侨招待所、金陵女子文理学院、最高法院、金陵大学等25处难民收容所。

随着战况的急剧恶化，安全区处境变得十分艰难。在南京城陷落后，面对日军的疯狂屠杀，拉贝和他的伙伴们在极其危险艰难的环境中，在安全区内为大约25万名中国难民提供了暂时栖身避难的场所。据拉贝在12月24日的日记中记载，他自己居住的小居所和花园里，也挤进了602名难民。❹拉贝与疯狂的日军周旋，冒着生命危险保护难民。在此过程中，他还以其独特的身份和视角，怀着艰难的心情，记录了侵华日军大量令人

---

❶ ［德］约翰·拉贝：《拉贝日记》，本书翻译组译，江苏人民出版社、江苏教育出版社1997年版，第109页。

❷ 《敌军信义扫地：蹂躏南京难民区　奸淫掳掠并屠杀无辜　马市长函国际委员会　请向敌严重交涉制止》，汉口《大公报》，1938年2月13日。

❸ ［德］约翰·拉贝：《拉贝日记》，第137页。

❹ ［德］约翰·拉贝：《拉贝日记》，第272页。

南京城防保卫战

触目惊心的暴行，见证了日本军国主义在南京犯下的滔天罪行。

1938年7月，汉口《大公报》在第4版开设了《敌寇万恶录》专栏，分4期发表了李克痕的《沦京五月记》，记载了南京安全区的情况："南京城里有各国所办的难民区……南京陷落时，尚有40万居民困居城中，难民区成立……在难民区居住者15万人左右，难民区以外之居民，多数被敌人残杀，后来难民区也失去效用，敌军是同样的强奸烧杀。"

南京国际安全区的另一创办人是金陵女子文理学院的美国人明妮·魏特琳女士。

明妮·魏特琳，中文名华群，1886年9月出生于美国伊利诺伊州，1912年毕业于伊利诺伊斯大学，同年受美国基督会差会派遣来到中国。1916年金陵女子大学在南京成立，她担任教育系主任，1937年任金陵女子文理学院教务主任。南京保卫战爆发前，学院已组织西迁，魏特琳选择留下来保护校产，救济难民。留校教职工组成驻校维持委员会，她任主任。11月17日，魏特琳致信给美国大使馆，建议设立一个安全区，表示"无论从地理位置或建筑物的牢固性来说，金陵女子文理学院作为难民收容所是再合适不过了"。南京战斗打响时，学院成为专门收容妇女难民的难民所，共收容难民1万多人。

在整个日军南京大屠杀期间，拉贝、魏特琳及其他外国人士，以安全区为基地，保护了大批中国难民。拉贝的行为被难民誉为"济难扶危，佛心侠骨"。魏特琳曾4次拒绝美国大使馆要她离开南京的要求，不分日夜地保护着难民，制止日军的性暴行，被称为中国女性的"守护神"。他们与安全区其他外籍人士一起用赤诚之心展示了人道主义的光辉。

1938年2月，在日本方面的压力下，南京安全区国际委员会被迫解散。5月，南京安全区正式关闭。

1938年，德国政府授予拉贝"红十字功勋勋章"，而战后国民政府为表彰他们救护南京市民的功绩，授予拉贝、魏特琳以"蓝白红绶带——采玉勋章"。

第二节　突围与抵抗

南京保卫战因守军撤退无序导致损失惨重，一直为后人所诟病。守军撤退无序有多方面原因，如蒋介石朝令夕改、延误时机，唐生智言出不行、部署不周，各级将官脱离部队、自行四散等。总之，即根本没有做好有序撤退的预案。

一、蒋介石发出撤退令

12月11日，日军对南京发起围攻。东北方向，一路日军已经突破杨坊山、银孔山阵地，推进到尧化门附近；另一路日军迅速向乌龙山方向开进。西南方向，日军主力部队对雨花台发起猛烈攻击，并推进到中华门阵地；另一部日军已经占领了水西门外的棉花堤阵地。西北方向，国崎支队在当涂附近渡江向浦口开进。

大战之余，南京守军的战斗力已经远不如淞沪会战时期，南京外围主阵地仅两三天即告失守，而复廓阵地立足未稳又被日军突破。随着战况急剧恶化，特别是得知当涂附近已有日军渡江的消息之后，国民政府深感形势已经愈发严峻，如果继续坚持下去，南京守军就可能面临被日军围歼的危险。经过研究之后，最高统帅部做出了南京守军"准撤"的命令。

12月11日中午，蒋介石命令第三战区副司令长官顾祝同转告唐生智当晚渡江北上，同时命令守军相机突围。当晚，又发出两封电报，内容为"如情势不能久持时，可相机撤退，以图整理而期反攻之要旨也"。❶此时，蒋介石认为南京守军已经起到了一定的阻滞日军快速推进的作用，并从保

---

❶ 《南京卫戍军战斗详报》，中国第二历史档案馆馆藏档案；中国第二历史档案馆编：《南京保卫战档案》，第8册，第413页。

南京城防保卫战

存南京守军有生力量角度考虑，要求唐生智相机撤退。

然而，如同淞沪会战期间的朝令夕改一样，12月12日下午，蒋介石又发来一份手令，指示南京卫戍司令部"不惜任何牺牲坚守"。具体如下：

> 限即到。南京。唐司令长官、刘、罗副司令长官：据报江浦附近已发现敌军，是敌希图对我四面合围，或威胁我后路，逼我撤退也。五日激战，京城屹立无恙。此全赖吾兄之指挥若定，与牺牲精神有以致之。经此激战后，若敌不敢猛攻，则只要我城中无恙，我军仍以在京持久坚守为要。当不惜任何牺牲，以提高我国家与军队之地位与声誉，亦为我革命转败为胜惟一之枢机。如南京能多守一日，即民族多加一层光荣，如能再守半月以上，则内外形势必大变；而我野战军亦可如期策应，不患敌军之合围矣。遥望京城，想念官兵死伤苦痛，无任系念！进退战守，生死荣辱，惟兄等熟图之。中正手启。十二申。❶

这份手令的落款时间是12月12日下午3至5时。此时，南京城垣的保卫战斗已接近尾声，城内秩序也已经极为混乱，而南京卫戍司令部已经根据之前下达的命令开始召集将领开会安排部署撤退事宜。从《南京卫戍军战斗详报》、各参战部队战斗详报的记载，以及参加过南京保卫战的将领们的回忆录看，都没有提及这份手令。基本可以推断，因战时机要通讯系统失效，南京卫戍司令部没有收到"再守"的命令。

不管收到与没收到，可以确定的是，蒋介石的确发过这个命令。而在这很短的时间内发出两道内容截然相反的命令也着实令人费解。唯一的解释是，蒋介石还在考虑要依靠国际力量来改变中国的孤军血战局面。根据他12月6日发给李宗仁等人的电令——"南京决守城抗战，图挽战局，一月以后，国际形势必大变，中国当可转危为安。……"❷——来判断，很大程度上，此时蒋介石依然期望以坚守南京来赢得国际声援和支持。

---

❶ 秦孝仪主编：《中华民国重要史料初编·对日抗战时期》，第二编《作战经过（二）》，第219—220页。

❷ 秦孝仪主编：《中华民国重要史料初编·对日抗战时期》，第二编《作战经过（二）》，第219页。

二、撤退部署埋下隐患

早在 12 月 11 日中午，唐生智就已接到第三战区副司令长官顾祝同打来的电话，转告蒋介石关于撤退的命令，要他渡江向津浦路撤退，军队相机突围。但唐生智考虑到顾祝同的口头转达并非蒋介石的直接命令，万一有误，自己要承担首都失守的重大责任，而顾祝同完全可以一赖了之。因此，他多了一个心眼，必须等到蒋介石亲自下令，方可部署撤退。12 月 11 日晚，蒋介石亲自发来"相机撤退"的电报，表示南京保卫战已经发挥了牵制日军的作用，"兹为尔后继续抗战计，如情势不能久持时可相机撤退"❶。同时，命令守城部队主力从正面突围向宣城、浙西方向集结，无法突围的部队依次渡江至徐州，已令胡宗南的第一军在浦口担任渡江掩护。

当天夜里，唐生智与副司令长官罗卓英、刘兴等人研究撤退的问题，并在次日凌晨召集参谋人员制订撤退计划及命令，包括参谋长周斓、参谋处处长廖肯与副处长林维周、参谋处第一科科长谭道平等人。唐生智告诉大家："现在城已被击破，无法守卫了，委员长已有命令，叫我们撤退，你们赶快去准备撤退命令吧！"❷随后，参谋处负责起草了撤退命令《首都卫戍司令长官作战命令特字第一号》，并制订了《南京卫戍军突围计划》和《各部队转进时联络信号规定表》。

12 月 12 日，日军 5 个师团集中炮兵和航空兵火力对南京复廓阵地及城垣发动持续猛攻，中华门、中山门、雨花台、光华门等地战斗进入白热化。城东方面，日军第十六师团继续与守军教导总队在孝陵卫西山及紫金山一带激战。城南方向，第九师团在光华门一带与守军第八十七师苦战。城西方向，日军已经突破雨花台阵地，日军第六师团先头部队在中华门外准备总攻击，第八十八师、第五十一师陷入恶战。

中午前后，在日军猛烈炮火攻击下，中华门城防被撕开一个缺口，日军蜂拥而入。第八十八师师长孙元良率领余部 2000 余人向下关方向溃逃，企图渡江，但被第三十六师阻止。大批逃难居民和溃退的散兵拥挤在街道上，城内的秩序出现混乱状况。

---

❶ 张秉钧：《中国现代历次重要战役之研究：抗日战役述评》（一），台湾"国防部"史政局 1978—1981 年编印，第 157 页。

❷ 谭道平：《南京卫戍战》，唐生智、刘斐：《南京保卫战》，第 29 页。

南京城防保卫战

下午，城垣战斗情况已经极度危急，唐生智召集罗卓英、刘兴、周斓、佘年慈及南京守军师长以上高级将领在卫戍司令部开会。这是南京保卫战中以南京卫戍司令长官部名义组织召开的最后一次会议。

会上，唐生智首先简要说明了当前战况，询问大家是否还能继续坚守。他说道："……南京现在已经十分危急，少数敌人业已冲入城内，在各位看来，尚有把握再行守卫否？"❶并向大家出示了蒋介石命令守军相机撤退的两份电令。随后，他吩咐参谋长周斓把参谋处事前油印好的撤退命令及突围计划分发给与会将领。

唐生智不愧为沙场老手，虽有蒋介石的明令，但他以之前与蒋介石多次打交道的经验，深知蒋介石的为人。为防关键时刻蒋介石翻脸，或用"丢卒保车"的手段让他当丢掉南京的"替罪羊"，他想出一招，让守城各将领来共担撤守之责任。他说："为了尊重各位意见，特请大家来共同商讨，凡列席将领，同意于今日分别即行撤退的，请在会议记录簿上签名盖章。"

但他毕竟表态过"要与南京共存亡"的，面对在座各人听后的默然不语，唐生智又催促说："事机迫切，不容迟疑，希望迅速表态。"随即，与会将领陆续签了名。只有桂永清表示反对，他说："一个国家的首都，固守未到半个月就拱手让给敌人么？况我们左翼并无多少敌人，紫金山制高点及其山麓大部分都在我们总队固守中；中山门外自四方城、卫岗以东到白骨坟之线未失尺寸，光华门仍十分坚固，我们已调部队协助，至于中华门虽然危急，我们可以调紫金山北的预备队去支援他们嘛，不能这样就撤退。"❷但桂永清的意见在主将主意已定、众人已萌生退意的情况下，显然孤掌难鸣。

南京卫戍司令部制订的撤退命令及突围计划如下：

卫戍作战命特字第一号命令
（地名参看三十万分之一图）

（十二月日午时于首都铁道部卫戍司令部）

一、敌情如贵官所知。

---

❶ 谭道平：《南京卫戍战》，唐生智、刘斐：《南京保卫战》，第32页。
❷ 刘庸诚：《南京抗战纪要》，廖利明编：《南京保卫战文史资料》，第435页。

二、首都卫戍部队决于本日晚冲破当面之敌，向浙、皖边区转进。我第七战区各部队刻据守安吉、柏垫（宁国东北）、孙家铺（宣城东南）、杨柳铺（宣城西南）之线，牵制当面之敌，并准备接应我首都各部队之转进。又芜湖有我第七十六师、其南石砲镇有我第六师占领阵地，正与敌抗战中。

三、本日晚各部队行动开始时机、经过区域及集结地区，如另纸附表规定。

四、要塞炮及运动困难之各种火炮并弹药，应彻底自行炸毁，不使为敌利用。

五、通信兵团，除配属外部队者应随所属部队行动，其余固定而笨重之通信器材及城内外既设一切通信网，应协同地方通信机关彻底破坏之。

六、各部队突围后运动务避开公路，并须酌派部队破坏重要公路桥梁，阻止敌之运动为要。

七、予刻在卫戍司令部，尔后到浦镇。

右令

计附表第一第二两纸［略］

司令长官　唐○○ ❶

其中，对于该命令中第三项所说的"各部队行动开始时机、经过区域及集结地区"另拟了单独附表规定，就是一份显示"卫戍作命特字第一号附件表一"的《南京卫戍军突击计划》，以表格形式对各部队突围时的地境区分、开始时间、行军地境、集结地和联络法均做了详细说明。❷

根据该计划表，各部队的突围计划具体为：

（一）第七十四军由铁心桥、谷里村、陆郎桥以右地区突击，向

---

❶ 《卫戍作命特字第一号》，1937年12月12日，中国第二历史档案馆藏档案；中国第二历史档案馆编：《南京保卫战档案》，第8册，第419—420页。

❷ 《卫戍作命特字第一号》，1937年12月12日，中国第二历史档案馆藏档案；中国第二历史档案馆编：《南京保卫战档案》，第8册，第425页。

南京城防保卫战

祁门附近集结。

（二）第七十一军、第七十二军自飞机场东侧、高桥门、淳化镇，溧水以右地区突击，向黔县附近集结。

（三）教导总队、第一〇三师、第一一二师、第六十六军、第八十三军依次自紫金山北麓、麒麟门、土桥镇、天王寺以右地区突击。教导部队向昌化附近集结，第一〇三师、第一一二师向于潜附近集结，第六十六军向休宁附近集结，第八十三军向歙县附近集结。

以上各部队除第八十三军突击开始时间为13日晨6时外，其余部队突击开始时间均为12日晚11时。

另有一份命令于12月12日下午3时在南京卫戍司令部发布，内容为：

命令

一、本部各部队奉命向徽州附近地区转进。

二、本司令部直属部队及三十六师着于今（十二）日晚渡江，向乌衣、花旗营附近先集结待命。

三、各部队之行动，如另表规定。

右令

附各部渡江次序规定表一份〔略〕

司令长官 唐〇〇[1]

从这两份命令上看，南京卫戍司令部决定组织守军大部突围、一部渡江，实施计划并没有什么问题。

与会将领拿到撤退命令和突围计划后，都默不作声。在这样的气氛下，唐生智又说："战争不是在今日结束，而是在明日继续；战争不是在南京保卫战中结止，而是在南京以外的地区无限地延展，请大家记住今日的耻辱，为今日的仇恨报复！各部队应指出统率的长官，如其因为部队脱离掌

---

[1]《卫戍作命特字第一号》，1937年12月12日，中国第二历史档案馆藏档案；中国第二历史档案馆编：《南京保卫战档案》，第8册，第422页。

握，无法指挥时，可以同我一起过江。"❶

接下来，唐生智在会议上的最后一席话，是他在部署撤退时犯下的一个致命错误，为导致撤退陷入大混乱埋下了隐患。

据《南京卫戍军战斗详报》中的记载，唐生智在下达撤退命令后，"又最后口授命令要旨：87D、88D、74A、教导总队诸部队，如不能全部突围，有轮渡时可过江，向滁州集结"。他的这个口头命令与书面命令相悖，极大地降低了书面命令的严肃性。各部队反而认为可以渡江撤往浦口，于是纷纷选择这条貌似可以摆脱日军追击的路线，一齐沿着中山路拥向挹江门长江边，直接导致了南京守军的大混乱，陷入溃退。在挹江门拥堵情况下，官兵们自相践踏，侥幸到了江边因无船可渡也只能望江兴叹，被日军屠杀。大批官兵因为执行这一口头命令而成了牺牲品。

南京卫戍司令部长官会议尚未结束，会场即遭到日军的炮弹轰击。各军师长随即抛下各自部队而自行四散。由于情况混乱，撤退命令无法正常下达，实际上没有完全分发到还在一线战斗的各个部队手上。于是，突围部队除了一部按照计划实施外，其他部队都盲目地蜂拥向下关方面撤退。

这便注定了南京保卫战的悲惨结局。

三、最后的拼死抵抗

南京城失陷前夕，守军部队匆忙撤退，慌乱无序。但在这时，仍有一批中国守军在城内外对日军展开着顽强的抵抗。

在城郊的方山防御战斗中，杜聿明的装甲兵团里就发生了"两个真正的英雄士兵"的故事。在此战斗中，该兵团有三辆战车被击毁后遗留在战场上，其中有一辆战车被打坏时，车内还有两名坦克兵没有来得及撤退。日军的轻装部队很快追了上来，该兵团的战车却寸步难移。留守士兵考虑到，如果继续留在战车上，不管是迎面继续痛打敌人，还是默不作声藏在车里，必然会被日军活捉；如果下车逃命，他们又觉得耻辱且心有不甘，于是两人互相给对方打气，决心"与战车共存亡"，便继续埋伏在战车内，

---

❶ 谭道平：《南京卫戍战》，唐生智、刘斐：《南京保卫战》，第32页。

南京城防保卫战

相机打击敌人。日军的第一线部队在占领守军阵地后，并没有立即清扫战场或搜查战车，而是继续向前进攻。到了下午 4 时左右，又有一个大队的日军步兵来到阵地，藏在车内的这两名士兵认为狙击敌人最好的机会来了，便将机枪从炮塔前后两端伸出来，对准日军行进队伍猛烈射击，顿时一排排日军倒地，伤亡惨重。日军立即散开并向战车攻击，但是缺少炮火辅助，并没有得逞。这两名士兵一直战斗到黄昏，后来他们在夜色黑暗中撤退。途中，其中一名士兵不幸牺牲，另一名幸存的士兵只身逃出南京，历经千辛万苦到达湖南湘潭后，向装甲兵团团长杜聿明报告了此事，得到了杜聿明的口头夸赞，但因为只是士兵自己的陈述，并未引起杜聿明的真正重视。后来在1939年底的昆仑关战役中，杜聿明部队缴获了日军的一本小册子《皇风万里》，里面有记述日军在南京之战的经验教训等内容，提及有辆中国战车的伏击给他们造成的沉重打击。但此时原本幸存的那名士兵也已经在昆仑关战役中牺牲了，杜聿明愧疚之余，感叹他们是"真正的英雄"。

12 月 12 日下午开始，按照撤退命令，南京守军开始全面撤退，仅留有少量部队坚守阵地以掩护主力转移。

为了掩护战友和民众撤退，12 月 12 日晚至 13 日，南京守军的后卫部队勇敢地与日军展开激烈巷战，以自己的血肉之躯阻挡日军的前进。

正在南京城进行采访的英国路透社记者史密斯，在 12 月 19 日的《北京时报》（英文版）以《目击者诉说南京的陷落》为题，做了如下报道：担任后卫的部队勇敢地战斗，阻遏日军前进。机枪通宵达旦地猛烈地扫射，在午夜时分达到最高潮，许多城防部队的军人在城外战死，目击者后来在那儿见到上千具中国军人的尸体。[1]

12 月 12 日晚，南京城东南区域发生了激烈巷战。德国档案中保存了一份英国路透社记者史密斯关于南京战情的报告摘要。史密斯报告了发生在南京城南方向的巷战情况："（12 月 12 日）下午晚些时候，部队从南城总撤退。整个师（第八十八师）秩序井然地被撤。只有一千人留在南城。他们勇敢地坚持巷战，到了午夜，他们全部被歼。"[2]

---

[1] 《目击者叙说南京的陷落》（《北京时报》，1937 年 12 月 19 日），张生编：《外国媒体报道与德国使馆报告》，张宪文主编：《南京大屠杀史料集》，第六册，第 81 页。

[2] 《路透社记者史密斯先生关于1937 年 12 月 9 日至 15 日南京战情的报告摘要》，《抗日战争研究》1991 年第 2 期。

第四章 血淹危城，人间地狱

从城门附近到城内中心，从城南到城北，从城东到城西，局部巷战几乎遍及全城各处。中外记者对南京城失陷前后的战斗情况进行了追踪报道，撤退出来的参战官兵也对此进行了回忆和记录。

中央社记者采访了从南京逃出来的难民，报道说："军人爱国，杀敌心切，于是十三日晨曦中，城内外各处枪声大作，敌我巷战开始，冲锋肉搏，我孤军均作壮烈卫士之牺牲。"❶ 记者范式之也在报道中写道："十三日佛晓，敌我已在城内各处发生巷战。"❷ 日方特派员浮岛在 12 月 13 日从南京发出急电："今天早晨以来，为完成南京攻击战的最后阶段，展开了壮烈的大街市战、大歼灭战"，中国军队"继续作垂死挣扎"。❸

中方官兵中一位炮兵副连长沈咸，曾经亲自指挥了南京市中心附近的巷战。据他在《高炮连参加南京保卫战简记》中回忆："（12 月 13 日）下午，我们官兵十九人，多次绕过敌人火力网撤退到太平北路莲花桥一带，向江边靠拢，途中又牺牲了三个兄弟。这时，来人报告：'有六个敌兵在杀害近百名的老百姓。'我当即命令：'向敌人袭击！'终将敌兵统统杀死，收缴了武器，我们也有两名士兵阵亡。"❹

从中山门进入南京城的日军第十六师团在位于城东的国民政府一带，遭到中国守军的顽强抵抗。据前田雄二在其所著的《在战争的激流中》一书中描述，这支部队"在攻入城内时遭到了顽强的抵抗，从政府大楼的门窗内和屋顶上不断有机枪子弹飞来"❺。

美国派拉蒙新闻电影社摄影记者阿瑟·门肯在《目击者描述中国军队溃退时南京的恐怖景象》一文中，向我们描述了南京城陷落之际，一名中国守军的最后一刻："对我来说，南京城陷落之际，未被颂扬的英雄是位无名的中国二等兵。他的行为也许救了我和来自得克萨斯州的《纽约时报》

---

❶ 佚名：《失守后的南京》，"南京大屠杀"史料编辑委员会、南京图书馆编：《侵华日军南京大屠杀史料》，江苏古籍出版社 1985 年版，第 148—149 页；《闽政与公余》第 20 期，1938 年 1 月。

❷ 范式之：《敌蹂躏下的南京》，"南京大屠杀"史料编辑委员会、南京图书馆编：《侵华日军南京大屠杀史料》，第 120 页。

❸ ［日］浮岛：《完全制南京于死地》，东京《读卖新闻》，1937 年 12 月 13 日。

❹ 沈咸：《高炮连参加南京保卫战简记》，唐生智、刘斐：《南京保卫战》，第 253—254 页。

❺ ［日］田中正明：《"南京大屠杀"之虚构》，第 148 页。

南京城防保卫战

记者弗兰克·蒂尔曼·德丁的命。我们在中央饭店附近的中山路上行走，这位二等兵示意我们到路边去，他正和一群士兵进行最后的抵抗战斗。我们弯腰钻进安全地带后，日军的坦克在街上隆隆驶来，机枪喷着火舌。坦克走后，我们发现二等兵和他的战友都倒在街头牺牲了。"❶

12月13日下午，日军第十六师团一部为攻占位于中山北路的首都饭店，与南京守军展开了激战。他们"攻占这座饭店而同少数顽强抵抗之敌进行激烈的枪战"❷。

在城西的三汊河地区，也发生了激烈巷战。一位外侨在写给友人的信中这样写道："一支由三个连组成的小部队在当官的指挥下，越过长江上游离南京三英里远处的三汊河，去迎击正朝着这个方向前进的日本军队。可由于人数悬殊，这三个连的中国士兵事实上全被日军消灭了，成功地生还的似乎只有一个人。这个人恰恰是我的一个朋友的兄弟，他第二天上午便出现在我的办公室里，向我讲述了事情的经过。"❸

12月13日，美国《纽约时报》记者哈立德·爱德华·阿本德以《南京被包围》为题，对南京城内的战斗进行了报道。里面有一个片段专门，写到了南京守军的情况，标题为《中国守军表现勇敢》，对守军部队的英勇战斗做了如下评价：

> 南京的中国守军再次展现了他们敢于承担可怕的后果和在困难条件下毅然坚持的超强能力。而这种困难条件通常都会令任何战斗人员丧失斗志。
>
> 通常没有报酬，也吃不饱，受伤了也得不到任何医院救治，但即便是这样，中国守军还是让日军在城门周围每前进一步就付出了惨重的代价。
>
> 这就像1900年时的情形，当时中国清朝军队一直占据着天津城墙，

---

❶ 《目击者描述中国军队溃退时南京的恐怖景象》（《芝加哥每日论坛报》，1937年12月17日），张生编：《外国媒体报道与德国使馆报告》，张宪文主编：《南京大屠杀史料集》，第六册，第104页。

❷ ［日］田中正明：《"南京大屠杀"之虚构》，第148页。

❸ ［澳］哈罗德·约翰·廷珀利：《侵华日军暴行录》，马庆平、万高潮等译，新华出版社1986年版，第14—15页。

直到7000多具尸体堆积如山。也非常像1928年山东济南发生的事情，当时中国军队也是这样英勇作战，让日军寸步难行。

　　日军从光华门城墙的多个制高点，从紫金山以及其他城市周边的高处，用各种口径的炮，用机关枪向南京城内地区猛烈开火，持续时间长达近50个小时。还有空中几乎每小时一次的轰炸。但所有这些都没能阻止中国守军继续他们的拼死抵抗。❶

四、广东部队不做"衰仔"

在南京城沦陷前后，参加南京保卫战的广东部队履行了军人天职，表现十分突出。

参加守卫南京的广东部队共有2个军，即第六十六军叶肇部和第八十三军邓龙光部，各辖2个旅、4个团。在南京守军大部分选择沿江撤退时，只有这两支广东部队遵照命令选择从正面突围。他们亦是经历南京保卫战后少数能够成建制保留下来的部队。

12月12日早晨7时，第六十六军第一六〇师奉令构筑玄武门至水西门之南正面阵地，准备巷战。下午，叶肇和邓龙光参加了南京卫戍司令部撤退部署会议，接到撤退和突围命令要旨为："军即按一六〇、一五九、一五六、一五四师之顺序，由太平门突围，经汤水、句容向安徽、宁国集中。"❷ 两军决定以第六十六军叶肇部做先锋、第八十三军邓龙光部做后卫，抢先突围。

第六十六军接到撤退命令后，因为时间仓促，便先用电话告知各部队命令要旨，命令各部队立即将所有辎重完全毁弃，剩余枪支"分发夫役使用，士兵一律轻装，即至太平门内集合"❸。第八十三军军长邓龙光立即派员

---

❶ 《英、美、苏、意报刊报道》之《南京被包围》（1937年12月13日），张宪文、吕晶主编：《见证与记录：南京大屠杀史料精选（西方史料）》，第324页。

❷ 《陆军第一六〇师锡澄南京两役战斗详报》，中国第二历史档案馆藏档案；中国第二历史档案馆编：《南京保卫战档案》，第8册，第286页。

❸ 《陆军第一六〇师锡澄南京两役战斗详报》，中国第二历史档案馆藏档案；中国第二历史档案馆编：《南京保卫战档案》，第8册，第286页。

南京城防保卫战

通知各部到中央党部集中。

晚上 6 时，城垣部队纷纷退入城内。这时的南京城内已经形势大乱，广场上、马路上人潮汹涌，万头攒动，车辆根本无法通过。将官的怒吼，汽车的喇叭，都起不到任何作用。坐车的人只好下车改为骑马，结果马也没有回旋的余地，又只能步行。此时，民众都丢弃行李逃命，许多珍贵家当都成为多余。邓龙光的几瓶人参浸制的酒和几盒头号的高丽参也都丢弃在路旁，无人问津。

当第六十六军抵达东小营中央军校门口时，与先期撤退进城的第八十三军部分官兵会合，两支部队列成长队开往太平门。

当时据守富贵山太平门岗子村一线的第八十七师副师长陈颐鼎看到这支部队打算开出城，很是吃惊。他向叶肇将军询问他们为何迎着日军进攻的方向行军？叶肇考虑到如果据实相告他们两个军选择突围，可能会令陈颐鼎部的官兵军心动摇，便含糊地说是执行作战任务，两支部队因而只是擦肩而过。

晚上 7 时，第六十六军各部在太平门内集合完毕，叶肇随即召集连长以上军官下达口头命令如下：

> 敌情如贵官所知。
> 师以突破重围、集中宁国之目的，拟由太平门经紫金山北麓东西流镇、汤山、句容、溧水、郎溪，向宁国集中。
> 逐日行进目标如左：
> 第一日（十三）句容东南地区。
> 第二日（十四）溧水东南地区。
> 第三日（十五）郎溪东段地区。
> 第四日（十六）宁国附近。
> 九五六团为第一线，循师行进路向当面之敌攻击前进。
> 九五五团为预备队，随师部行进。
> 行进时，余在师部先头。❶

---

❶ 《陆军第一六〇师锡澄南京两役战斗详报》，中国第二历史档案馆馆藏档案；张宪文、吕晶编：《见证与记录：南京大屠杀史料精选（中方史料）》，江苏人民出版社 2014 年版，第 122 页。

第四章 血淹危城，人间地狱

部队在突围过程中，与日军在太平门外岔路口、孟塘一带发生了激烈的遭遇战。晚上 7 时 30 分，第六十六军军长兼第一六〇师长叶肇、第一五九师代师长罗策群亲自指挥部队拆除堵塞城门的沙包。9 时左右，先头部队开路出城，后续部队争先恐后跟上，从城门夹缝之中挤出去。

当时，紫金山的日军炮火不断向太平门盲目射击，大量集结在太平门等待出城的士兵多有死伤，士兵们出城的心情也越发迫切。由于互相拥挤，造成了互相践踏，弱者有的被踩伤踩死。

出城后，先头部队沿着宁杭公路向南行进。一路上，由于不断有此前为对抗日军而挖好的堑壕、埋设的地雷，部队小心翼翼，行进极为缓慢。夜里 12 时左右，部队到达岔路口，先头部队与据守该处的日军发生交火，第一五九师代师长罗策群几次督促部队发起进攻，结果都没有成功。最后，他举起马鞭，大呼："跟我来，几大就几大，唔好做衰仔呀！"（广东话，不要丢脸的意思）在岔路口的战斗中，第一五九师代师长罗策群、第一五六师少参谋长姚中英都在指挥部队为两军主力杀出血路的战斗中壮烈牺牲。

罗策群，广东兴宁人，保定陆军军官学校第六期工科毕业，历任参谋、营长、团长、军师参谋长、旅长、副师长等职。自"八一三"淞沪会战打响以后，第六十六军奉命北上参加战斗，罗策群时任第一五九师第四七五旅旅长。9 月 17 日，其部奉命开抵刘行，与日军接触，激战 9 个昼夜。其中，在杨水桥的战斗中，他率部将日军久留米师团击破，日方报纸纷纷报道称遇到了"老虎军"。

罗策群带兵注重以诚相见，对官兵感情深厚、爱护有加。9 月 25 日，第四七五旅奉命开回方泰镇整理，在检阅士兵时，他发现部队伤亡惨重，不禁黯然。9 月 30 日下午，在召集全旅官兵训话时，"环睹萧条，咽不成声久之，因即命全体肃立，为刘行战役死难同志默哀"❶，全体官兵没有不肃然动容的，有的泣不成声。罗策群因战功卓著升任副师长后，辗转率部战斗在吴福、锡澄等国防线上。12 月 4 日，第六十六军奉命转进占领汤山阵地，因为汤山地位重要，日军志在必得，并以主力部队来攻击。罗策

---

❶ 胥兆梅选辑：《南京保卫战第六十六军阵亡将士殉国事略》，《民国档案》2007 年第 4 期，第 40 页。

南京城防保卫战

群"目不交睫，昏晓巡视，不遑宁处，与敌血战两昼夜"❶。12月12日，他又率领全师官兵经太平门冒弹突围，不幸殉国，年仅44岁。

姚中英，字若珠，广东平远县人。黄埔军校第二期毕业，参加过北伐战争，建立战功，后进入陆军大学学习。抗日战争爆发后，时任陆军第四路军教导旅参谋长的姚中英参加淞沪会战，屡立战功，擢升第八十三军第一五六师少将参谋长。淞沪会战失利后，退守南京并参加南京保卫战。12月12日与日军在太平门激战时壮烈殉国，时年41岁。

12月13日拂晓前，叶肇率领余部经尧化门向汤山方向穿插，目标是突出日军包围，在绝境中求生存。在东流村附近，这支队伍遇到了还保持着较为完整的战斗序列的邓龙光部，该部还拥有几十挺轻重机枪和两门迫击炮。两支部队稍做休整，继续列队出发。队伍已经壮大为7000多人。

早在12月12日晚，龙潭、栖霞山两处军事要地已全被日军大部控制，重镇汤山也沦入敌手，并集结了大批日军。因此，在第六十六军和第八十三军从汤山突围的时候，遭到了日军的猛烈攻击。部队被打散，官兵只能各自为战，并分头向指定地点转进。叶肇和邓龙光两位军长也走散了，后来换了便衣，突过日军包围圈，向安徽宁国集中。

在整个突围战斗中，这两支部队均损失惨重，共有54名军官壮烈殉国。

司徒非，广东开平人，时任第一六〇师少将参谋长。保定陆军军官学校第六期骑兵科毕业，与叶挺、邓演达等是同学。他学习勤奋，精通战略战术，为人正直，性格刚强，"尤以能见委受命见知于侪辈"。在"一·二八"淞沪抗战中，司徒非作战英勇，被赞为"大胆将军"。抗战爆发后，司徒非还在广东，"闻杀敌心痒"，便自动请缨，要求上前线杀敌。在上海刘行、广福等战斗中立下功劳，从淞沪战场撤退后，随即参加南京保卫战，奉命驻守汤山、青龙山一带，后退守紫金山东北一线，击退日军的一次次进攻，但在突围中不幸殉国，后被国民政府追认为陆军中将。

黄纪福，广东梅县人，时任第一五九师第四七七旅副旅长。从小聪颖过人，北伐战争前为报效国家应征入伍，后被选送进入第十一师教导队肄业。毕业后，派任排长，因表现突出、频繁立功而升为连、营长，1936年

---

❶ 胥兆梅选辑：《南京保卫战第六十六军阵亡将士殉国事略》，《民国档案》2007年第4期，第40页。

提拔为团长。在上海、南京战役中,黄纪福"每战必身先士卒",在太平门突围牺牲时,年仅 35 岁。

陈节,广东梅县人,第一五九师参谋处长。黄埔军校高级班毕业,先后担任队副、队长、团附、营长、参谋处长等职务,"治事精密,思虑过人,抗战诸役,擘划尤多"。在第六十六军退守南京时,陈节曾对他人说:"吾宁死于大南京,不复再退矣!"❶ 突围中以身殉职,时年 42 岁。

蔡如柏,第九五六团团长,平生慷慨好义,不拘小节,对上毕恭毕敬,对下和气待人,深得上峰的器重和同袍的爱戴。他虽然升任团长,仍然两袖清风,家境萧条。牺牲后,留下年迈父母、少妻孤儿。

在部队突围过程中,还有一些文职和后方人员,他们大多是没有军事知识和战斗经验的,加以身上没有武器,手上没有地图,不知道怎样去"突围"。他们所能做的只是盲目地跟着大部队向前移动,但依然与日军展开了英勇斗争。

第一六〇师副官陈寿川,在日军炮火之下仍能安然处理副官处事务,"井然有序,夜以继日,数夕不得一眠"。虽是后勤保障人员,但上阵杀敌毫不逊色。在南京保卫战中,陈寿川已经有了要与首都共存亡的决心,在部队从太平门冲出后,他拿着手枪与其他士兵一起,数次冲锋喊杀,杀死多个日军,非常勇敢,后不幸腹部中弹,为国殉职。他家中兄弟三人,他为老大,三个孩子都很年幼。二弟陈砚团在副官处工作,也在战斗中不幸牺牲。❷

还有一个名叫麦汉生的上尉副员,为人诚恳,不苟言笑,中学毕业后就入伍参军。参加抗战时,他已经 30 岁了,还没有成家。别人问他为什么不娶老婆,他回答说:"国难当头,军人生死,朝不虑夕,设一旦捐躯,岂不误人,因此不娶。"❸ 由此可见,其以身殉国的决心早已定下。在部队中,他深得人心,"薪俸所得,多半用诸士卒"。南京保卫战开始后,

---

❶ 胥兆梅选辑:《南京保卫战第六十六军阵亡将士殉国事略》,《民国档案》2007 年第 4 期,第 41 页。

❷ 胥兆梅选辑:《南京保卫战第六十六军阵亡将士殉国事略》,《民国档案》2007 年第 4 期,第 42 页。

❸ 胥兆梅选辑:《南京保卫战第六十六军阵亡将士殉国事略》,《民国档案》2007 年第 4 期,第 42 页。

南京城防保卫战

麦汉生奉命由芜湖解运平射炮弹到南京。12月12日晚奉命突围时，因顾及留守弹药，以身殉国。

该军牺牲的军官，还有副官处长容正平（33岁）、团附张驾英（37岁）、团附邓启炘（31岁）、政训员刘泽三（35岁）、营附曾振川（34岁）、政训员李奕传（35岁）、连长方奇伟（27岁）、廖平山（31岁）、李华标（32岁）、陆赞（38岁）、杨震（36岁）、李拔文（29岁），排长陈志才、卢辉廷，排副潘伯山，还有军医梁伯始、傅俊英，文职人员有上尉书记袁耀庭、中尉书记洪运儒、副官翁兆年、刘汉华、特务长张志新、邓固础，电务员叶畅如，等等。

另外，在南京城东北方向负责固守乌龙山要塞的第二军团徐源泉部也成功渡江突围。因战况混乱，该部当时并未接到撤退命令，为保存战力起见，徐源泉自行决定渡江北撤，"迨午夜，先令一部向东开一通道，对敌严密警戒，嗣由周家沙、黄泥荡两码头乘夜暗渡江，分向长江左岸之望江亭、通江埠等处集合。至12月13日7时，全部渡江完毕"❶。下午3时，部队向来安转进。

城东方向的守军教导总队也有部分突围成功。12月12日晚撤退命令下达后，教导总队总队长桂永清没有回到指挥部，教导总队旅以上的指挥所全部失去联络，而在紫金山鏖战正酣的部队，对撤退一无所知。深夜，战斗到最后一刻的第三旅在旅长马威龙率领下，瞄准日军的间隙正面突围，前往安徽南部，其余各部队蜂拥向下关方向撤退。12月14日在滁县集结地，教导总队仅收容官兵4000多人。

五、撤向"地狱之门"

南京守军在城垣附近与日军激战的同时，渡过长江前往江北的一支日军部队已经占领了浦口。浦口是津浦铁路的南端，位于南京正对面。日军占领了浦口，也就意味着切断了南京及其附近地区守军的最后一条向北逃

---

❶ 《南京各军师突围概述》，张宪文、吕晶编：《见证与记录：南京大屠杀史料精选（中方史料）》，第137页。

生退路。

12月12日下午，守军部队渐次放弃阵地，全线后撤或突围。因执行唐生智口头命令"如不能突围，有轮渡时可过江"，使得大批撤退部队向挹江门集结。

南京守军部队除了驻守乌龙山炮台的第二军团徐源泉部，以及城内的第六十六军和第八十三军外，几乎全部涌向城北下关码头，力图渡江北撤。市区民众也在纷纷向下关长江边奔逃，通向江边的挹江门，这时成了"逃生之门"。

但由于唐生智组织无序、指挥失灵，撤退命令传达不到位，结果导致守城门部队误与撤退中友军发生交火的惨剧。当时，还在南京的作家王余杞亲历了这一幕：城破关头"城里的部队得到了撤退的命令，守城门的可没有；一边要退，一边不要退；双方没弄明白就自己跟自己打起来，打了一阵才拿出命令来看，可已经迟了，双方牺牲不少"❶。

英国路透社记者莱斯利·史密斯的报道《目击者叙说南京的陷落》中写道：12月12日晚10时，紧邻着通往江边干道中山路的那座交通部具有中国风格的华丽大楼被火点燃。储存着弹药的大楼熊熊燃烧，释放出强大的热浪，使得街上的车辆无法通行。结果，道路拥塞，大火蔓延到一连串汽车、炮车、高射炮、自行车和三轮车上。中国军队步行前往通向江边的挹江门。这里通道狭窄，一次只能过一辆车。很快，这通道也被堵塞，着了火，堵住了通往江边的道路。许多中国军人在此丧身，烧焦的尸体留在那儿形成一条穿越城墙的道路。数以百计的中国军人被困在城内，他们用绳梯甚至衣服结成的绳索缒城而出。❷

这时的挹江门作为通向下关江边的主要通道，已经陷入一片混乱。"逃难的人挤满了城门洞，都想抢先出去，都拥挤得出不去，人一挤，被挤躺下去的就爬不起来，给踩死在下面。这就是人重人，尸首重尸首，堆了半

---

❶ 赵伟：《抗战文学与南京保卫战》，《福建师范大学学报（哲学社会科学版）》2014年第3期。

❷ 《目击者叙说南京的陷落》（《北京时报》，1937年12月19日），张生编：《外国媒体报道与德国使馆报告》，张宪文主编：《南京大屠杀史料集》，第六册，第81页。

南京城防保卫战

城门洞。"❶

多日连战且身体负伤的教导总队第一旅第二团团长谢承瑞,便是在这场混乱的撤退中被失控人群踩踏而亡。

在南京保卫战中,谢承瑞先是率部与沈发藻的第八十七师第二六〇旅防守工兵学校,后退入光华门与第八十七师、第一五六师及宪兵教导二团等坚守城垣,多次迫退城外日军。对少量藏在城门洞内的日军,谢承瑞率部以火烧城门洞的方法,给他们以较大杀伤,但原本抱病参战的谢承瑞也不幸被火焰灼伤。在奉命撤退过程中,因身体受伤,又没有得到特殊照顾,在狭仄的挹江门通道中被拥挤失控的人群踩倒身亡,年仅 33 岁。

不论是官兵,还是民众,城破在即,大多数人都陷入了恐慌溃败、夺路失序的状态。即使勉强挤出了挹江门,等到了江边,仍然有更大的灾难等着他们。因为早在几天前,南京卫戍司令部为显示"背水一战"的决心,撤走了几乎全部的船只,撤退命令虽然发出,但是运输工具却没有,大量守军就这样被阻挡在长江边上。

渡江无望,一时民心士气崩溃,奔逃场面混乱而凄惨。有的士兵为了找船,忽而向东,忽而向西,来来去去,加上后有日军追击,不断放枪,"更使大股人流拼命夺路奔走,军队的建制也被打乱,官不识兵,兵不识官,致智者不能尽其谋,勇者不能竭其力"❷。现场混乱不堪、惨不忍睹。

部队已经失序,民众就更不用说了,军民乱成一团。也有人不甘坐以待毙,开始寻找出路。有的选择撤到秦淮河边,准备通过浮桥渡过秦淮河。然而,浮桥并不坚固,人多桥毁,不少人坠入河中。有的选择走到上新河附近,寻找木排、圆木等渡江工具,然而,不幸遭到幕府山高地日军的炮兵射击,死伤惨重。

参加南京保卫战的宪兵部队和警察部队也在撤退和渡江中损失惨重。

萧山令,湖南益阳人,保定陆军军官学校第三期毕业,时任南京宪兵司令部副司令兼警备司令部防空司令和首都警察厅长,是南京保卫战城垣战中牺牲的最高级别指挥官。

12 月 12 日下午,萧山令正率部在上新河、中华门一带与日军激战,随

---

❶ 赵伟:《抗战文学与南京保卫战》,《福建师范大学学报(哲学社会科学版)》2014 年第 3 期。

❷ 万式炯:《忆一〇三师参加南京保卫战》,《贵州文史天地》1995 年第 6 期。

后被通知参加卫戍司令部撤退会议，根据指示，"所有驻京军警，向花旗营集中待命"。萧山令领命后，命令宪兵和警察集结下关江边渡江，由宪兵第二团团长罗友胜负责督导；命令宪兵教导团派兵二营，进占蛇山、龙蟠山、五台山一带，掩护宪警部队转进，并限于当晚10时前到达江边。❶

随后，宪兵和警察部队沿着中山路出了挹江门，发现沿途都是一些没有来得及撤退的民众和车辆拥塞着道路，在这样的情况下，宪警部队行军速度十分缓慢。等到了江边，发现根本没有渡江船只可乘，要想整支部队一次过江更是不可能了。部队只好采取"化整为零"独立过江的方式，大家开始自行寻找渡江工具，有的乘坐木筏、木板、圆木等简陋工具渡江。仓促之间，官兵落入江中的不计其数。

12月12日晚，部队奉命撤退时，萧山令率领部下拆屋扎筏，掩护军民渡江。整个夜晚，他数次被部下推到筏上，但都挣脱上岸，继续指挥部队掩护扎筏抢渡。12月13日清晨，日军骑兵已经蜂拥跟至，并用机关枪向撤退的官兵和民众疯狂扫射，瞬时，无辜的同胞"亦罹浩劫"。萧山令亲眼看到了日军灭绝人性、滥杀无辜的举动，顿时怒从中来，当即振臂高呼"成功成仁，今日是也"，率领所剩无几的官兵与敌人展开白刃格斗。萧山令身中数弹，半截身子立于江水之中，仍高呼"中国不会亡"，后壮烈殉国。

在南京保卫战中，宪兵部队共动员官兵近6500人，在增援光华门、坚守清凉山和明故宫等战斗中，血战四个昼夜，痛歼顽寇。到最后生还的仅有数百人，其余官兵均为国捐躯。

在渡江无望的情况下，下关江边的不少官兵决定返回城内，与日军背水一战。据刘树芃在《战车第一连在下关》❷一文中的回忆，有的官兵在下关江边选择不撤退，回到城内继续与日军战斗。12月12日晚，战车第一连的战车和汽车都集中在下关江边，官兵找到了一艘小火轮及其拖运的小木船，准备将木船两只一排用跳板连起来，将战车开上船并运送过江。可是由于车身太重，而船的吨位太小，船与船之间又连结不牢，导致战车一开上跳板，船便倾倒，反复尝试多次，仍不成功。最后，指挥官决定将战

---

❶ 《宪兵司令部在京抗战部队之战斗详报》，中国第二历史档案馆馆藏档案；中国第二历史档案馆编：《南京保卫战档案》，第8册，第449页。

❷ 刘树芃：《战车第一连在下关》，唐生智、刘斐：《南京保卫战》，第242—243页。

南京城防保卫战

车与汽车就地炸毁，部队官兵全部上船。这时，有两名驾驶兵和两名坦克兵站出来说："我们四人决计留在这里打日本鬼子。"军官说："上面给我们的命令是去浦镇后方。"驾驶兵坚持说："不，我们是打日本鬼子的，敌人已经到了面前，应该打了再说。"两名坦克兵说："我们的战车上还有武器，与其破坏，不如和鬼子干一场。"指挥官被他们的精神感动了，叮嘱他们选好武器，带足弹药，并给他们发了几天伙食费。这四名士兵怀着巨大的勇气和决心，去和敌人做拼死决斗。

据瀛云萍在《坚守乌龙山炮台》❶一文中的叙述，有一名逃出南京的士兵讲，12月13日，日军即已进城，拥挤在下关的散兵不计其数。日军向下关追击，一路遭到零星抵抗。有一位身着黄呢军服的上校军官被身边的大群散兵团团围住。大家喊着："长官！你指挥我们回击抵抗一下不好吗？不然，咱们只有死路一条了。"上校说："我是军医，不懂军事。"士兵们说："只要您命令我们打就行。"上校同意了，于是振臂高呼："弟兄们，向鬼子打呀！"士兵们就这样向敌人的追兵开火了。敌人没有想到，在江边还会遭到如此勇猛的抵抗。这名基于爱国义愤的上校军医官，以及临时由他指挥的那群士兵，都在这最后的拼搏中献出了自己的生命。

12月13日拂晓，乌龙山要塞的守军撤走后，日军山田支队未经战斗即占领了乌龙山，同时，日军海军舰艇也通过封锁线到达了下关江面，日军第十六师团一部乘快艇随后进入八卦洲附近江面。他们发现，宽阔的长江江面上满是漂浮着的中国军队小船，以及抱着木板泅渡的老百姓。日军毫不犹豫地向他们扫射，并用舰艇冲撞，无数中国军人就这样毫无反抗之力地被江水吞没。

根据战后的统计报告，守军在撤退、突围、抵抗过程中损失极其惨重。第七十四军俞济时部的第五十一师和第五十八师共同努力，突破城南日军的包围线，"激战良久，卒排除敌军阻力，到达双闸镇"。到12月13日拂晓，除第五十一师残余官兵大部渡江外，第五十八师"到达长江左岸者，仅得三分之一"。❷

唐生智身为司令长官，撤退过程也是十分狼狈。在下达完撤退命令后，

---

❶ 瀛云萍：《坚守乌龙山炮台》，唐生智、刘斐：《南京保卫战》，第237页。

❷ 《南京各军师突围概述》，张宪文、吕晶编：《见证与记录：南京大屠杀史料精选（中方史料）》，第136页。

唐生智便着手安排司令部撤退事宜。他叮嘱参谋处谭道平、李仲辛等人将重要作战文件、地图资料等搜集好、把不用的文件就地销毁。司令部人员在撤退沿途中，也奉命将一些重要资料、物品和建筑物放火焚烧，不给日军留下可用的资料或物品。

由于战局变化迅速、撤退安排失当，加之长江阻隔、日军残暴，致使成千上万的官兵和民众血洒江边，酿成了人间惨剧。在万千民众大逃亡的人流中，许多将士裹伤拼死再战，令人动容。"我亲眼看见几个伤痕未愈的伤兵，不忍离开南京，向他们的长官要枪，上前线杀敌，经长官好言安慰，才肯爬进车厢。"❶负伤的战士饮恨撤离，而此刻南京仍有大批"佩戴了'卫戍'一❷字黄臂章的守城士兵，街头巷尾，来往巡逻，他们个个具有与城存亡的决心"。

不仅是守城将士，南京的普通市民也在此次战役中，面对日军之暴行表现了决死相拼的反抗勇气。

有一名叫梁志成的汽车司机，当时年仅19岁，因家庭清苦，没法逃走，也成了滞留在南京的一员。日军占领南京后，以搜捕官兵的名义，抓住了他，逼迫他去服劳役，交办的第一件事就是开车送货。梁志成本来就不愿意给日本人做事，就多留了个心眼，趁日军不注意，悄悄走到车后，看到这车货物原来是满满一车厢的子弹，由几个日军士兵看守着。他这才知道自己是要帮日军把这一车子弹送到长江边，去用来屠杀那些已经被集体捆绑了的大量同胞。梁志成假装答应，上了车，并按照指定路线平静地驾驶了一段路程，但内心其实已经波涛汹涌。他下定决心，必须抵抗到底，坚决不能成为侵略者的帮凶，坚决不能给国家抹黑、被同胞唾骂。但是，他一个手无寸铁的平头百姓，怎么和敌人对抗呢？没有多余的时间去思考了，他瞅准机会，先和坐在副驾驶位置上的那个日军军官搏斗了起来。梁志成用双手紧紧扼住对方的喉咙，身中数刀，鲜血如注，但仍不松手。搏斗声引起了车厢内日兵的注意，他们立即凶神恶煞般扑上来，将锋利的刺刀一刀一刀地扎向这个瘦小的司机身上。梁志成很快血肉模糊，晕死过去，随后被日军扔下了车。还剩下一口气的梁志成挣扎着，向自己家的方向爬去，

---

❶ 《南京各军师突围概述》，张宪文、吕晶编：《见证与记录：南京大屠杀史料精选（中方史料）》，第136页。

❷ 疑原文有误，应为"二"。

南京城防保卫战

好不容易到家时终因失血过多，不幸死去。临终前，他对姐姐说："姐姐，我到死都没给日本人做一件事！"一句简简单单的话语，令人动容。这名19岁的热血青年，用自己的行动践行了"死都不给日本人做一件事"的小小承诺，证明了南京人民"国破人不亡、城破心不死"反抗暴行的气概。

巾帼不让须眉。同样舍生取义的，还有一名没有留下姓名的普通女子。她家住在雨花台区板桥附近，在南京保卫战中，她的全家被日军杀害了。她怀着一颗复仇的心，将全身绑满了炸药，在中华门外板桥附近，撞向一列日军火车。列车被炸出轨道，日军损失惨重，而她也光荣捐躯了。

透过这些记载，我们感受到了守城将士坚持抗敌的决心和与南京共存亡的牺牲勇气，感受到了南京普通市民面对日军烧杀淫掠的残暴时是怎样的团结反抗，用血肉之躯谱写了精忠报国的壮歌！

第三节 日军暴行震惊中外

日军自杭州湾登陆后，便一路烧杀淫掠到南京，而在南京城陷后对城内军民实施暴行的残虐程度达到历史之最，制造了震惊中外的"南京大屠杀"惨案。日军在占领南京城的前 6 个星期内，以各种极为野蛮的方式，屠杀了放下武器的中国官兵 9 万多人、平民 20 多万人，总数达 30 万人以上。❶ 这是整个第二次世界大战中与美国原子弹空袭日本广岛、长崎以及德国纳粹"犹太大屠杀"齐名的"三大惨案"之一。

一、日军下令不留俘虏

12 月 13 日，南京各城门相继失守，中国首都南京沦陷。日军随即开始在城内大肆烧杀淫掠。

12 月 14 日，日军山田支队占领了南京城的最后一个支撑点幕府山，天谷支队占领了扬州，切断了大运河；第六师团一部进至下关；国崎支队占领了浦口，切断了南京守军的退路。自此，麇集在燕子矶、下关沿江一带及八卦洲、江心洲中尚未来得及撤离的大量中国官兵成为日军的俘虏。

上海派遣军司令官朝香宫鸠彦亲王签署了一道嘱咐"阅后销毁"的机密命令，授意所属各部队"杀掉全部俘虏"。第十六师团师团长中岛今朝吾在其 12 月 13 日的日记中较为隐晦地记载了"杀俘虏"的情况："基本上不实行俘虏政策，决定采取全部彻底消灭的方针。"❷ 第一一四师团第一二七旅团第六十六联队第一大队从联队长处接到如下命令："根据旅团

---

❶ 左禄主编：《侵华日军大屠杀实录》，解放军出版社 1989 年版，第 114 页。
❷ 《日军官兵日记、书信》之《中岛今朝吾日记》（1937 年 12 月 13 日），张宪文、吕晶编：《见证与记录：南京大屠杀史料精选（日方史料）》，第 101 页。

南京城防保卫战

部命令，俘虏全部杀掉。其方法可以十几名为一组枪杀。"❶ 而以"凶残"闻名的第六师团师团长谷寿夫更直接地向属下士兵宣布"解除军纪三天"。

12月15日，松井石根在汤山通过方面军参谋长冢田攻发出指令："两军在各自警备区内，应扫荡败残兵。"在日军头目的纵容下，上海派遣军和第十军随即在南京全城搜捕与屠杀"溃败隐匿"的中国军队官兵，制造了人类战争史上罕见的大规模屠杀战俘和平民的暴行。

日本随军记者小俣行男在其《日本随军记者见闻录》中较为详细地记录了关于南京大屠杀的详细见闻，其中有一段是他与《读卖新闻》上海分社联络员武田和畦崎的谈话："俘虏有10万之多，刚进城的部队曾问军令部这些俘虏怎么办？回答是'适当处分'。……山田旅团长（即在上元门屠杀万余名俘虏的山田支队长）……12月15日就处理俘虏一事，派本间少尉去师团，得到'收拾掉'的命令。所谓'适当处分'，就是如无法处理就予以处决。这是军队里一开始就确定了的方针。""不仅残杀俘虏，还杀害无数平民百姓。联络员说他们看见路上躺满了百姓的尸体。问究竟杀了多少人？回答是这个数字既未发表，也无法统计，总之是满目死尸。留在市内没有住进难民区的百姓，都被一扫而光。"❷

就这样，有了各级指挥官的许可，日军在侵占南京后便毫无顾忌，分窜到各区，开始了有计划的大规模屠杀、焚烧、奸淫、抢掠活动，无恶不作，其凶残野蛮程度令人发指，罪行累累罄竹难书。日军在攻占南京后的暴行表现在三个方面：

一是日军实施了大规模的屠杀，甚至是虐杀活动。日军进入南京以后，就开始以集体屠杀的方式消灭放下武器的中国士兵。12月13日，日军第六师团枪杀了从水西门至下关途中的俘虏1500余人；第一一四师团枪杀了在雨花台俘虏的1354人。12月14日，第十六师团在中华门外枪杀了在中华门内俘虏的1500余人；在此前后，国崎支队在浦口江心洲枪杀了俘虏3000余人。12月17日，山田支队在上元门以北江岸，将在幕府山及八卦洲一带俘虏的14777人，分两个场所一起枪杀。期间，第十六师团第三十旅团佐佐木到一部队杀掉俘虏约1.5万人，守备太平门的一名中队长"处理"

---

❶ 经盛鸿：《战时中国新闻传媒与南京大屠杀》，第800页。
❷ 左禄主编：《侵华日军大屠杀实录》，第115页。

了约 1300 人。在仙鹤门附近集结的俘虏约 7000 人亦被屠杀。

残暴的日军不仅杀害放下武器的俘虏，而且毫无人性地大量杀害了手无寸铁、并未参加战斗的平民。12 月 14 日，日军在中山码头枪杀难民及非武装军警 7000 余人。12 月 16 日，日军又在中山码头屠杀难民 5000 余人。12 月 18 日，在松井石根举行入城式的第二天夜里，在草鞋峡一次枪杀男女老幼及部分俘虏共 57418 人。

这种大屠杀行为是由华中方面军司令官松井石根示意、上海派遣军和第十军司令官下令执行的，所有参加进攻南京的部队都犯有集体屠杀的罪行。在日军所犯下的滔天罪行中，以第六师团谷寿夫部队最为残虐。战后依据海牙陆战法规等国际公约而成立的中国国防部审判战犯军事法庭，在对南京大屠杀案主要战争罪犯、日军第六师团师团长谷寿夫的判决书中指出："查屠杀最惨厉之时期，厥为二十六年十二月十二日至同月二十一日，亦即在谷寿夫部队驻京之期间内，计于中华门外花神庙、宝塔桥、石观音、下关草鞋峡等处，我被俘虏军民遭日军用机枪集体射杀并焚尸灭迹者，有单耀亭等十九万余人。此外，零星屠杀，其尸体经慈善机关收埋者十五万余具。被害总数达三十万人以上。尸体遍地，惨绝人寰，其残酷之情状，尤非笔楮所忍形容。"❶

二是日军实施了大规模的性暴行。日军在南京的奸淫罪行，更是灭绝人性，暴肆惨虐。据当时留在南京的外国传教士提供的资料显示，日军在南京实施的性暴行达 2 万起以上。暴行规模大、持久时间久，且残忍程度高，他们不仅强暴中青年妇女，不放过十二三岁的幼女，就连老年妇女、孕妇也不放过，甚至先奸后杀；或者实施丧失伦理的暴行。日军军官竟野兽般地在光天化日之下带头在大街上强奸中国妇女。当时，德国一位外交官在从南京发给德国政府的一份报告中称日军是"兽类的集团"。

三是日军实施了严重的抢掠纵火和破坏活动。就纵火焚烧而言，其区域非常广泛。城陷之初，沿中华门迄下关江边，几成灰烬。城南的繁华市区尤为严重，大片民居、大小商店、高大建筑，被日军付之一炬。"六朝古都"的历史名城在遭受野蛮日军洗劫之后，到处是残垣断壁，满目荒凉。

---

❶ 《军事法庭对战犯谷寿夫的判决书及附件》（1947 年 3 月 10 日），中国第二历史档案馆馆藏档案。

南京城防保卫战

国民政府的十年首都建设精华也付之一炬。至于掳掠，日军更是见物就抢。正如南京安全区国际委员会负责人拉贝所说："我们找不出什么东西可以超越日军的暴行。"这充分暴露了日本军国主义的残暴性和野蛮性。

  日军在南京的罪行，罄竹难书。当时，滞留南京的外国人士，不仅目睹了日军的暴行，而且以文字、影像的形式记录了下来，如美国传教士贝德士、费吴生、福斯特、马吉、麦卡伦、斯迈特、威尔逊等的日记和给家人的信件中都有对日军施虐行为观察的记录。南京安全区负责人拉贝先生则以日记连载方式记录了南京城内的这一灾难。欧美各国报刊、使领馆文书对屠城情况也多有记载。当年入侵南京的日军将领及士兵，在各自的日记和书信中也记载了他们在南京犯下的不可饶恕的罪行，如曾根一夫的《我所记录的南京屠杀：战史中没有记载的战争故事》、冈本健三的《连妇女小孩都杀的真实的屠杀》、今井正刚的《南京城内的大屠杀》等。❶日本新闻报道更是以《俘虏不断出现　敌军尸体堆积如山》《在江岸俘虏1.5万名敌兵　有军官学校、教导总队等的士兵》《扫荡南京一带的战果　俘虏、歼灭敌军6万　皇军继续扫荡》《敌人弃尸8.4万——我方死伤4800》❷等大肆报道，标题张扬、数字刺眼。侥幸逃出城外的守军、机关人员和市民幸存者在多年后回顾了那段不堪回首的惨痛经历，金陵女子文理学院宿舍管理员程瑞芳所记《程瑞芳日记》、守城部队军医蒋公穀所记《陷京三月记》、教导总队第三团第十六连连长孙宝贤所记《南京沦陷前后及被难脱险经过详情实记》、第二军团指挥部参谋祝晴川所记《南京屠城记》、南京市机关人员李克痕所记《沦京五月记》等都是亲历者的真实血泪记录，是记载日军南京大屠杀暴行的第一手资料。

二、以"膺惩"为名进行的大屠杀

  在南京保卫战中，守军部队除一部分牺牲于南京战场，极少一部分撤

---

 ❶ 《日军官兵、随军记者回忆与日本新闻报道》之《日军官兵回忆》系列，张宪文、吕晶编：《见证与记录：南京大屠杀史料精选（日方史料）》，第336、374、492、556页。

 ❷ 《日军官兵、随军记者回忆与日本新闻报道》之《日本新闻报道》系列，张宪文、吕晶编：《见证与记录：南京大屠杀史料精选（日方史料）》，第610、611、613、615页。

第四章 血淹危城，人间地狱

出南京战场外，大部分部队陷于混乱状态。大批军人涌到以下关为中心的长江南岸，试图渡江北上而不能成功，多数军人被迫放下武器，脱掉军装，潜入民间或涌入由外国人士组织的国际安全区，成为日军虐杀的主要对象。

12月13日凌晨，日军各师团分别由中山门、光华门、中华门、水西门等处进入南京城：第十六师团第十九旅团第九联队（片桐部队）于深夜零时占领中山陵，第二十联队（大野部队）于凌晨3时20分占领中山门，这两部自中山门攻入城中后，进占国民政府及军事委员会、中央军校等机关所在地。第十六师团第三十旅团一部在城外沿玄武湖东岸绕向城北进攻。第九师团一部在早晨6时占领光华门，一部自光华门与中山门间城墙炸开的缺口中攻入城中。攻入光华门的日军误将日本随军记者比山冈雄击毙。第三师团一部自通济门攻入城中。第一一四师团、第六师团一部自中华门、水西门攻入城中，一部沿水西门、江东门外城墙向北推进。❶

攻入城中的各路日军沿城内的马路向城北一路追击，屠杀马路上奔跑的中国军民。他们对无辜的民众和放下武器的士兵，采取集中枪杀、活埋，或以汽油焚烧，进行了野蛮而残忍的屠杀。古城内外，尸横遍野。

12月13日上午，日军第六师团一部兵力在城外西部，沿水西门、汉中门外城墙向北推进至下关长江边，与从太平门外沿玄武湖东岸向北推进的日军第十六师团一部会合，完全包围了正拥堵在长江边、无法渡江的中国官兵，截断了南京守军的退路。下午，日本海军第十一支队舰艇越过乌龙山炮台封锁线，于午后2时溯江抵达下关，封锁江面，扫射屠杀正游江北逃的中国军民。

日军第十六师团师团长中岛今朝吾在当天的日记中写道："仅佐佐木部队就处理掉约1.5万人，守备太平门的一名中队长处理了约1300人。在仙鹤门附近集结的约有七八千人。……处理上述七八千人，需要一个大壕，但很难找到。预定将其分为一两百人的小队，领到适当的地方加以处理。"❷第三十旅团旅团长佐佐木到一在同一天的日记中记载："今天，在我支队

---

❶ 经盛鸿：《战时中国新闻传媒与南京大屠杀》，第799—800页。
❷ 王卫星编：《日军官兵日记与书信》，张宪文主编：《南京大屠杀史料集》，第九册，江苏人民出版社2006年版，第288页；《日军官兵日记、书信》之《中岛今朝吾日记》（1937年12月13日），张宪文、吕晶编：《见证与记录：南京大屠杀史料精选（日方史料）》，第101页。

南京城防保卫战

的作战区域内，遗弃的敌人尸体达一万几千具。此外还有在江面上被装甲车击毙的士兵和各部队捉到的俘虏，合在一起计算，仅我支队就解决了敌军两万以上。……情绪亢奋的士兵丝毫不理睬上级军官的劝阻，将俘虏一个个地杀死。"❶ 两个日军指挥官的日记都明确记载了日军实施所谓"膺惩"屠杀俘虏的事实。

日军第十六师团第二十联队的士兵北山在 12 月 14 日的日记中记载："子时从清剿战场返回。他们解除了大约八百名残敌的武装，而且把残敌全部枪杀了。"❷ 士兵牧原信夫同日写道："上午 8 时 30 分，第一分队协助第十二中队，去扫荡马群方面的残敌……敌人也不过就是一个步枪中队，只有三百一十多人，武装已经被解除了，正在听候处置。马上赶过去，全部枪杀。""还有悲惨的一幕，那就是一百五六十名敌俘关在一个巨大的车库里，浇上汽油，然后点火集体烧死。从死后的姿势来看，他们至死都在拼命想夺门逃生。到了现在，不管看到多少尸体，我们都已经变得麻木了。"❸ 以上日军士兵的日记证明了，日军对俘虏的所谓"处理"办法就是屠杀，以及施行"浇上汽油点火集体烧死"式的虐杀。

自 12 月 15 日下午开始，日军在南京城内外对中国战俘进行了大规模的屠杀。❹ 日本同盟社上海 15 日电称："我们军攻占南京后，在城内外，仅从大野、野田、助川、片桐等由右翼北面进攻的各部队来看，被俘或被歼的中国军队也不下一万名，总人数估计至少有六七万名。"日军第十六师团第二十联队伍长林正明在 12 月 15 日的日记中记载："在南京城外和第六中队一起看守 7000 名俘虏"；24 日的日记则写道："可怜的支那兵都要送进扬子江喂鱼……前述的 7000 名俘虏也喂了鱼"。❺ 阿垅在 1939

---

❶ 王卫星编：《日军官兵日记与书信》，张宪文主编：《南京大屠杀史料集》，第九册，第 316 页；《日军官兵日记、书信》之《佐佐木到一日记》（1937 年 12 月 13 日），张宪文、吕晶：《见证与记录：南京大屠杀史料精选（日方史料）》，第 137 页。

❷ 王卫星编：《日军官兵日记与书信》，张宪文主编：《南京大屠杀史料集》，第九册，第 515 页。

❸ 《日军官兵日记、书信》之《牧原信夫日记》（1937 年 12 月 13 日），张宪文、吕晶编：《见证与记录：南京大屠杀史料精选（日方史料）》，第 183 页。

❹ 经盛鸿：《战时中国新闻传媒与南京大屠杀》，第 808—809 页。

❺ 王卫星编：《日军官兵日记与书信》，张宪文主编：《南京大屠杀史料集》，第九册，第 630 页。

年写的《南京》一文中也提到，守城士兵姚法勤、何兴常被日军俘虏后，与400多名军民未经讯问即遭到机枪扫射，后被焚尸灭迹。对放下武器的中国士兵，日军"以极不人道的刑法使他们慢慢死去的"，牺牲者痛苦的哀号，令闻者仿佛置身无边地狱。为掩盖罪行，日军遮蔽刑场场面禁止进去探视，否则一体杀戮，"我们所知道的是活的进去，而出来的呢？则是一堆肉一束骨与一滴滴的鲜血而已"。❶

12月17日，日军在占领南京后举行了耀武扬威的入城式。日本海军第三舰队司令长谷川清宣称"日本决意继续战争"。进入南京的日军官兵为给松井石根入城前做好"俘虏处置和现场清理"工作，刚入城便开始有组织地实施扫荡。他们认为，放下武器潜入民间的军人，对日本接下来的"侵华"和"制华"都会有潜在的危险，必须拔除他们这些"眼中钉"。因此，他们在南京全市及周边地区展开了大规模的搜捕行动，并进行了大屠杀，包括集体屠杀和零散屠杀。由于日军不能完全确认中国军人和普通劳动者的区别，所以就将中青年男子全部抓起来，连国际安全区内也没有放过。这一点在国外媒体的报道中也得到了证明。美国《密勒氏评论报》称："日军嗜杀，外国教士皆可证明。当日寇进占南京时，未及逃出我国难民，手无寸铁，皆为驱散一处，以机枪扫射而死，在日寇占据区域，除被迫搬运物件者外，殆无所谓俘虏，皆一律杀死，即中国军缴去武器，亦被杀死。难民区之着壮丁服者，亦皆指为兵士，而被整批枪杀，如此暴行，可谓惨绝人寰矣。"❷

日军侵占南京后，燕子矶有5000余难民，日军用机枪扫射，进行了集体大屠杀。12月15日，在原南京司法院难民所内的2000余人被押往汉西门外，集体枪杀，然后用木柴、汽油焚尸。12月16日清晨，逃到华侨招待所的5000余难民，被日军押往下关中山码头排列成行，遭机枪扫射而亡命。12月18日夜里，日军将被囚于幕府山的四五个村庄的居民和已放下武器的中国军队官兵，共57000余人，用铅丝两人一对绑在一起，排成四路驱赶至下关草鞋峡，先用机枪扫射，后又对侥幸没死的再用刺刀屠杀，最后浇上煤油，纵火焚尸，残余骸骨就投入长江之中。在挹江门外的宝塔

---

❶ 阿垅：《南京血祭》，宁夏人民出版社2005年版。
❷ 中央档案馆、中国第二历史档案馆、吉林省社会科学院编：《日本帝国主义侵华档案资料选编：南京大屠杀》，第168—169页。

南京城防保卫战

桥、鱼雷营一带，已解除武装的中国士兵30000多人遭集体屠杀。此外，日军还零散屠杀中国人达150000之多，掩埋尸体进行了4个月之久。"街头河边等处，则见尸体横陈。"仅据担任掩埋尸体的世界红十字会南京分会和南京崇善堂两个慈善机关的数据统计，掩埋尸体分别为43000多具❶和112000多具❷。

日本侵略者杀人方法及其野蛮残酷，有机枪扫射、刺刀挑杀、大刀劈砍、切腹、割心、水溺、火烧、活埋等，可以说是虐杀手段无所不用其极。日军士兵之间还以嗜杀互相炫耀为荣。日本报纸东京《日日新闻》曾刊登了一篇题为《南京紫金山下》的通讯，内容是日本随军记者关于两个日军在紫金山下杀人比赛的新闻。野田毅和向井敏明比赛杀人，野田毅以连杀106名中国人"优胜"，比其对手向井敏明多杀了一人，但因为分不清是谁先杀够100人的，因此，他们竟然议定还要继续进行谁再先杀到150名中国人的"比赛"。

当时及二战后，国际各界对日本违反国际战争法规在南京实施反人类的暴行都进行了报道和强烈谴责。远东国际军事法庭在其判决书中指出："在日军占领后的最初六个星期内，南京城内和附近地区被屠杀的平民和俘虏的总数超过20万。这一估计并不夸大其词，而是可以通过埋尸团体和其他组织提供的证据加以证实的。这些组织掩埋的人数多达15.5万人。他们还报告说，大多数死难者都是双手被反捆着的。而且，这一统计数字还不包括那些被焚烧的、被扔进长江的以及被日军以其他方式处理的尸体。"❸

时任教导总队工兵营营长兼团附钮先铭，城破后先后藏身于永清寺、鸡鸣寺等地，也亲眼见证了日军士兵对中国军民实施的残暴行为。据其回忆，南京失陷后，躲避在寺庙附近的士兵、老百姓越来越多。日军士兵知道有很多军人混入和尚或平民队伍，因而对不定期的搜查也毫不放松。有一天，日军士兵照旧来查，要大家出来一字排开。钮先铭是扶着年纪最大

---

❶ 《世界红十字会南京分会救济队掩埋组掩埋尸体具数统计表》，中国第二历史档案馆馆藏档案。

❷ 《南京市崇善堂掩埋队工作一览表》，中国第二历史档案馆馆藏档案。

❸ 《有关南京大屠杀的判决书》之《南京暴行》，张宪文、吕晶编：《见证与记录：南京大屠杀史料精选（西方史料）》，第781—782页。

的瞎和尚出来的,日军士兵头头咕哝了一句"都是和尚?",但还是对排头的老和尚进行了检查,甚至还用手摸摸眼皮,确认老和尚是真瞎了。排在和尚队伍后面的人,有一人在大衣里面穿了一身警服,并不能确定他是真警察,还是因为天冷从死人身上扒下警服来御寒。日军丝毫不听任何解释,一枪便让那个"警察"脑袋开了花。这是首都沦陷后,钮先铭亲眼看见的第一个被日军虐杀的人。据庙内和尚统计,南京沦陷后,仅小小的永清寺周围便有 46 具尸体之多。

与日军一同进城的《东京日日新闻》随军记者铃木二郎,在中山门附近见到了发生在城墙上的一幕奇异情景。他描述道:"在那里,我第一次遇上毫无人性的大屠杀。在 25 米高的城墙上站着排成一列的俘虏,他们一个接着一个被刺刀捅落到城外。许多日军士兵提起刺刀,呐喊一声往城墙上的俘虏的胸、腰刺去,鲜血溅向空中。这情景阴森可怕,看着这情景,我久久茫然呆立在那里。"❶ "只见飞溅的血雨喷向半空,阴森的气氛使人汗毛直竖,浑身颤栗。"可是,就在那些中国士兵被屠杀的时候,他们的态度和表情令人永远难忘。他们那对侵略者蔑视的神情,令敌军胆寒。铃木叙述了这批中国军人在生命最后一刻视死如归的表现,他这样写道:"他们站在死神面前,有人脸上浮泛着冷笑;有人若无其事的大笑,等待着死亡。"❷

从这份记录可以看出,中国士兵在捍卫祖国领土、抗击日军侵略的战斗中,即使已经失去自由,但在面对死亡时,仍然保持着大无畏的气概和视死如归的勇气。

三、永远不能忘记

日军大屠杀首先针对的重点是中国士兵,他们要对放下武装的中国军人执行"一个不留"的政策。与此同时,被困城中未及逃离的南京市民,或被强行拉夫抓走,或被集中或零散地血腥屠杀,老弱妇孺皆遭欺凌侮辱,

---

❶ 经盛鸿:《战时中国新闻传媒与南京大屠杀》,第 805 页。
❷ 《日中战争全貌》,《丸》1971 年 11 月特大号。

南京城防保卫战

手段之残忍远超人类所能想象。原本寻常的人和普通家庭,因为这场惨绝人寰的屠戮,成为南京这段历史无法回避的见证。

在这场灾难中,发生了许多普通人家的灭门惨案,有李秀英为反抗日军强奸而身中30余刀侥幸未死,有侥幸跳江成功逃生的陈德贵,有死人堆里挺过了14天的夏氏姐妹,还有不可计数的市民、家庭被杀、被奸、被烧、被劫。

南京陷落后,大量难民为躲避日军抓捕,纷纷躲进洋行、学校、寺庙等场所。15岁的陈德贵也不例外。12月13日清晨,他正在下关英商"和记洋行"里避难,但还是被日军士兵抓走了。和其他2800多名年轻人一道,被要求排成4人一排的队伍,交出手表、戒指和银圆等贵重物品,在搜身后被关进了位于煤炭港的一间仓库里。一天后,日军假意命令他们去工地干活,要求每10人一组陆续出去。每出去一组,便会听到一阵枪响,令人心惊肉跳。陈德贵在第三组出去时,心里已经明白自己马上也要向前两组一样,面临被枪杀的命运。他回忆道:"当走到长江边时,我看到仓库背后的河堤上排列着30多个举枪的日本兵,我马上意识到屠杀就要开始了。当我站到水里,就在日军举枪射击时,我一个猛子栽到河里,潜游到对面,藏在一个倒在河里的火车肚子里,亲眼看见10人一批、10人一批被日本兵枪杀,从早晨直到傍晚。还有六七百人,被日本兵赶至河口,用机枪集体射杀。"陈德贵在寒冬的水里一直趴着,直到日军士兵离开后,趁着天黑才爬出,躲在尸体中间睡了一晚。虽然后来还是被清理现场的日军士兵的流弹打中了,但是保全了性命。

与陈德贵一同在煤炭港附近遭屠杀的约3000名中国军民中,还包括守卫首都电厂的40余名工人。首都电厂厂长路法曾在战后致南京市社会局的呈文中回忆道:"十三日晨六时,敌军抵京,凶焰颇张。乃往煤炭港英商和记洋行暂避。敌军跟踪而至,员工被捕者达五十余人之多。迨十五日夜十二时,竟用大卡车驱至煤炭港强迫集合用机枪扫射,当场殉难者计四十五人。"❶

12月13日上午,一队日军士兵大约30多人,敲开了新路口5号的门,

---

❶ 《首都电厂厂长路法曾战后致南京市社会局的呈文》(1946年6月27日),中国第二历史档案馆馆藏档案。

门内住着 8 岁的夏淑琴和她 70 多岁的外祖父聂佐成、外祖母聂周氏，40多岁的父亲夏庭恩、30 多岁的母亲夏聂氏、16 岁的大姐夏淑芳、14 岁的二姐夏淑兰、4 岁的妹妹夏淑芸，以及 1 岁的妹妹夏淑芬，共一家 9 口。

短短工夫，惨剧发生，成为夏淑琴一生无法抹去的噩梦。父亲发现情况不对，立即向日军士兵跪地求饶，以期保全全家老小，却遭无情杀害。母亲惊恐之中抱着幼女躲到房间桌子底下，被日军士兵强行拖出，夺走幼女并摔死在地，然后扒光母亲衣服，轮奸后用刺刀杀死。接着，日军士兵到隔壁房间，先杀死了要拼死保护家人的外祖父、外祖母，又轮奸了大姐和二姐，然后枪杀。夏淑琴躲在被子里大哭，被用刺刀在背后刺了 3 刀，昏死过去。4 岁的妹妹因为还小，躲在被子里没有被发现，侥幸躲过一劫。日军士兵离开后，夏淑琴、妹妹和死去的亲人们一起生活了 14 天，后被邻居发现救出。

抗战胜利后，夏淑琴一家租住的房屋主人哈马氏在呈给市长马超俊的文里，基本还原了当天的情形："日寇由雨花门破城而入，假借搜索中国兵为名侵入氏家，即指氏子国栋为中国兵并索取财物，见室内妇女居多，兽行（性）发作……其状最惨者莫过同居聂太太（即夏淑琴母亲），全家男妇老幼九口同时遇害。次女二姑娘，敌将其四肢绑在长方桌之上，纵情轮奸，该女怒骂不绝，敌奸毕则刺其喉舌、裂其腹尚不足以遂兽行，觅一双妹牌香水瓶塞入阴户之内，以为取乐，其残酷之行为令人发直［指］心伤也。"❶哈马氏以为夏家 9 口全部被杀，实际上有两个孩子在死人窝里存活了近半个月，侥幸刀下逃生。本该无忧无虑的童年，因为民族的苦难，蒙上了终其一生都不能抹去的伤痛。

外国人士成立的安全区里也不再安宁。拉贝等人筹设成立的安全区，是用来保护难民免受侵害，带有人道救济性质的场所。在成立之初，已向日方表明是非军事区应该受到保护的区域。随着战火的愈演愈烈，滞留南京的民众纷纷躲进安全区。"没法离开南京的居民，开始向安全区躲避；守城的官兵，没有来得及撤退的，也有人向安全区交了武器，换上便衣，混在难民中。"一时间，安全区收容了大量普通百姓，女性难民占很大比重。

---

❶ 《哈马氏致南京市长马超俊呈文》（1945 年 11 月 2 日），中国第二历史档案馆馆藏档案。

南京城防保卫战

然而，日军士兵并不买外国人的账，照旧在安全区里抢杀掳掠。他们隔三岔五便会来安全区带走一批姑娘，或杀掉他们认为"危险"的中国人。

12月19日，3名日军士兵闯入五台山小学（美国教会学校）地下室，发现了藏在这里的年仅18岁、怀有7个月身孕的李秀英。他们想强奸她，李秀英不甘受辱，与日军士兵搏斗，被刺33刀后倒地，不省人事，后被送到鼓楼医院，经美籍医生罗伯特·威尔逊抢救，捡回来一条命，而胎儿已不幸死亡。

李秀英后来被时任国际红十字会南京委员会主席的美国牧师约翰·马吉拍摄进了镜头，成为日军暴行最醒目的见证。李秀英本人也成为南京大屠杀以及揭露日军暴行的第一重要人证。

战争给女性难民带来的除了生命威胁之外，便是肉体上的凌辱。

约翰·拉贝在12月17日的日记里这样写道："有一个美国人这样说道：'安全区变成了日本人的妓院。'这话几乎可以说是符合事实的。昨天夜里约有1000名姑娘和妇女遭强奸，仅在金陵女子文理学院一处就有100多名姑娘被强奸。此时听到的消息全是强奸。如果兄弟或丈夫们出来干预，就被日本人枪杀。耳闻目睹的尽是日本兵痞的残酷暴行和兽行。"❶

明妮·魏特琳也记录了类似的事情，她在12月24日的日记中写道："我被叫到我的办公室，与日本某师团的一名高级军事顾问会晤……他要求我们从1万名难民中挑选出100名妓女。他们认为，如果为日本兵安排一个合法的去处，这些士兵就不会再骚扰无辜的良家妇女了。当他们许诺不会抓走良家妇女后，我们允许他们挑选，在这期间，这位顾问坐在我的办公室里。过了很长时间，他们终于找到了21人。"❷此事甚至成了魏特琳作为"活菩萨"形象上的"污点"，并在战后遭到学校负责人的声讨，也直接导致了其抑郁症的发作。

拉贝在12月26日的日记中表述的是另一个版本："他们（日军士兵）让明妮拱手交出姑娘，但是她誓死也不会交出一个的。意想不到的事情发生了：红万字会中一个我们熟知的受人尊敬的官员（我们一点也不敢相信他竟然属于这类人）朝大厅里喊了几句好话，竟然有很多年轻女难民（大

---

❶ [德]约翰·拉贝：《拉贝日记》，第201页。

❷ [美]明妮·魏特琳：《魏特琳日记》，南京师范大学南京大屠杀研究中心译，江苏人民出版社2000年版，第209页。

家熟知的妓女）走了出来，她们对把自己安排到新的妓院里一点都不悲伤。明妮哑口无言！"❶ 但是，这些女子显然不知道日军的残暴程度，有关于"黑衣女郎"（歌女）代替教堂内女学生在圣诞夜被日军挟持而去的，有难民区妓女替代其他女性难民赴难的……美国女作家赛珍珠在其著作《龙子》中也曾经描述了十分相近的故事。

当南京大屠杀开始后，南京难民区的管理者不断向日方交涉，提出抗议，并注意收集证据。安全区虽然并非绝对安全，但起到了保护部分难民的作用。据统计，整个南京安全区从成立到被迫解散，先后庇护难民达25万之多，得到了成千上万中国难民的认可和感激。其中，美国人威尔逊医生和贝德士教授在战后作为证人，出席了远东国际军事法庭的审判，为日军南京大屠杀暴行作证；国际红十字会南京分会主席和南京国际安全委员会委员美国人约翰·马吉牧师用16毫米的摄影机拍摄的有关南京大屠杀的录像片，也作为东京审判的物证；约翰·拉贝、明妮·魏特琳、威尔逊等人的私人日记成为南京大屠杀的最重要见证物之一。

当时，在南京的外国记者目睹和报道了日军的暴行。比如，美国《纽约时报》记者弗兰克·蒂尔曼·德丁在报道中写道："日军占领后三天内……大规模的抢劫，奸淫妇女，屠杀普通居民，将居民从家中逐出，成批地处决俘房，抓走成年男子，使南京成为一座恐怖的城市。"连倾向于日本的德国驻华官员在给德国政府的报告中也反映了日军暴行："犯罪的不是这个日本人或那个日本人，而是整个的日本皇军……它是一部正在开动的野兽机器。"❷

在关于南京大屠杀的发生原因分析中，有一个主要的问题就是：为什么会发生南京大屠杀？当时日军是奉令行事，还是因为军令不严而发生的恣意妄为行为？

1946年3月8日，远东国际军事法庭托马斯·莫罗上校审问松井石根，在问及1937年12月13日至16日这4天进入南京城的日军是新部队还是老部队，是否由富有经验的军官指挥时？松井石根明确回答道："他们都是由有经验的军官指挥的训练有素的部队"，"我从没有听到这些部队在中

---

❶ ［德］约翰·拉贝：《拉贝日记》，第286页。

❷ 《远东国际军事法庭判决书》，第456页；郭汝瑰、黄玉章主编：《中国抗日战争正面战场作战记》，第635页。

南京城防保卫战

国的其他地方有劣迹"。❶ 实际上，松井石根自 1937 年 11 月 3 日以后一直身患疟疾，从 12 月 5 日至 15 日期间，他的病情使他实际上无法全面掌控手下部队。当后来他的下属向其报告"盗窃、杀人、殴打和强奸事件"时，他表现出"相当愤怒"❷，但并未采取任何措施。

同年 4 月 22 日，埃尔顿·海德等审问武藤章时，武藤章表示："在南京和马尼拉犯下暴行的军队是在匆忙中招募的，他们没有受过正规的军事教育。"❸

松井石根和武藤章都是南京大屠杀发生时侵华日军的高级指挥官，为何说辞产生矛盾？

看了后文，人们才知道，原来这些证词都为了不同的目的而表达的。松井石根是想说明，他指挥的部队纪律严明，自己要求又非常严格，不可能进行大屠杀。而武藤章是想说明，从 1915 年派兵西伯利亚后，日军暴行渐增，南京是发生了暴行，但是他为改善日军的教育付出了艰苦的努力，自己没什么责任。

南京大屠杀发生后，在东京的日本最高统帅部闻报在华中地区作战的部队纪律正在崩溃，于是在 1938 年 1 月 4 日，由陆军总司令部向松井石根发出一道指令，要求他严格控制军队。❹

1938 年 2 月 7 日，松井石根就此发表了他的声明："绝对有必要……立即停止有关日本军队对中国人民和中国财产的纪律和行为的不利报道。"❺

对南京大屠杀期间日军的军纪，历史学家也有两种看法：一种看法是，日军军纪本来就不好，所以会到南京胡作非为；另一种看法是，日军军纪很严格，进行南京大屠杀系奉令而为。两种都有一定的依据。日本帝国主义一意孤行，对中国和亚太各国发动大规模战争，说明日军不是正义之师；

---

❶ 《审问松井石根记录》，杨夏鸣编：《东京审判》，张宪文主编：《南京大屠杀史料集》，第七册，江苏人民出版社 2005 年版，第 222—223 页。

❷ [丹] 何铭生：《南京 1937：血战危城》，第 285 页。

❸ 《审问武藤章记录》，杨夏鸣编：《东京审判》，张宪文主编：《南京大屠杀史料集》，第七册，第 278 页。

❹ [丹] 何铭生：《南京 1937：血战危城》，第 285 页。

❺ 《纽约时报》，1938 年 2 月 8 日。

而1945年日本天皇一纸诏令，便使百万日军投降，也可以说明日军不是一盘散沙的乌合之众，是有基本军纪约束的。

南京大屠杀遇难同胞纪念馆前石碑上镌刻的"遇难同胞30万"这一数字触目惊心，对80多年前发生的这场梦魇，我们永远不能忘记。关于揭露日军南京罪行的行动也永远不会停止。1995年，华裔美籍女作家张纯如（Iris Chang）偶然发现了《拉贝日记》，并以此为线索，开始着手南京大屠杀的研究，1997年出版了《南京大屠杀：第二次世界大战中被遗忘的大浩劫》（*The Rape Of Nanking: The Forgotten Holocaust of World War II*），以英文著作填补了欧美社会研究南京大屠杀历史的空白，再次全面揭露了日军在人类历史上的暴行，在西方社会引起了强烈的反响，为提升南京大屠杀的国际影响力做出了巨大的贡献。

四、侵华日军老兵的忏悔

从某些方面来看，罪恶的战争和反人类的暴行不只是对被侵者、被虐者造成了生命伤害，给幸存者烙上了心理阴影，而且对一些后发良知的加害者和施虐者来说，也是一种长期的心灵煎熬。

今天，当年参加南京大屠杀的日本老兵们已经留世无多，也有一些老兵们不想把这个罪恶带进坟墓，他们已经认罪、忏悔，开始勇于面对自己制造的累累罪行，敢于直面自己民族的这段黑色历史。

一个参加过侵华战争的日本第九师团士兵，在参军前还被两个姐姐认为是"胆小得像个女孩"，可是在他的部队攻占苏州后，他跟着他的同伴们"踏着一地的血污和尸体……一路能烧就烧，能毁就毁，能杀就杀……在整个侵华战争期间，他亲手杀死了28个中国人，包括男人和女人，奸污了17个中国女人"❶。他作为大屠杀施暴者，却未受到任何清算，可又心有不安，隐藏在心灵深处的罪恶感不时显现："战争结束后，我回到了日本，却再也找不回从前的安宁。我晚上总是噩梦缠身，睡觉时经常大声

---

❶ ［美］苡程编著：《不说，就真来不及了：纽约客的临终遗言》，新星出版社2012年版，第120—121页。

南京城防保卫战

喊叫……我用赎罪的方式小心地对待每一个人，但是我做过的事情还是会在夜深人静或我一个人独处时突然冒出来。那些被我杀害的中国人在临死前瞪着我，眼睛里充满了令人战栗的仇恨。"❶ 这个士兵后来去了美国生活，孤独地反省，并在87岁时写下临终遗言："只有上过战场的人才会知道，杀人也会上瘾，那才是最残忍的瘾，它能让你产生一种屠戮的快感和控制别人生命的生杀大权的自豪感，也是最刺激的人间游戏。当杀戮不但被允许且成为必须做的事时，你就可以由于杀人而感到自己存在的伟大和自豪。我们都成了杀人狂。"❷ 这就是参与南京大屠杀的日军官兵的普遍心态。侵略战争把一个个正常的日本人变成了魔鬼。

还有一个曾经参加过侵华战争的日本老兵，在强烈的忏悔之心驱使下，主动公开了他在《战时日记》里所写的内容，此举还惹怒了日本右翼势力。他便是已广为人们熟知的东史郎。

1937年8月，25岁的东史郎应召入伍，被编入第十六师团第十九旅团第二十联队，任上等兵。在战争中，有记日记习惯的他，随时随地记录了自己、同伙及所在部队对中国人民所犯的种种暴行，包括日军大量虐杀中国军民的情况、日军在南京的各种暴行。在他的笔下，件件事真实，直白而血腥。"1937年12月18日。我听说俘虏们被分配给各个中队，每个中队两三百人，已自行处死……7000人的生命转眼之间就从地球上消失……生命这个东西还不值一个饭团……""1937年12月21日，中山路上的高等法院前。西本（桥本光治）提出了一个残忍的提议，把这个支那人装入袋中，浇上汽油，然后点火……西本像玩足球一样把袋子踢来踢去，像给蔬菜施肥一样向袋子撒尿……在袋子上系了两颗手榴弹，随后将袋子扔进了池塘……"❸

在日本侵华战争中，东史郎无疑是中国人民的加害者，他和无数日本年轻人一样，成为侵华战争的狂魔工具。

1987年7月，已经75岁的东史郎，出于对当年侵略战争的深刻反省以及向中国人民谢罪的迫切愿望，在日本京都公布了自己的《战时日记》。随后，他又以《我们的南京步兵队》为题，将日记交由青木书店出版。此

---

❶ [美]苡程编著：《不说，就真来不及了：纽约客的临终遗言》，第120页。
❷ [美]苡程编著：《不说，就真来不及了：纽约客的临终遗言》，第121页。
❸ [日]东史郎：《东史郎日记》，张国仁等译，江苏教育出版社1999年版。

举立即在日本各界引起强烈的反响，也引起了日本右翼势力的憎恨，他们转而以日记中关于虐杀的记载失实为由对东史郎提起诉讼，并在多方势力的庇护下，全然不理会抗议和对东史郎的声援，促使日本最高法院不顾法理和正义，终审判决东史郎败诉。

东史郎决心已定，表示将要勇往直前，继续上诉，斗争到最后一刻。他说："要用道歉请求原谅，让人们知道侵略战争的真相。我剩余的生命不知还有多少，万一离开世界进入地狱，也要请求阎王作一个公正的判决。"

1987年12月13日，东史郎第一次专程来到南京谢罪。在从上海到南京的火车上，他喃喃自语："我做了许多对不起南京人民的事，火车越是接近南京，我内心越是恐慌，我怕南京人民恨死我这个东洋鬼子。"在纪念馆石碑前，他长跪不起，说："我这个东洋鬼子，是来向南京人民谢罪的。"自此，东史郎双手合十、长跪不起，面容低垂悲戚，满头白发随风飘动，双眼微闭的形象，也定格在了许多中国人的心中。此后，自1994年8月至2004年4月的10年时间里，东史郎又先后6次专程来中国忏悔、谢罪，每次都是满脸严肃、眼眶潮湿，深深低头鞠躬、一言不发。

2006年1月，94岁的东史郎因病离世。据身边人回忆，在生命最后的岁月里，东史郎依然活在悔恨之中。在其生前绝笔《东史郎对日本军国主义的批评》中，他再次对日本发动侵华战争的责任进行了深刻反省，并在该书的扉页上印上了"知耻者，近乎勇"，再次表明了他作为一个忏悔者的心迹。

第五章　南京保卫战在抗战中的地位

在长达八年的全面抗战中，正面战场上的中国军队与日本侵略者之间进行了22次大会战，较大规模的战役有1117次，较小规模的战斗有38931次。❶发生在1937年寒冬的这场南京保卫战，是抗战史上较为重要的战役之一，也是一场牺牲巨大、教训深刻的战役。一方面，南京是中国当时的首都，守与不守举世关注，且在这场战役之后，日本制造了举世震惊、惨绝人寰、被称为第二次世界大战史上三大惨案之一的南京大屠杀。另一方面，守城官兵们以弱战强，歼灭日军1万余人，战绩可圈可点，战斗悲壮惨烈。参战部队所体现的不畏强敌、不怕牺牲的爱国精神，是中华民族的宝贵精神财富。

---

❶ 马振犊：《惨胜：抗日正面战场大写意》，第291页。

第一节　特殊的地位与作用

　　南京是当时中华民国的首都，对日本而言，攻占南京的政治与战略意义不言而喻。一旦占领南京，必将在中国国内和国际上产生极大的震撼，使中国在失掉了经济中心上海后，又失掉了政治中心南京，从而对中国军民的心理产生巨大的冲击和压力，削弱抵抗意志。日方甚至幻想这有可能迫使中国民众放弃抵抗，促使国民政府投降。

　　对中国而言，决定固守南京的政治因素，是因为南京作为当时的首都，"为国际观瞻所系，又是国父孙中山先生的陵墓所在，不能不守"，且南京城已有10年建设与发展之精华，若将其拱手相让，"有失国体与国威"。因此，决定"守"的目的是在于"提高国家与军队之地位与声誉"，"能多守一日，即民众多加一层光荣"。而决定固守南京的军事因素，则是为了"阻止敌人迅速向我军进逼，从而赢得时间"，"以掩护我前方部队之休整和后方部队之集中"❶等多重考量。然而，从军事意义上讲，南京"是个绝地，敌人可以三面合围，而北面又阻于长江，无路可退"❷，并不利于防守，而从敌我力量对比分析，敌强我弱，悬殊明显。

　　中国抗日战争总战略是"持久消耗战"，其基本要求是：在敌强我弱而敌欲迅速击灭我军主力的情况下避免过早决战；中国军队依靠自身广阔的国土幅员和巨大的战争潜力，以空间换取时间，在逐次抗击中不断消耗敌人。同时，又尽可能保持和发展自己的军事实力，以获得持久抗战的最后胜利。自中共中央领导人毛泽东系统提出并阐述抗日"论持久战"思想后，得到了国内包括国民党上层的一致认同。蒋介石曾说明这一战略的中心思想，就是"敌人的战略是速战速决，我们的战略是持久抗战消耗敌

---

❶　唐生智：《卫戍南京之经过》，唐生智、刘斐：《南京保卫战》，第5页。
❷　李宗仁口述、唐德刚笔录：《李宗仁回忆录》，下册，广西人民出版社1995年版，第490页。

人的力量，争取最后的胜利"❶；"我国此次抗战，其要旨在于始终保持我军之战斗力，而尽量消耗敌人的力量，使我军达到持久抵抗之目的"❷。

国民政府为持久抗战需要，仍决定以部分兵力对南京作短期防守，在一定程度上仍然显示了中国军民捍卫民族尊严的决心和勇气。

自1937年七七事变至12月13日南京沦陷这5个多月时间内，中国军队同时在华北和华东两个战场上英勇作战，打击了日军的侵略气焰和短时期内速胜的幻想，显示出了中国人民坚强不屈的精神。日军先后攻占了华北的河北、绥远、山西、山东等省许多城市，以及华东地区的上海、南京，但这也客观上使日军在中国战场上愈陷愈深，难以自拔。

一、南京保卫战的战略地位

正确认识南京保卫战在抗战中的地位，需要明确南京保卫战的定位。这个问题涉及南京保卫战是否可以作为一个独立战役来界定的问题。

战后80多年来，随着抗战研究的日益深入，史学家及其论著对南京保卫战进行了全方位详细的研究与论述，但对南京保卫战的定位意见不一。

有学者认为，南京保卫战不是一次完整的战役，而是"八一三"淞沪会战的尾声；但另有学者提出，南京保卫战应作为一个独立完整的战役来论述，并从南京保卫战的战役发起、敌我双方态势和作战计划部署等多方面进行了论证，认为南京之役是自成一体的抗日战役。

对南京国民政府来说，南京之战并不像"八一三"淞沪会战那样有充分准备，虽然当时早有对宁沪杭地区的防御计划、防守工事和战备补充，但之所以发生南京战役，完全是因为上海战事的急转直下，使得中国首都南京全面暴露在日军的枪口面前。因此，南京战事在一开始时就处于被动地位，这一点可从中方的作战准备、战略计划以及日方参战经过的诸种事实中得到证实。

其实，从抗战全局高度来综合考虑，南京保卫战可看作是"八一三"

---

❶ 《蒋"总统"全集》，第二册，中国文化大学出版社1984年版，第2048页。

❷ 《蒋"总统"全集》，第二册，第2324页。

南京城防保卫战

淞沪会战的直接后果和阶段性结束之战。虽然中方在南京保卫战前有部署有计划，但这一切都是匆忙进行的，缺乏冷静和周密的部署与处置。此外，从日军方面看，攻打南京的日军部队就是在"八一三"淞沪会战中作战的部队，而且日本最高当局事前并没有准备攻占南京的明确计划，直到12月初，华中方面军已兵临南京城下时，日军统帅部才发出了含有承认事实意味的"大陆命第8号"作战命令。因此，综观整个华东战场，日军在苏州以西的行动含有华中方面军独立行动的因素，只不过是得到了日本内阁与统帅部的追加承认。日军从上海到南京的作战，是一气贯通的，并没有产生间隔。

因此，从中日双方主要因素上分析，南京保卫战可以称得上是一次规模不大的战役，战略上的从属性大于它的独立性。这个问题也关联到南京保卫战发生的时空范围界定。广义的南京保卫战可以视作自11月12日上海失陷便已开始。狭义的南京保卫战自12月1日日方下达攻击南京"敕令"才开始：外围阵地防守战为12月5日至8日战斗，仅持续了4天；复廓阵地防守为9日至12日夜，也仅坚持了4天。整个战役前后仅持续了短短10余天。

南京保卫战在战略上使日本侵华战争陷入持久作战，从而粉碎了日方"速战速决"的美梦。

二、战绩战果可圈可点

中国的全面抗战应着眼于全局来审视，特别是在敌强我弱极其明显的客观条件下，战役战斗便不是以一城一池的得失为目标，而应着眼于作战全局，以"持久抗战"思想，采取"以退为进"策略，为最终战胜日本侵略者创造基础和条件。

南京保卫战，从抗日战争大局上说，它是和抗战初期华北地区的抗战、淞沪会战以及台儿庄战役、武汉会战一样，都是在敌强我弱、日军步步紧逼的形势下，中国军队以血肉之躯、凭借一腔爱国热血、以顽强的意志抵抗日军的进攻。虽然最后阵地或城池被日军占领，但是都在一定程度上消灭了日军的有生力量，迟滞、延缓了日军的推进速度，这符合国民政府制

第五章　南京保卫战在抗战中的地位

定的"以空间换时间"策略，要充分利用国土辽阔、地形复杂的优势，抵消日本在人员素质、武器装备上的优势，就如中国军事战略家蒋百里所言，最终把日本拖垮了为止。

参加保卫南京战斗的谭道平把这场战役描述为一次有限的成功，因为它把日军引入了内陆。南京保卫战之前的淞沪会战，中国投入参战部队有70个多个师，上海失守后，经历了3个月之久战斗的这些精锐部队急需撤退后方休整。但因为战况恶化，日军气焰正盛，乘胜追击撤退部队。对日本侵略者而言，"他们迷恋于战争的可以迅疾结束，胜负的可以立刻决定，然而，事实粉碎了他们的幻梦：一部分兵力被消耗了，他们不能速战速决"❶。仅上海一战便耗时3个月之久，而接下来的南京之战，使日本主力军队都被攻占南京的任务所束缚，这就使得从上海撤离的中国的几十个师能够摆脱他们的追击。

中国军队的战报对在南京保卫战中歼灭日军的情况进行了统计，根据现存的档案资料和研究成果分析，南京之战，"中国军队大约消灭了一万名左右的敌军"❷。日军的战报详细记录了中日双方战斗伤亡情况：日军参加南京战役的部队共约7个师团10万人左右，据日方统计，日军伤亡2.6万人，超过参战人数的四分之一，代价不可谓不重。从11月6日第十军决定进军南京开始，到12月17日日军举行南京入城式，43天内，日华中方面军伤亡1.8万人。❸ 也就是说，在南京外围战和突围战中，中国守城部队都曾给予日军以重大杀伤。如此惨烈的战绩，却是在中日双方兵力相当（中日参战部队均为10余万人），而日军装备训练却远优于中国军队的状况下打出来的。南京守城官兵们能够打出这样的成绩，不仅难能可贵，甚至可以说是"创造了奇迹"。

简而言之，"南京保卫战在战役上，可说是可圈可点，中国军队并没有失败，它败在撤退阶段，以至整个战役形成'虎头蛇尾'的结局。加之随后出现了惨痛的南京大屠杀"，导致"七十多年来，没有给予南京保卫

---

❶ 谭道平：《南京卫戍战史话》，第117页。
❷ 孙宅巍：《南京保卫战史》，南京出版社2014年版，第386—387页。
❸ 郭岱君主编：《重探抗战史：从抗日大战略的形成到武汉会战（1931—1938）》，联经出版事业公司2015年版，第351—400页。

南京城防保卫战

战应有的重视"。❶

三、守城将士事迹值得铭记

在南京保卫战中，守军部队顽强抵抗，事实上起到了歼灭敌人、阻滞日军的作用，显示了中国政府抗战到底的决心和勇气。

南京保卫战中，将士用鲜血和生命再次说明，面对侵略者，躲避和妥协都是没有出路的，面对强盗唯有抵抗。在南京保卫战中，中国军队展现了英勇气概，这在中日两军的战斗详报及官兵日记、书信中都能体现出来。参战的中国官兵们，他们是在上海撤退、疲惫不堪，新兵又缺乏训练，武器装备也较差等不利条件下，服从统帅部安排，虽明知不可为而为之，凭借一腔爱国热血，毅然投入保卫首都战斗中。在守城的各次战斗中，官兵们奋勇抵抗，给予日军重创，表现了不畏艰难、誓死捍卫祖国尊严的情怀。这种坚忍不拔、英勇抗战的精神激励着中国军队和人民，排除万难，为争取抗战最后胜利而持续不懈展开斗争。

在南京保卫战中，中国军队在南京城外的战斗、在南京城垣的血战，尤其是光华门、雨花台、紫金山一带的战斗，以及在后来的突围战中，各部队浴血牺牲的英烈事迹，比比皆是。南京保卫战时间虽短，但战况激烈，短短几天内就牺牲了20余位将军，将军和高级军官阵亡的密度及比例均远高于淞沪会战，如此密集的将军阵亡记录在世界战争史中也很罕见，这足以反映中国军人的英勇精神和南京保卫战的激烈程度。根据中国第二历史档案馆与侵华日军南京大屠杀遇难同胞纪念馆主编的《南京保卫战殉难将士档案》和参战部队战斗详报等资料，在整个南京保卫战中，牺牲了11名将官（据考证，也有说17名❷，如果包括牺牲后追认晋升的可以算有24名❸），至少219名校官。其中，外围阵地方面牛首山战斗中牺牲中将1名、

---

❶ 郭岱君主编：《重探抗战史：从抗日大战略的形成到武汉会战（1931—1938）》，第351—400页。

❷ 朱红蕾：《南京保卫战部分伤亡将士名录考证》，南京师范大学硕士学位论文，2010年，第23页。

❸ 罗娟编著：《南京保卫战》，航空工业出版社2016年版，第283页。

少将 1 名。复廓阵地方面，在紫金山阵地伤亡上将 2 名、光华门阵地牺牲少将 1 名，雨花台阵地牺牲中将 2 名、少将 2 名。营连排级军官及士兵更是数千百倍于此。

中国军队退出南京后，12 月 14 日，蒋介石发表宣言，声明仍将继续抵抗日军侵略的决心："国军退出南京，绝不致影响我政府一贯抵抗日本侵略原定之国策，其惟一意义，实只加强全国一致继续抗战之决心。盖政府所在地既已西迁，南京在政治上、军事上皆无重要性可言，予作战计划，本定于敌军炮火过烈使我空军作无谓牺牲过甚之时，将阵线向后移动，今已本此计划，令南京驻军退守其他阵地，继续抗战。"

12 月 16 日，蒋介石又发表了《我军退出南京告国民书》，向全世界宣布中国政府坚决抗战之决心。《告国民书》说："中国持久抗战，其最后决胜之中心，不但不在南京，抑且不在各大都市，而实寄于全国之乡村与广大强固之民心。我全国同胞，诚能晓然于敌人之鲸吞无可幸免，父告其子，兄勉其弟，人人敌忾，步步设防，则四千万平方公里国土以内，到处皆可造成有形、无形之坚强堡垒，以制敌之死命。"

可以说，南京保卫战的结束是全民族抗战新的开始。

第二节　南京保卫战为何失利?

　　南京之所以要守，一为政治因素，守的目的是为"地位与声誉"。二为军事因素，是为了"阻止"敌军与"掩护"友军。三为战略因素，是为"持久消耗"。但事实上，南京之战，政治、军事、战略三个方面的目的均未真正达到。政治上，德国调停是虚晃一枪，国际支援日渐衰微，南京战败之后随之而来的日军暴行倒是引起举世关注，中国国际地位并未提升。军事上，既没有达到阻止日军西进的目的，也没有达到掩护友军部队西进和休整的目的。战略上，没有达到尽量消耗敌人、保存自己战斗力的战略要求。相反地，南京之战的溃败导致自身军事力量消耗过大、损失过大，这样反而更不利于持久抗战。因此，从结果上来说，南京保卫战不论从政治上、军事上，还是战略上都失利了。

　　南京保卫战的失利，是由主观、客观等多方面因素造成的。从战力水平看，中日双方存在巨大差距。日军有陆军、海军联合作战，中方只有陆军独立作战；日军弹药补给充足，中方弹药和补给跟不上；日军通讯联络畅通，中方传令还很原始，甚或需要在墙上留言注明集结地。从士气上看，南京保卫战紧接"八一三"淞沪会战之后，上海失陷后，中国军队短暂失序，撤退途中一片狼藉，紧接而至的南京之战还没做好准备，守城官兵士气自然也很容易受到负面影响。而日军各部队"斗志昂扬"，对"攻取南京势在必得"，对"谁将先占领南京"视为极高的荣誉。从战略角度而言，南京保卫战延续了淞沪会战的失误，国民政府高层决策仍囿于固有的军事思想和思维模式，部队指挥自然也是惯用战法，一味单纯地防御。从指挥层面看，指挥官没有协调好各方关系、没有切实保障好撤退与突围。

第五章 南京保卫战在抗战中的地位

一、敌强我弱

两军交战，战力水平起着重要作用。战力水平包括：硬性的指标，大的方面，如是否形成海陆空部队协同作战现代战争体制等；小的方面，如作战部队的武力装备机枪、炮弹、坦克等数量的多寡。软性的指标，如兵员数量是否满员、士气是否高昂，等等。在南京之战中，乃至整个抗战时期，中日双方战力水平的巨大差距是客观存在的。

敌强我弱表现之一，是日军有陆军、海军协同作战，而中国只有陆军独立作战，缺乏空军掩护。日本天皇发布的"大陆命第8号"中明确指示，"海军协同"攻占南京。由此，进攻南京的除了日本华中方面军，还有长谷川清的海军第三舰队配合。此外，日本除由国内、朝鲜及台湾等地机场出动飞机参战外，还有山佐贺忠治率领的第三飞行团，直接配属给华中方面军协助作战。仅这一方面，中国军队方面就弱了很多。在全面抗战爆发以前，中国空军的飞机数量非常有限，不到日本飞机的十分之一，且这些飞机全部是从国外购买的，飞机的质量和航速也远远不如日军的飞机。在"八一三"淞沪会战期间，中国空军受到很大创伤，空军损失严重，能参加战斗的飞机已经所剩无几。12月7日，蒋介石离开南京后，守城部队将南京城内的军火库、汽油机、飞机库及工场全部破坏，对停在机场的那些已毁坏且一时不能修复的飞机，全部毁掉。在11月初至南京保卫战期间，日本的轰炸机和战斗机对南京城进行狂轰滥炸，只有苏联空军志愿队多次升空与日军飞机对抗。可以说，整个南京保卫战期间，中国空军根本没有发挥任何掩护或辅助作用，没有空军的侦察，中国守军的炮兵无法知晓敌军的位置，那些重金购入的大炮也发挥不了作用。

敌强我弱表现之二，是日军有坦克等重武器，而中国军队缺乏重武器和弹药。总体来说，日军的战力和战备水平远胜中方守军部队，他们的基层作战部队除了步枪等各式单兵枪械、各式炮械配备齐全、充足外，还有坦克等重武器辅助。以中国守军部队中蒋介石的"嫡系"部队之一、装备最好的第七十二军第八十八师孙元良部和日军一个陆军师团的装备比较，可以看出中日参战部队实力上的巨大差距。

对下页数据进行简单对比分析，我们可以看出，不仅兵员数量有较大差距，日军拥有装备的大部分指标是中国守军的两三倍，尤为重要的坦克

南京城防保卫战

日军一个陆军师团与中国守军部队第七十二军第八十八师装备对比情况表[1]

对比项目	日军一个陆军师团	中国军队第八十八师
人数	2.2 万人	1.4 万人
步枪、马枪	9476 支	4000 支
轻机枪	541 挺	324 挺
重机枪	104 挺	72 挺
山炮、野炮、榴弹炮	48 门	12 门（无榴弹炮）
机关炮	16 门	24 门
团属迫击炮	20 门	24 门
营属迫击炮	24 门	24 门
战车防御炮		4 门
高射炮		4 门
坦克	24 辆	
汽车	262 辆	

指标是 24 与 0 的差别，整体火力差别之大显而易见。而这个对比仅仅是日军一个普通的师团和中国守军部队中最精良的部队之一的比较，而这种精良的部队在中方数量是非常有限的，大部分"非嫡系"与地方部队，其战备状况之差就更没法对比了。以上的数据对比是基于全面抗战爆发之前，而实际上，第八十八师在"八一三"淞沪会战中损失严重，新兵补充不足，在投入南京保卫战时的战力数据应该说要更差些。

敌强我弱表现之三，日军精兵多，侵略气焰嚣张。而中国军队新兵补充不足且缺乏训练。陆军方面，参加攻占南京的日军虽然只有 10 万人，但大都是训练有素的强兵老手。他们士气旺盛、战斗力强，作战时各兵种能够协调配合。而中国军队经过上海一战后，损失严重，兵员编制严重缺额。据时任南京卫戍司令长官部参谋处第一科科长谭道平回忆："能直接同敌人厮杀的战斗兵只占百分之六十，在全部守军中，刚入伍的新兵又占了百

---

[1] 章慕荣：《日军侵华时期国民政府陆军武器装备之考察》，《抗日战争研究》2008 年第 1 期，第 61 页。

分之八十。"❶ 对刚补充上来的新兵，因缺乏基本的训练，部队只好临阵磨枪："一面做工事，一面教射击，毫无军事知识，边教射击，讲授军事知识，边守阵地。"❷ 有些新兵是被抓壮丁被迫服役的，严重"缺乏新兵器之认识，致有误烟幕为毒气，见坦克车而溃退之现象"。❸ 而南京之战也成了老兵带新兵的"课堂"，老兵忙着为新兵装枪弹、选阵地，顾不上自己而中弹牺牲的也不在少数，以第二军团第四十一师为例，"在被抽之师，则以多数新兵羼入，有不教是弃之苦，以本师此次战斗，干部老兵为新兵装枪者有之，为新兵选地形者有之，掣新兵前进者有之，而老兵干部伤亡遂重矣。老兵常于战斗啼血而道曰：'敌则易击，惜我新兵多累耳'"。对参战部队而言，补充新兵，只有量的增加，并无质的提升，直接影响了部队整体战斗力。对比之下，日军的损失相对来说较少，且能够及时得到人员和弹药的补充，因此，双方的差距就更大了。

在整个抗战时期，这种双方武器装备和人员素质差距较大的现象一直存在。日军师团的平均火力水平是中国军队一个师的 4 倍❹，中方需要 3.5 个编制完整的师其战力才能相当于一个日军的师团。

日军借助优异的兵力装备进攻南京，进展迅速。德国使馆在给德国外交部的报告中说，日军"在如今向南京开始的赛跑比赛中取得的伟大成绩，不仅是一条又一条防御战线，一个又一个坚固城市被攻占，就连地势上的巨大困难在日军的攻势面前也失去了它的威力，这些行动时而也不缺乏快速的战略决策和良好的战术"❺。

---

❶ 谭道平：《南京卫戍战史话》，第 93 页。
❷ 宋希濂：《南京守城亲历记》，马振犊等编：《南京保卫战》，张宪文主编：《南京大屠杀史料集》，第二册，第 268 页。
❸ 《宪兵司令部战斗详报》，中国第二历史档案馆馆藏档案；马振犊等编：《南京保卫战》，张宪文主编：《南京大屠杀史料集》，第二册，第 215 页。
❹ 《对临时代表大会军事报告》，何应钦：《何上将抗战期间军事报告》（影印本），第 11 页。转引自章慕荣：《日军侵华时期国民政府陆军武器装备之考察》，《抗日战争研究》2008 年第 1 期，第 61 页。
❺ 《迪克森给德国外交部的报告》，张生编：《外国媒体报道与德国使馆报告》，张宪文主编：《南京大屠杀史料集》，第六册，第 310 页。

南京城防保卫战

二、战略失策

在南京保卫战中，蒋介石和国民党上层对国际力量制裁日本侵华和苏联出兵援华存有不切实际的幻想和期待，故而做出了"守一守南京给他们看"的决策。作为最高统帅，蒋介石心存幻想、计划不周，应该负有战略决策失误的主要责任。

战略失策表现之一，蒋介石对国际支援寄予厚望。早在"八一三"淞沪会战初期，蒋介石便说过"上海这一仗，要打给外国人看看"[1]的话。上海一战元气大伤，已经发布了撤退的命令，还没完全执行，又因为国际形势的轻微变化，就又重新发出了"再守一守"的命令，结果已经在撤离中的部队又返回前线，战地乱成一团。到了11月中旬，日军一路追杀进逼南京，遭受上海战场惨败打击之后的蒋介石，仍然没有从幻想中清醒过来，仍然寄希望于德国大使的调解以制止日军继续深入，过于乐观地认为，日方在议和的同时绝不会不留一丝情面地攻下中国首都。基于这一认识，加上其他种种原因，蒋介石决定拼凑起10万军队交给唐生智来固守南京，背水一战。12月6日，蒋介石在给李宗仁等人的致电中称"南京决守城抗战，图挽战局，一月以后，国际形势必大变，中国当可转危为安"[2]。蒋介石对国际支援一直抱有幻想，贯穿于上海、南京战役始终。因为顾及国际形势、外交因素和德国调停，蒋介石在上海、南京等战役中做出了一系列脱离实际的错误决策，结果直接导致了"八一三"淞沪会战的失败和南京保卫战作战计划的失误。战争本应遵循其战场需要为第一的规律，如果过多地以政治、外交等非军事因素来干扰战争指导，结果必然是造成军令朝令夕改，前方将士无所适从。两军交战，靠的是指挥、意志和战斗力，如果总把希望寄托于战场之外，其结果显而易见。

当然，从宏观角度来看，以当时的战场形势及敌我力量的对比两方面来说，南京保卫战注定会失败。当时，中国的综合国力与军力都比不过日方，暂时的局部的失败在所难免。就军事战略上而言，"八一三"淞沪会战失败后，孤城南京已无多少战略价值，此时中国军队所需要的应是替

---

[1] 唐生智：《卫戍南京之经过》，唐生智、刘斐：《南京保卫战》，第4页。

[2] 秦孝仪主编：《中华民国重要史料初编·对日抗战时期》，第二编《作战之经过（二）》，第219页。

换、撤退、整补，以重新聚集力量抵抗日军下一步的进攻。南京作为首都，完全弃守"有碍国际观瞻"，影响国民政府的形象，从政治及国际影响角度考虑，南京是要守的，但不可死守、固守，因为在敌强我弱形势下，"以鸡蛋硬碰石头"，死守不可能，也不现实。如果统帅部能够比较清醒地分析形势，对南京保卫战做出客观合理的部署，为守城部队进退提供详密的计划与周全的安排，使守城部队在给予日军痛击之后有秩序地撤走，还可以保存后备生力军，那么对于抗战全局及国际视听的影响会好得多。

战略失策表现之二，没有立足全局进行部署。在上海失守后，中方最高统帅部指挥紊乱、计划不周和准备不足，未能有效地发挥沪宁一线既有国防工事迟滞、消耗日军的作用，以争取时间完善守卫南京的防御组织，是外围线作战阶段未能发挥阻敌效能的主要原因。

宁沪杭一带的国防防御工事是国民政府花了巨资、耗时多年建造的，为了就是保卫首都南京，但是直到战争全面爆发，工事的备战工作也没有全部完成。这些阵地是由若干独立的水泥碉堡和掩蔽部组成，预定临时使用时在构筑交通壕予以联结。淞沪战役一开，军事当局既没有派人在两条防御线上构筑、完善阵地，也没有进行掩护淞沪战场部队转移及进入阵地的准备，撤退的部队到达阵地时根本找不到进入工事之门的"钥匙"。在这种情况下，部队撤退到工事前根本无法迅速部署、组织防御。日军乘胜追击，宁沪之间地势平坦，日军凭机械化部队实施超越追击，经过混乱撤退的部队，士气不高，唯恐被围歼，只能一退再退，导致斥了巨资、耗费多时建设的防御阵地，完全没有起到应有的迟滞和消耗敌人的作用。

战略失策表现之三，守卫南京是持久消耗战之需要，但其应战策略存在疏漏，对如何守南京准备不足。敌强我弱，在两国军事实力相差悬殊的情况下，失去部分城市和领土仍无法避免。南京因其地理上的客观因素，确实是守不住的。

保卫南京的决策基本上是蒋介石的个人意志，但与"八一三"淞沪会战的积极准备、主动出击相比，蒋介石没有像对淞沪会战那样来对待南京保卫战，整个战役中也没有制订出一份像样的周密作战计划。而且，蒋介石作为最高统帅，内心"国际因素幻想"之念不灭，这极大地影响了他对南京之战所面临不利因素的客观判断，他没有公开表明自己象征性防守的作战意图，从战前动员讲话和下令撤退的时间来看，蒋介石对于南京保卫

南京城防保卫战

战必然失败是心中有数的，他的"坚守两个月"的要求以及"带兵来援"的允诺都是不可能实现的。他也没有正视现实，听取正确的建议，做好应变善后工作，只是原则上做出了"要守"和"准撤"的命令，这才导致了南京战役后期未能及时组织撤退，造成中国军队空前巨大的损失。

在高级幕僚会议决定固守南京方针之后不久，蒋介石命令把德国制造的 15 辆坦克全部投入南京保卫战，也就是战斗序列中的陆军装甲兵团，是参加南京保卫战的唯一机械化部队。装甲兵团兵团长杜聿明对军政部长何应钦提出疑问："为什么不留下适合像南京那样湖泊多的地形，并且一旦情况紧急还能渡江撤退的英国制造的水陆两用坦克呢？"何应钦回答："因为蒋介石想死守南京，没有考虑向长江北岸撤退。"❶ 蒋介石为了他自己及其政府的脸面，为了政治、外交上的需要，对死守南京的计划对外宣称"坚定不移"，这实际上是对参战部队做了遗弃性的处置。

三、指挥失当

上海失守后，南京城的失陷有其必然性。对于南京保卫战，中国最高军事当局缺乏一个进退攻守的详细而周密的计划，而只是临时应付、被动挨打，这也就注定了首都沦陷的悲剧。从战役指挥上看，蒋介石安排唐生智临阵挂帅，勉强拼凑起 10 万军队与强大的日本侵略者开展拼消耗的阵地战，很快归于失败。南京保卫战是一场被动防御战，最好的目标只能在较短时间内给敌人以沉重打击，并做好掩护撤离等准备工作。而唐生智为表达"誓死保卫首都"的决心，竟下令撤走了过江船只，且没有妥善处理好突围和撤退安排等问题，导致守城部队在大溃退中再次严重损失。但是，守军部队在突围撤退时的严重混乱及其遭受的重大损失本来是可以避免的。南京卫戍司令部最高长官唐生智对此负有战术上指挥失误的责任。

唐生智当时身体不好，主动"请战"带兵上阵固然精神可嘉，但是客观上会影响作为一名最高长官对敌情和战场的冷静判断。对于唐生智主动

---

❶ ［日］笠原十九司：《日本学者论南京保卫战》（续），苑书义、伊敏译，《河北师院学报（社会科学版）》1995 年第 3 期，第 34 页。

第五章　南京保卫战在抗战中的地位

请缨担任防守南京的任务及其在南京保卫战前后的表现，学界给予评价不一。正面的评价包括：肯定他"在大敌当前的情况下，所表现出来的临难不苟、挺身而出、忍辱负重的精神令人钦佩"[1]，"心系国家民族危亡，自告奋勇，以带病之躯，挺身而出，承担了防守南京的责任，可谓是鞠躬尽瘁"[2]。但也不能排除他是另有所图。唐生智原是带兵打仗的将军，自1930年最后一次起兵反蒋失败后，已沦落成一个无兵无卒的光杆司令。由于他本人身患疾病，平时对一般工作又不大过问，实际上是长期闲居。但他又不甘寂寞，加之又与实权人物何应钦、白崇禧等人不和，故而时时想寻找机会提高自己的地位。南京城防缺将，正给他提供一个重掌兵权的机会。这在很大程度便是唐生智出而应召的原因。[3]但他在备战期间，身体虚弱，连视察工事都需要手下代劳。

南京城防保卫战阵地部署缺乏灵活性，阵地过长，且战术上缺乏灵活性。南京保卫战执行的是单纯的防御作战，缺乏机动灵活的战略战术，几乎是被动挨打。在中方卫戍司令部发布的南京作战计划里，南京保卫战实行的是外围和复廓阵地两级防守，守军的主力是放在复廓阵地各城垣，约有7万人，外围的防御阵地只留有约3万人。外围兵力薄弱，使得作为首都南京屏障的常州、金坛、镇江等地，几乎没有发生什么大的战斗就已匆匆放弃了，客观上促使日军进一步加快了向南京推进的速度。在复廓阵地上，南京城的城墙"贵在制高点高，方便在高处守"，在冷兵器时代自然有效，然而面对新式战争新式武器，冷冰冰的城墙对日军飞机大炮的狂轰滥炸毫无招架之力。第二军团徐源泉部在总结战役情况时就指出："我方始终须遵守固守某某线之命，毫无主动之能力，终至战局全现悲壮而后已……盖防守不取攻势，鲜有能达目的。"[4]

各级指挥官在战术上也缺乏灵活性。在南京城防战斗中，根据战情需要，多支参战部队提出要伺机主动出击、歼灭敌人，然而都被卫戍司令部否决了。在句容一带阵地，第八十三军参谋曾向军长邓龙光建议，"全面

---

[1] 罗娟：《唐生智：坚定抗战的爱国将军》，《中国档案》2015年第2期，第79页。
[2] 谭崇恩：《唐生智评传》，湖南人民出版社2002年版，第76页。
[3] 马振犊：《惨胜：抗战正面战场大写意》，第112页。
[4] 《第二军团京东战役战斗详报》，中国第二历史档案馆馆藏档案；马振犊等编：《南京保卫战》，张宪文主编：《南京大屠杀史料集》，第二册，第162—163页。

南京城防保卫战

出击，解决敌指挥部后，即将矛头指向句容西进之敌截歼灭之，使南京守城部队赢得准备时间"，但呈报上一级长官时，被卫戍司令部副司令长官刘兴以"守恐不保，还说攻吗？"否决了这个提议。同样的情况发生在紫金山阵地，教导总队副队长周振强联合第三旅旅长马威龙等人联名建议"集中兵力由紫金山的叉路口地区出击，威胁敌人的后方"，但被教导总队总队长桂永清及卫戍司令部最高长官唐生智以"现在消耗的兵力太多，万一出击不成，守南京的兵力就更不够了"为由也否定了。在光华门战斗中，第八十七师副师长陈颐鼎建议"由孩子里经张家上向小石山敌后侧背施行反击"，但上级考虑到"万一出击不成，影响防守阵地兵力"，也未得到采纳。

南京卫戍司令部收到撤退命令后，并无制定有效的撤退方案，也没准备应有的渡江工具。12月12日凌晨，卫戍司令部起草了撤退命令，下午部署撤退事宜。但他们只顾着去发布这个撤退命令，而没有顾及如何组织好撤退，如何使守军部队执行好撤退相关事宜。

一方面，没有做好渡江撤退所用工具的运输保障。唐生智作为指挥南京保卫战的最高长官，对总的战略方针是清楚的，对防守南京的战役企图也是很明确的。他自己也说过，南京之战，是为了"阻止敌人迅速向我军进逼，从而赢得时间，调整部队，以后再撤出南京"❶。但是，他的战役指导里根本没有撤出南京的任何准备，既没有实现预定的撤退方案，也没有进行必需的工程、交通和后勤保障等工作，完全是长期坚守、死守的措施。他命令交通部长俞鹏飞将下关原有的两艘大型轮渡撤往武汉，禁止任何军人、部队从下关渡江，通知浦口第一军和守卫挹江门的第三十六师：凡是从南京向长江北岸或由城内经挹江门去城外长江边的部队和军人都要制止，如不听从可开枪射击。这样就出现了撤退命令已经下达，部队已经退往挹江门，而挹江门守卫部队却不放人，造成自残的惨剧。装甲兵团战车防御炮营第三连坦克队，不顾第三十六师守城门士兵鸣枪阻止，在营附指挥下强行冲出挹江门。继坦克之后，那些被武力制止通过的官兵和大批难民，像打开闸门的水似的，从挹江门奔流而出。

另一方面，唐生智没有明确突围与掩护撤退部队的分工，默认可以全

---

❶ 唐生智：《卫戍南京之经过》，唐生智、刘斐：《南京保卫战》，第4页。

部撤退，陡增部队过江压力。原撤退命令中包括第八十八师、第八十七师、第三十六师和教导总队等"嫡系"部队，这些都是经过德国顾问多年精心训练出来的中央部队，也是今后可以继续抗战的生力军，唐生智唯恐这些部队突围危险、损失过大，回去又要受蒋介石的责骂，所以他又在正式撤退令下达后以电话做了"如能自行找到船只，可由下关渡江"的口头令，即各部队也可以寻机渡江北撤。这个随意性口令酿成了无法挽回的大错。各部队以为江边有船，便一拥而上，往挹江门方向撤退，城门拥堵不堪，又使得不少官兵白白牺牲了性命。而当守军部队好不容易挤到了下关江边时，却发现根本没有船只，无法渡江，以至其中绝大多数遭到日军集体屠杀。此外，担任掩护的部队也没有尽责，将领们都抛下部队自行先逃，使部队失去了指挥，无法进行有组织的抗击和行动，使得本可正常进行的撤退行动变成了溃逃、被俘并遭集体屠杀、虐杀的悲惨结果。

12月14日，由南京逃出的各军将领先后到达安徽滁县，唐生智准备在醉翁亭召开会议。南京的惨败和溃逃的狼狈，使各人心中有说不出的窝囊和憋气。会前，曾参加淞沪会战的第七十四军第五十一师第一五一旅第三〇六团团长邱维达，死里逃生，对唐生智的指挥无能极为愤怒，他曾在渡江船上直言不讳地责问卫戍司令部的高级参谋何无能："贵部的指挥所在何处？为什么各部队一直联系不上？"

"坦率告诉你，唐总指挥负此重任，事前一点准备也没有，仓促组织起来，连各部队的指挥系统、单位、兵力驻地都茫然无知。"何无能也有怨言。

"你们的指挥部，对守城作战部队下过几道命令？交换过几次敌情情报？"

"这是参谋长与参谋处的事，我当高参的不管这些。"

"'与城共存亡'，你们有这个思想准备吗？"

"讲话谁都会讲，真正做好是难上加难。"

"既不准备死守，为什么一点渡江器材都不控制在江南沿岸？"

"我只听说指挥部为渡江船只一律不留在江南，开过一次会研究过，有位军事家，据说是老保定的高才生，他说孙子兵法有那么一条：'用兵之道，置之死地而后生'，用在南京守城，使守城将士断绝后逃念头，下定决心与城共存亡，不是'置之死地而后生'吗？这就能打胜仗。"

邱维达闻之，竟无言以对。

南京城防保卫战

唐生智的狼狈与尴尬比他的部下有过之无不及。当醉翁亭会议开始时，他仍未从惊慌中摆脱出来，头上还戴着一顶红绿色鸭绒睡帽，口里喃喃自语："我打了一辈子仗，从来没打过这样糟的仗，我对不起国人，也对不起自己。"一眼瞥见迟到的运输司令周鳌山走了进来，一腔怒火都向他发去。他用力一拍桌子，大声喝道："你是干什么的？你把我的几千伤兵都丢在那边被日本人杀了！"

周鳌山吓得支支吾吾地答道："我有什么办法呢？情况变得太快了，我有什么办法？"

"枪毙你！"唐生智又喝道。

周鳌山呆若木鸡，低头退下。

唐生智将满腔怒火都朝运输司令发了，而蒋介石闻讯日军在南京开始大屠杀暴行，则在日记中悲愤写道："倭寇在京之残杀与奸淫未已，彼固陷入深潭，进退维谷，而我同胞之痛苦极矣……""敌军残杀我南京附近之壮丁殆尽，痛极！""见寇军残杀我平民同胞之照相，痛愤乃至瞑眩，……""雪耻！敌寇残暴凶横，实古今无例，若不消灭，何以维持人道！"❶

南京溃败与日军屠城的消息传来，使蒋介石陷入极度震惊之中。蒋介石的本意是通过牺牲数千守城将士，甚至牺牲唐生智，来维持国民政府在人民心中和国际视听中的良好声誉。但事实的发展远离了蒋介石的初衷，溃败的惨状和几十万中国士兵及平民的死亡，在世界上造成了远比弃守南京更为恶劣的影响，中外人士在谴责日军兽行的同时，自然对蒋介石的领袖威望产生了怀疑和动摇。

南京保卫战失败的原因是多方面的，从战略设计、战役指挥，到战术指导，皆存在致命失误。因此，对于这一战役本身而言，不可过高估价其在抗日战争中的地位。

---

❶ 《蒋介石日记》（手稿本），1938年1月22日、3月5日、5月12日、5月13日，美国斯坦福大学胡佛研究所所藏档案。

参考文献

一、档案

中国第二历史档案馆馆藏档案
美国斯坦福大学胡佛研究所所藏档案

二、图书

〔唐〕魏徵等：《隋书》，中华书局，1973年
"南京大屠杀"史料编辑委员会、南京图书馆编：《侵华日军南京大屠杀史料》，江苏古籍出版社，1985年
"中央研究院"近代史研究所编：《王世杰日记手稿本》，第一册（民国二十二年五月—民国二十七年十二月），"中央研究院"近代史研究所，1990年
《汉堡亚洲研究所研究报告（第33辑）》，汉堡亚洲研究所，1970年
《蒋中正"总统"五记》之《困勉记》（下），"国史馆"，2011年
《蒋"总统"秘录》，第九册，"中央"日报社，1978年
《蒋"总统"全集》，第二册，中国文化大学出版社，1984年
《李宗仁回忆录》，下册，广西壮族自治区委员会文史资料研究委员会，1980年
《南京特别市市政公报补编》，南京特别市市政府秘书处，1928年
阿垅：《南京血祭》，宁夏人民出版社，2005年
程思远：《政海秘辛》，李敖出版社，1995年
复旦大学历史系日本史组编译：《日本帝国主义对外侵略史料选编》，

南京城防保卫战

上海人民出版社，1957 年

复旦大学历史系日本史组编译：《中国近代对外关系史资料选辑》，下卷第 2 分册，上海人民出版社，1977 年

耿成宽、韦显文编：《抗日战争时期的侵华日军》，春秋出版社，1987 年

郭岱君主编：《重探抗战史：从抗日大战略的形成到武汉会战（1931—1938）》，联经出版事业公司，2015 年

郭汝瑰、黄玉章主编：《中国抗日战争正面战场作战记》，江苏人民出版社，2002 年

郭雄等编：《抗日战争时期国民党正面战场重要战役介绍》，四川人民出版社，1985 年

何建明：《南京大屠杀全纪实》，江苏凤凰教育出版社，2014 年

胡颂平编：《胡适之先生年谱长编初稿》，第五册，联经出版事业公司，1984 年

蒋纬国总编著：《国民革命战史》，第三部《抗日御侮（第五卷）》，黎明文化事业公司，1979 年

经盛鸿：《战时中国新闻传媒与南京大屠杀》，南京出版社，2010 年

居亦侨：《跟随蒋介石十二年》，湖南人民出版社，1988 年

李友仁、郭传玺主编：《中国国民党简史（1894—1949）》，档案出版社，1988 年

李宗仁口述、唐德刚笔录：《李宗仁回忆录》，下册，广西人民出版社，1995 年

廖利明编：《南京保卫战文史资料》，南京出版社，2019 年

刘绍唐主编：《民国大事日志》，第一分册，传记文学出版社，1979 年

陆束屏汇辑、编译：《南京大屠杀：英美人士的目击报道》，红旗出版社，1999 年

罗家伦主编：《日本侵华有关史料（六）》，《革命文献》，第三十六辑，"中央"文物供应社，1965 年

罗娟编著：《南京保卫战》，航空工业出版社，2016 年

马振犊、陆军：《76 号特工总部：抗战期间汪伪特务的组织与活动》，重庆出版社，2017 年

马振犊、戚如高：《友乎？敌乎？德国与中国抗战》，广西师范大学出版社，1997年

马振犊：《惨胜：抗日正面战场大写意》，九州出版社，2011年

马振犊：《反法西斯战争时期的中国与世界研究》，第九卷《战时德国对华政策》，武汉大学出版社，2010年

马振犊：《知非文集：马振犊论文选》，上册，九州出版社，2011年

南京地方志编纂委员会：《南京人民防空志》，海天出版社，1994年

南京市政府：《首都市政》，南京市政府，1948年

秦孝仪主编：《"总统"蒋公大事长编初稿》，卷四（上册），中国国民党中央委员会党史史料编纂委员会，1978年

秦孝仪主编：《中华民国重要史料初编·对日抗战时期》，第二编《作战经过（二）》，中国国民党中央委员会党史史料编纂委员会，1981年

秦孝仪主编：《中华民国重要史料初编·对日抗战时期》，第六编《傀儡组织（三）》，中国国民党中央委员会党史史料编纂委员会，1981年

秦孝仪主编：《中华民国重要史料初编·对日抗战时期》，绪编第三册《中国政府之决策与抗日准备》，中国国民党中央委员会党史委员会，1981年

日本防卫厅防卫研究所战史室：《中国事变陆军作战史》，第一卷，第二分册，中华书局，1981年

日本防卫厅防卫研修所战史室：《大本营陆军部》，第一部，朝云新闻社，1967年

日本陆军画报社编：《支那事变战迹之刊》，中卷，陆军画报社，1939年

上海社会科学院历史研究所编：《"九·一八"—"一·二八"上海军民抗日运动史料》，上海社会科学院出版社，1986年

宋希濂：《鹰犬大将》，李敖出版社，1990年

孙文：《建国方略：近代化中国大策划》，刘明、沈潜评注，中州古籍出版社，1998年

孙元良：《亿万光年中的一瞬》，时英出版社，2002年

孙宅巍：《南京保卫战史》，南京出版社，2014年

孙中山纪念馆编著：《民国名人与中山陵》，凤凰出版社，2004年

谭崇恩：《唐生智评传》，湖南人民出版社，2002年

谭道平：《南京卫戍战史话》，东南文化事业出版社，1946 年

唐生智、刘斐：《南京保卫战》，中国文史出版社，2013 年

王俯民：《蒋介石传》，经济日报出版社，1989 年

王鹏善主编：《中山陵志》，南京出版社，2013 年

延安时事问题研究会编：《从"九一八"到"七七"国民党的投降政策与人民的抗战运动》，上海人民出版社，1958 年

杨颖琦等编：《南京通史·民国卷》，南京出版社，2011 年

伊文成、马家骏主编：《明治维新史》，辽宁教育出版社，1987 年

张秉钧：《中国现代历次重要战役之研究：抗日战役述评》（一），台湾"国防部"史政局，1978—1981 年

张宪文、吕晶编：《见证与记录：南京大屠杀史料精选（中方史料）》，江苏人民出版社，2014 年

张宪文、吕晶编：《见证与记录：南京大屠杀史料精选（西方史料）》，江苏人民出版社，2014 年

张宪文、吕晶编：《见证与记录：南京大屠杀史料精选（日方史料）》，江苏人民出版社，2014 年

张宪文主编：《南京大屠杀史料集》，第二册，江苏人民出版社，2005 年

张宪文主编：《南京大屠杀史料集》，第六册，江苏人民出版社，2005 年

张宪文主编：《南京大屠杀史料集》，第七册，江苏人民出版社，2005 年

张宪文主编：《南京大屠杀史料集》，第八册，江苏人民出版社，2005 年

张宪文主编：《南京大屠杀史料集》，第九册，江苏人民出版社，2006 年

张宪文主编：《南京大屠杀史料集》，第十一册，江苏人民出版社，2006 年

张宪文主编：《南京大屠杀史料集》，第十二册，江苏人民出版社，2006 年

张宪文主编：《南京大屠杀史料集》，第二十九册，江苏人民出版社，

2007 年

张宪文主编：《南京大屠杀史料集》，第三十三册，江苏人民出版社，2007 年

张宪文主编：《南京大屠杀史料集》，第五十六册，江苏人民出版社，2010 年

张宪文主编：《南京大屠杀史料集》，第六十册，江苏人民出版社，2010 年

张宪文主编：《南京大屠杀史料集》，第六十二册，江苏人民出版社，2010 年

张宪文主编：《南京大屠杀史料集》，第六十四册，江苏人民出版社，2010 年

中共中央党史研究室科研管理部编：《抗日英烈谱（1931—1945）》，中共党史出版社，1995 年

中国第二历史档案馆、南京市档案馆编：《侵华日军南京大屠杀档案》，江苏古籍出版社，1997 年

中国第二历史档案馆编：《抗日战争正面战场》，上册，江苏古籍出版社，1987 年

中国第二历史档案馆编：《南京保卫战档案》，第 6 册，南京出版社，2018 年

中国第二历史档案馆编：《南京保卫战档案》，第 7 册，南京出版社，2018 年

中国第二历史档案馆编：《南京保卫战档案》，第 8 册，南京出版社，2018 年

中国第二历史档案馆编：《中德外交密档》，广西师范大学出版社，1994 年

中国人民政治协商会议全国委员会文史资料研究委员会编：《南京保卫战》，中国文史出版社，1987 年

中国人民政治协商会议全国委员会文史资料研究委员会编：《文史资料选辑》，第三十七辑，文史资料出版社，1963 年

中国社会科学院现代史研究室编：《西安事变资料》，第一辑，人民出版社，1980 年

中央档案馆、中国第二历史档案馆、吉林省社会科学院编：《日本帝国主义侵华档案资料选编：南京大屠杀》，中华书局，1995年

朱佑慈等译：《何廉回忆录》，中国文史出版社，1988年

左禄主编：《侵华日军大屠杀实录》，解放军出版社，1989年

[澳]哈罗德·约翰·廷珀利：《侵华日军暴行录》，马庆平、万高潮等译，新华出版社，1986年

[丹]何铭生：《南京1937：血战危城》，季大方等译，社会科学文献出版社，2017年

[丹]何铭生：《上海1937：法新社记者眼中的淞沪会战》，田颖慧、冯向晖译，金城出版社，2021年

[德]约翰·拉贝：《拉贝日记》，本书翻译组译，江苏人民出版社、江苏教育出版社，1997年

[美]明妮·魏特琳：《魏特琳日记》，南京师范大学南京大屠杀研究中心译，江苏人民出版社，2000年

[美]苡程编著：《不说，就真来不及了：纽约客的临终遗言》，新星出版社，2012年

[日]东史郎：《东史郎日记》，张国仁等译，江苏教育出版社，1999年

[日]田中正明：《"南京大屠杀"之虚构》，军事科学院外国军事研究部译，世界知识出版社，1985年

[英]方德万：《中国的民族主义和战争（1925—1945）》，胡允桓译，生活·读书·新知三联书店，2007年

三、杂志

《传记文学》第31卷第3期，1977年9月

《档案春秋》，2010年第11期

《福建师范大学学报（哲学社会科学版）》，2014年第3期

《贵州文史天地》，1995年第6期

《河北师院学报（社会科学版）》，1995年第3期

《近代史资料》，1957 年第 3 期
《抗日战争研究》，2008 年第 1 期
《辽宁大学学报（哲学社会科学版）》，1986 年第 2 期
《民国档案》，1987 年第 1 期
《民国档案》，1987 年第 2 期
《民国档案》，1987 年第 3 期
《民国档案》，1987 年第 4 期
《民国档案》，1988 年第 1 期
《民国档案》，1990 年第 2 期
《民国档案》，1991 年第 2 期
《民国档案》，2007 年第 4 期
《闽政与公余》第 20 期，1938 年 1 月
《南京大学学报》，2011 年第 1 期
《南京社会科学》，2000 年第 4 期
《南京社会科学》，2017 年第 11 期
《丸》，1971 年 11 月特大号
《文艺月刊·战时特刊》第一卷第五期，1938 年 1 月
《中国档案》，2015 年第 2 期
《中国档案》，2017 年第 10 期
上海《时事半月刊》，1937 年第 1 卷第 3 期

四、报纸

《新闻天地》周刊，1967 年 12 月 2 日
《新中华报》，1938 年 3 月 15 日
《纽约时报》，1938 年 2 月 8 日
《人民日报》，2015 年 7 月 7 日
《申报》，1937 年 12 月 12 日
《团结报》，1984 年 8 月 24 日
北平《晨报》，1932 年 1 月 31 日

东京《读卖新闻》，1937年12月13日
汉口《大公报》，1937年11月28日
汉口《大公报》，1937年12月5日
汉口《大公报》，1937年12月8日
汉口《大公报》，1937年12月9日
汉口《大公报》，1937年12月11日
汉口《大公报》，1937年12月12日
汉口《大公报》，1938年2月13日
上海《民国日报》，1932年1月1日
上海《时报》，1937年12月1日
上海《时报》，1937年12月2日
重庆《国民公报》，1937年11月21日

五、论文

朱红蕾：《南京保卫战部分伤亡将士名录考证》，南京师范大学硕士学位论文，2010年

六、网页

人民网.南京保卫战3位将军牺牲：程智腹部中9弹肠断而死.［2012-12-13］.http://culture.people.com.cn/BIG5/n/2012/1213/c172318-19884845.html.

中国青年网.南京保卫战：8名国军将领殉国全过程解密.［2015-02-02］.http://news.youth.cn/gn/201502/t20150202_6451634.htm.

后 记

马振犊

这本书的写作是在罗娟原作《南京保卫战》（航空工业出版社，2016年）基础上增补新史料重新撰写而成的，目的是对于发生在83年前的那场惨烈的南京保卫战做出一次新的梳理，对其中仍存在的若干学术问题进行再研究和阐明新观点。

1937年底正是中国处于强敌入侵、民族危亡的生死关头，在中国共产党倡导的以国共合作为基础的抗日民族统一战线旗帜下，全国军民同仇敌忾，面对凶恶的日本侵略者发起了全民族抗战。自"八一三"淞沪会战打响后，中国军民以血肉之躯抵抗日本侵略者的坚船利炮，"用我们的血肉筑起我们新的长城"，使狂妄宣称"三个月灭华"的日本侵略者在上海一地便止步达三月有余。当国民政府先后派出70万陆军主力在淞沪战场与日军进行正面较量后，大规模的阵地战使弱国一方的短处暴露无遗，加之政治、外交之因素的影响，以及军事指挥的失误，"八一三"淞沪会战终以中国军队的撤守而告结束，日军挟战胜者的狂妄一路追杀，直扑中国首都南京。此时，南京要不要守？怎么守？如何定位与组织指挥南京保卫战？一系列至关重要的政治军事抉择摆在了国民政府面前。

历史最终对此做出了回答。这便是发生在1937年11月至12月的南京保卫战。

对于这场规模不算过大，然而在抗战正面战场上有着重要地位的战役，及其至今尚存若干争议的诸多历史与学术问题，过去史学界特别是南京学界，曾涌现出一批以孙宅巍先生为代表的杰出学者，对此做出过系统而详细的研究著述，成果颇丰。随着学术研究的不断深入，又有许多新的论题涌现出来，这便形成和创造了推进学术研究的新机遇与新动力。

这本不成熟的习作便是我们对此课题所做出的一次尝试。围绕有关南

南京城防保卫战

京保卫战的历史，从战役的发生背景、准备过程、决策形成，直到外城战斗、内廓保卫战，城市失守后的巷战与突围作战，战役指挥者的个性、决策得失及其重大失误，从其历史溯源到指导思想的形成，历史上的真实表现，都逐一进行了追溯梳理与分析研究。书中还对日军的战争指导、围攻南京的决策经过，具体的进攻部署，以及占领南京后实行震惊世界惨绝人寰的南京大屠杀的原因与基本经过等进行了记述，特别探讨了南京保卫战与日军进行"南京大屠杀"的关联因素。应当说，这是一部对于南京保卫战的历史进行重新解读的尝试，阐明了作者的一些新认识和新观点，虽然不够全面成熟甚或有若干错漏之处，但能体现出新的视角、新的思维与研讨过程，产生新的看法与结论，这对于有关南京保卫战的研究，多少或是一种推动与促进。

在这里，还有一点需要指出的是，在惨烈而悲壮的南京保卫战中，中国官兵表现了英勇的抗战卫国的牺牲精神。这些以上海撤守部队为主体的守城部队将士们，在疲惫之余，为保卫国家、保卫首都，不惜牺牲个人性命与来犯之强敌进行了殊死作战，在明知胜算无几的情况下，他们仍然全力投入保卫南京的战斗，为抗战尽了最后的努力。在整场战役中，牺牲在战场上的中国官兵有1万多人，其中将级军官就有22人。城陷以后，由于指挥失措断绝了撤往长江以北的通路，竟有多达9万困在城内放下武器的中国军人被日军屠杀，约占30万南京大屠杀死难者的三分之一，这也是人类历史上罕见的杀俘暴行，暴露了日本军国主义的残忍本质。对于这些牺牲在守城战役中为国捐躯的烈士及死于日军屠刀下的军人，亦应该为后人永远铭记，因为他们都是抗日英烈、民族英雄。

感谢金城出版社的领导与编辑，为本书提供了出版条件，使之得以付梓。同时，也期待广大读者与行家对书中漏误提出批评指正。

谨以此书献给牺牲在南京保卫战中和死于日军屠刀下的中国军民。他们的鲜血不会白流，历史与后人将铭记他们。值得告慰逝者的是，在中国共产党的英明领导下，今天的中国已经走上了伟大复兴的征程。

2020年12月13日